熊本の地域研究

山中　進
鈴木康夫

編著

成文堂

まえがき

　1992年に『肥後・熊本の地域研究』（大明堂）を出版してから，早いものでもう23年にもなる．

　当時は，グローバル化が急速に進展し，我が国の産業構造も大きく変わり，技術革新・情報化の波が全国に波及していくなかで，過疎化・高齢化といった深刻な社会問題が表面化してきた時代であった．一方，地方では多様な自然や歴史，生活文化などを見つめ直し，豊かな地域資源を活用した内発的な地域づくりが高まりを見せていた．同書は，こうした人たちの関心に少しでも応えるために，多様な地域の姿を紹介しようとの思いで刊行したものであった．

　あれからほぼ四半世紀が経過し，今や少子・高齢化に加え，人口減少やさらなる東京圏への一極集中問題が国の大きな政策課題となってきている．こうした中で，地方では地域住民らが互いに知恵を出し合い，地域の維持・再生に向けた取り組みが各地でみられるようになってきた．マニュアルのない地域づくりの仕組みを模索する中で，改めて多様な地域性を持った地域を，総合的にどう捉えればよいのか．再び地域への関心が高まりをみせている．こうした今日的状況を考えれば，前著と同じような意図のもとで，熊本について見つめ直してみるのも意義があるのではないかと考え，本書を刊行することにした．また書名も，前著との継続性を考慮して『熊本の地域研究』とした．

　ところで，本書の出版については，このほかにも考えを起こした訳がある．それは，編者が日頃から感じていることであるが，街中にある書店の郷土コーナーを眺めてみても，残念ながら熊本に関する地理書の類を目にすることがあまりない．こうした状況は，何も熊本だけのことではない．地理学は，「地域」を学的研究の対象とする学問であるにもかかわらず，多くの研究者は系統的研究に重きをおくあまり，次第に「地域」の研究に関心を示さなくなっており，こうした近年の研究指向が反映しているものと思われる．地理学者はもっと地域に目を向け，身近な地域の諸々の活動や多様な地域性

について語り合うことも大切なことであり，本書がその切っ掛けになってくれることを願っている．

　本書の構成は15章から成り，執筆者は13名であるが，このうち10名は自然・人文の違いはあるが，地理学プロパーの研究者である．多くは熊本において，あるいは熊本をフィールドに，第一線で活躍されている人たちである．このほか，経済学分野からは熊本学園大学の伊東維年，中野　元の両先生に今回も執筆のご協力を頂いた．また，佐賀大学の畑中　寛先生には，まちづくりの実践的な取り組みを紹介してもらうことができた．このように，執筆者が得意とする分野が多岐にわたっていることから，全体としていささか統一を欠いた構成となっているが，多様なテーマから熊本について考えてもらうことができるのではないかと思っている．なお，本書は学生諸君に身近な地域についてもっと知ってもらいとの思いから，テキストとして活用することも考えている．

　最後に，本書の出版をご快諾頂いた（株）成文堂・代表取締役社長の阿部成一氏，それに出版にあたって何かとご尽力を頂いた，同社編集部の飯村晃弘氏には心から御礼を申しあげたい．

　　　2015年3月

　　　　　　　　　　　　　　　　　　　　　　　　　　山中　進

目　次

まえがき　i

第1章　水の国・くまもと　………………………………… 1
　1．はじめに　………………………………………………… 1
　2．熊本地域とその周辺地域の地形・地質的基盤　………… 2
　3．阿蘇火山周辺地域の湧水　……………………………… 9
　4．熊本地域の地下水　………………………………………14
　5．清正の利水・治水工事　…………………………………17
　6．おわりに　…………………………………………………21

第2章　阿蘇カルデラと文化　………………………………23
　1．はじめに　…………………………………………………23
　2．草原の文化　………………………………………………24
　3．霜の文化　…………………………………………………31
　4．風の文化　…………………………………………………33
　5．おわりに　…………………………………………………35

第3章　有明海の干拓と災害　………………………………41
　1．はじめに　…………………………………………………41
　2．中世の干拓　………………………………………………42
　3．玉名平野の干拓と災害　…………………………………47
　4．繰り返す破堤と漁業被害　………………………………52
　5．おわりに　…………………………………………………57

第4章　熊本大地震の記録　…………………………………61
　1．はじめに　…………………………………………………61

2．「地震報告」と「地震取調表」の記録 …………………………………62
　3．地震の発生は「午後11時40分」頃 ………………………………65
　4．被害の実態 …………………………………………………………68
　5．おわりに ……………………………………………………………76

第5章　中山間地域の維持と再生 …………………………………… 79
　1．はじめに ……………………………………………………………79
　2．芦北町の地形と土地利用 …………………………………………79
　3．大岩地区の土地利用判読 …………………………………………82
　4．永谷地区の土地利用変化 …………………………………………86
　5．統計データからみた芦北町の条件不利性 ………………………91
　6．おわりに ……………………………………………………………94

第6章　熊本県の市町村合併 ………………………………………… 97
　1．はじめに ……………………………………………………………97
　2．昭和の大合併と熊本県の動向 ……………………………………97
　3．平成の大合併と市町村再編計画 ………………………………101
　4．熊本県における市町村合併結果 ………………………………107
　5．玉名地域における市町村合併論議の流れ ……………………111
　6．おわりに …………………………………………………………115

第7章　菊水地域の家庭配置売薬業 ……………………………… 117
　1．はじめに …………………………………………………………117
　2．売薬業の発達史 …………………………………………………118
　3．菊水の配置売薬業の成立 ………………………………………121
　4．証言・売薬行商 …………………………………………………126
　5．生産会社の歩み …………………………………………………129
　6．配置売薬の斜陽化 ………………………………………………132
　7．おわりに …………………………………………………………135

第8章　熊本県工業の地域的性格
　　　　　―工業発展の過程と地域差の拡大― ················· 137
　　1．はじめに ··· 137
　　2．熊本県工業の発展過程 ································· 139
　　3．1990年代以降の工業の展開 ····························· 143
　　4．拡大する工業の地域差 ································· 150
　　5．おわりに ··· 154

第9章　熊本県の半導体産業 ································· 157
　　1．はじめに ··· 157
　　2．日本の半導体産業・半導体メーカーの凋落 ··············· 157
　　3．失地回復のための日本の半導体メーカーの対応策
　　　　　―車載用半導体への注力― ··························· 162
　　4．熊本県の半導体産業の推移 ····························· 166
　　5．車載用半導体の生産に注力する熊本県の半導体一貫工場・
　　　　前工程工場 ··· 171
　　6．結びに代えて ··· 178

第10章　熊本の本格焼酎産業 ································· 181
　　1．はじめに ··· 181
　　2．熊本の本格焼酎産業・球磨焼酎 ························· 181
　　3．球磨焼酎における近代的生産体制の確立 ················· 185
　　4．本格焼酎業界の産業発展と球磨焼酎 ····················· 187
　　5．21世紀における球磨焼酎の挑戦 ························· 193

第11章　熊本市の都市中心部の変化 ··························· 199
　　1．はじめに ··· 199
　　2．都市の中心の移動を促す要因 ··························· 200
　　3．都市の中心の移動の様子 ······························· 202
　　4．おわりに ··· 210

第12章　熊本の中心商業地 ……………………………… 215
1．はじめに ……………………………………………… 215
2．熊本市の商圏 ………………………………………… 216
3．熊本都市圏における商業集積 ……………………… 217
4．熊本市における中心商店街の変化 ………………… 218
5．おわりに ……………………………………………… 226

第13章　阿蘇郡黒川温泉における地域振興 …………… 231
1．はじめに ……………………………………………… 231
2．黒川温泉の概要と歴史 ……………………………… 231
3．旅館組合による黒川温泉の地域振興 ……………… 235
4．黒川温泉における旅館の現状 ……………………… 237
5．黒川温泉における需要と供給 ……………………… 241
6．おわりに ……………………………………………… 244

第14章　宇土市における実践型地域人材育成 ………… 247
1．はじめに ……………………………………………… 247
2．実践型地域人材と育成像 …………………………… 248
3．宇土市における地域振興支援プログラム ………… 251
4．地域人材育成講座「うと魅力塾」 ………………… 257
5．実践型地域人材育成のための検証 ………………… 262
6．おわりに ……………………………………………… 264

第15章　熊本における地域防災 ………………………… 267
1．はじめに ……………………………………………… 267
2．地域防災の課題と現状 ……………………………… 267
3．熊本の地域防災と自主防災組織 …………………… 269
4．自主防災活動の事例 ………………………………… 278
5．おわりに ……………………………………………… 285

あとがき　287
索　引　289
編者・執筆者紹介　295

第 1 章

水の国・くまもと

1．はじめに

　火の国・熊本は「水の国」でもある．そして，県都の熊本市は地下水都市として世界的に知られている．しかし，熊本市は古くは「森の都」と呼ばれていた．かつて第五高等学校に1896年（明治29）に赴任した漱石（夏目金之助）は熊本を「森の都」と称し，また1930年に制定された熊本市歌の歌詞にも取り入れられている．だが，近年は「水と森（あるいは緑）の都」とも呼ばれている．この熊本県では，環境省による「昭和と平成の名水百選」にそれぞれ4カ所ずつ，計8カ所が選定されている．特に，熊本市およびその周辺地域でも3カ所選ばれており，この地域がいかに湧水や井戸水・自噴水などの地下水に恵まれているかがわかる．こうした現況は，はるか昔に起こった阿蘇火山の噴火活動による恩恵でもある．

　熊本市は，現在，約74万人の人口を有する政令指定都市となっているが，水道水源のほぼ100%を地下水で賄っている．人口が50万人以上の都市で，水道水源を地下水に依存しているのは世界で熊本市だけといわれている．そして，熊本市や熊本県では，他に先駆けて地下水に関する保全条例や対策などの施策を次々と行ってきている．こうした地下水保全活動の努力で，最近，熊本市は「水」に関する表彰を相次いで受けている．その1つとして，2008年6月には第10回日本水大賞グランプリを，そして2013年3月には国連の「生命の水」最優秀賞を日本国内では初めて受賞している．

　九州中央部の西側に位置する熊本は，阿蘇火山の恩恵を大いに受けた地域である．阿蘇火山は，富士山や桜島などとともに日本を代表する火山で，2014年には日本で7番目の「世界ジオパーク」に登録されている．この阿蘇火山の周辺地域に関しては，特別な自然環境や水文環境が展開されてい

る．その1つとしては，阿蘇カルデラ内に発して有明海に注いでいる白川の流域形状や水系の発達などが特異であること（島野1988），阿蘇火山周辺地域には数多くの湧泉が分布していて，少なく見積っても1,500ヶ所以上の湧泉が存在していること（島野1987）．阿蘇外輪山の西麓地域は，特殊な地下水盆の形状によって，豊富な地下水利用が行われていること．そして，県都の熊本市は，水道水源のほとんどすべてを地下水で賄う地下水都市であること．また，熊本市内を流れる加勢川の渇水比流量が異常に大きいこと（島野1984）．さらに，筑後川・大野川・五ヶ瀬川・緑川・白川・菊池川などの九州中央部における大河は，すべてこの阿蘇火山地域にその源を発して流れ下っていることなどが挙げられる．

本稿では，阿蘇火山地域，特に熊本市とその周辺地域における「水」に関連した事項を取り上げる．まず，地下水の入れ物としての地形・地質構造を明らかにし，次いで地下水が自然湧出してきた湧水に関して，それから地下水利用の現状に関して，最後に昔に行われた利水・治水工事に関した事項などについて取り上げる．

2．熊本地域とその周辺地域の地形・地質的基盤

ここでは熊本地域とその周辺地域に関する地形・地質の現況について述べる．熊本地域とは，阿蘇外輪山の西方に位置する熊本市・菊池市（旧泗水町と旧旭志村の範囲）・合志市・宇土市・大津町・菊陽町・西原村・益城町・嘉島町・御船町・甲佐町の11市町村からなる面積約1,000km^{2}の大地のことで，地下水を共有する地域のことである．

熊本地域の東方に位置する阿蘇火山は，中部九州に位置する世界最大級の規模を誇る陥没型カルデラ火山である．カルデラの大きさは，南北約25km，東西約18kmと，南北方向にやや長い楕円形を呈し，面積は約380km^{2}である．この阿蘇カルデラを生じさせたのは，阿蘇火砕流堆積物と呼ばれている噴出物を大量に放出した結果であり，その堆積物はカルデラの周辺地域に広く分布している．阿蘇カルデラと外輪山の周辺地域，ならびに中央火口丘群を一括して，一般には"阿蘇火山"という呼び名が用いられて

いる．そして，この阿蘇火山の標高400〜1,600mの地域は「阿蘇ジオパーク」と呼ばれ，2009年には日本ジオパークに登録され，さらに2014年9月には国内で洞爺湖有珠山・糸魚川・島原半島・山陰海岸・室戸・隠岐に次いで7番目の世界ジオパークに登録されている．なお，ジオパークとは貴重な地質・地形・火山などの地質遺産を複数有する自然公園のことで，世界ジオパークは世界遺産の地質版とも言われている．

　まず地形の特徴として，阿蘇カルデラを中心とした広範囲の切峰面図をみると（図1-1），カルデラ内とカルデラ周辺部の状況とがよくわかる．カルデラ内では，外輪山の西側が崩れて白川が流れ出たことにより，東側より西側で標高差が大きくなっている．火砕流堆積物からなる外輪山の北・東・南麓部の三方の地域については斜面の傾斜がやや急であるが，西麓部については傾斜がほとんどない平坦な状況となっていて，そのまま西側の金峰山系に達している．この状況は水系図にもよく表れている（図1-2）．外輪山西麓

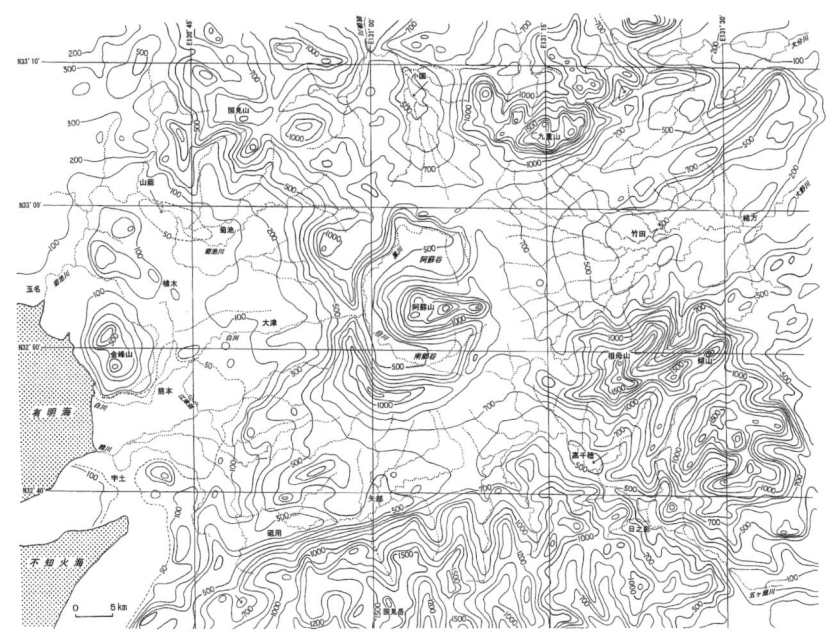

図1-1　阿蘇火山周辺地域の切峰面図
（島野1988aを一部修正）

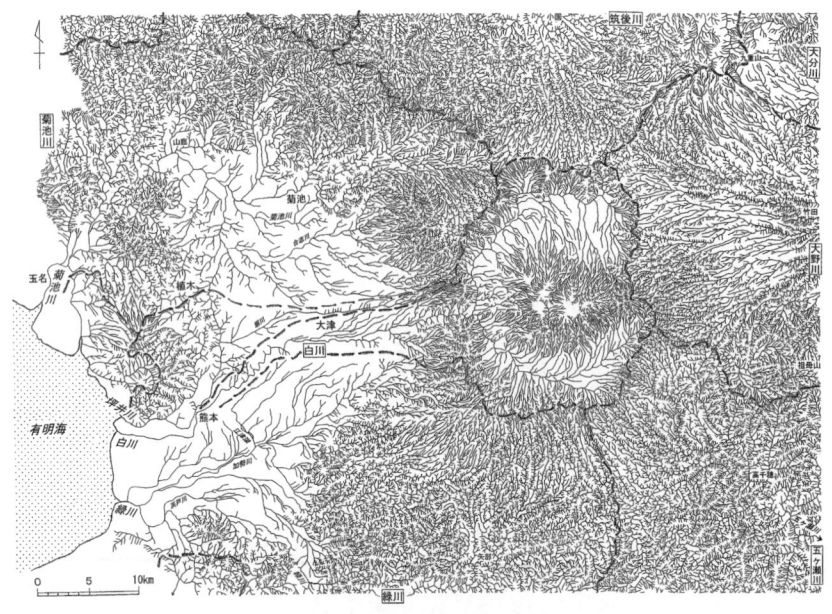

図1-2　阿蘇火山周辺地域の水系図
（島野1988aを一部修正）

部の菊池・大津・熊本・植木の地点で囲まれた地域では，著しく水系の発生・発達が少ない．つまり，表流水としての河川の流れがあまりみられないということである．このことは，蒸発する分を除き，降った雨の多くは表流水として流出することなく，地下に浸透してしまうことを意味している．すなわち，雨水の多くは地下水に涵養されているわけである．また，カルデラ内に水源をもつ白川の流域形状は「おたまじゃくしの形」を成していて特異である．かつては白川の下流部で坪井川や井芹川が合流していたが，後述することだが加藤清正の河川改修によって，分離されて現在の流域の形になったという．白川の全流域面積の内，約80％を上流域のカルデラ内が占めていて，中・下流域では流入する支流がほとんどなく，ほぼ河道部分のみという狭い地域となっている．これだけに因る訳ではないが，白川はこれまでにたびたび洪水を引き起こしてきている．阿蘇カルデラ内は降水量がかなり多い所で，熊本市のおよそ1.5倍ほどの降水量がある．それゆえに，カルデラ

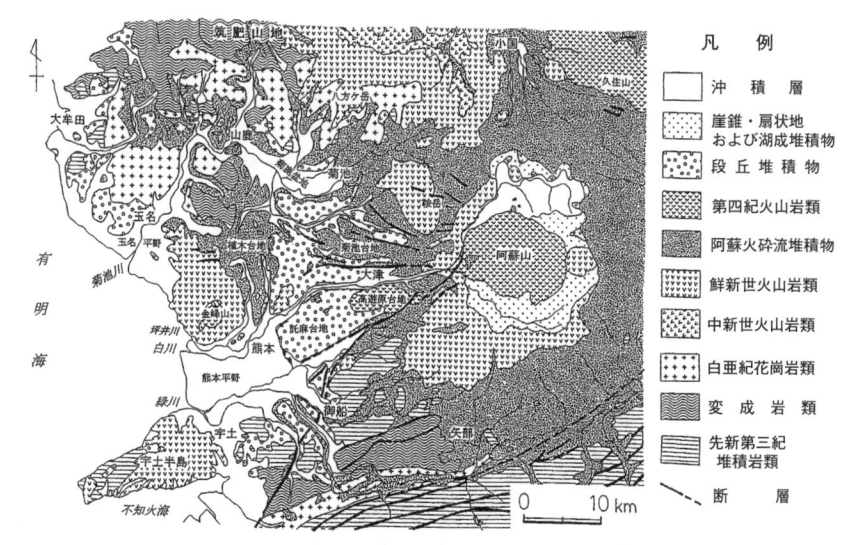

2．熊本地域とその周辺地域の地形・地質的基盤

図1-3　阿蘇火山周辺地域における地質概要図
（島野2000）

内に降った雨は中・下流部の狭い河道を一気に流下するために，構造的に溢れやすいといえる．

　本地域の地質は，大きくは基盤岩類，先阿蘇火山岩類，それを覆う新生代第四紀の堆積物に区分される（図1-3）．基盤岩類としては，南部の丘陵地に中・古生代の堆積岩類が，北部～西部の山地域には結晶片岩類で構成された中・古生代の三郡変成岩類と中生代白亜紀の花崗岩類が，そして南東部には古生代の木山変成岩類が分布している．台地面上に島状に突出している孤立丘に関しては，植木町付近に平尾山・岩野山・弁天山・二塚山などが点在しているが，これらは三郡変成岩類で構成されている．また，熊本市東部の神園山・小山山・戸島山や合志町の群山・飯高山などの孤立丘は，中生代白亜紀の堆積岩類で構成されている．

　これら基盤岩類の上位には，第三紀鮮新世～第四紀更新世に噴出したとされる安山岩類や凝灰角礫岩が分布し，阿蘇外輪山や金峰火山の外輪部などを形成している．これらの地層は，阿蘇カルデラ形成に関与した火砕流噴出活動よりも前の火山岩類であり，先阿蘇火山岩類と呼ばれている．その年代に

ついては220万〜45万年前という値がでている（渡辺2001）．また，金峰火山はカルデラをもつ複式の火山で，外輪部・カルデラ，および溶岩ドームである金峰山から構成されている．外輪部は二ノ岳・三ノ岳・権現山・荒尾山などの古い火山体からなり，主峰の金峰山のみは更新世末期の約15万年前頃までに生成したものである．さらに，熊本市街地の近くに位置する立田山・花岡山・独鈷山・城山などの孤立丘は，金峰火山の一部を構成していたもので，外輪部とほぼ同時代の古い火山岩類で構成されている．したがって，これら基盤岩類や先阿蘇火山岩類によって形作られた地形が，熊本地域では特殊な地下水盆の基礎となっている．

　第四紀の堆積物は，基盤岩類や先阿蘇火山岩類を覆って，台地や低地に広く分布している．この主体をなすのが阿蘇カルデラの形成に関与した阿蘇火砕流堆積物である（図1-4）．現在の阿蘇カルデラがつくられたのは約9万年前とされ，約27万年前から約9万年前までの間に少なくとも4回の火砕流噴出を主とする大規模な噴火活動があり，大量のマグマの放出により陥没が生じ，カルデラができたと云われている（図1-5）．これらの噴出・堆積物は，古い方から順にAso-1，Aso-2，Aso-3，Aso-4火砕流堆積物と呼ばれていて，中部九州一円に広く分布している．特に，Aso-4火砕流に関してはより広範囲に分布し，それらの一部は海を越えて島原半島や天草下島，さらに遠く周防灘を越えて山口県南部まで達している．そして，これら火砕流堆

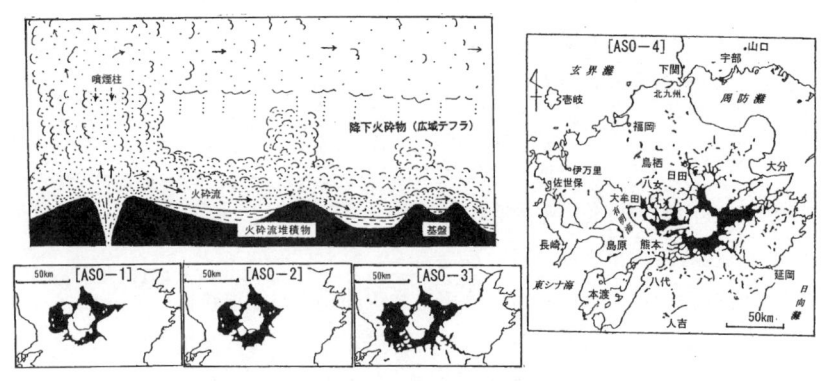

図1-4　阿蘇火砕流の噴火と堆積の状況

（渡辺2001を一部修正）

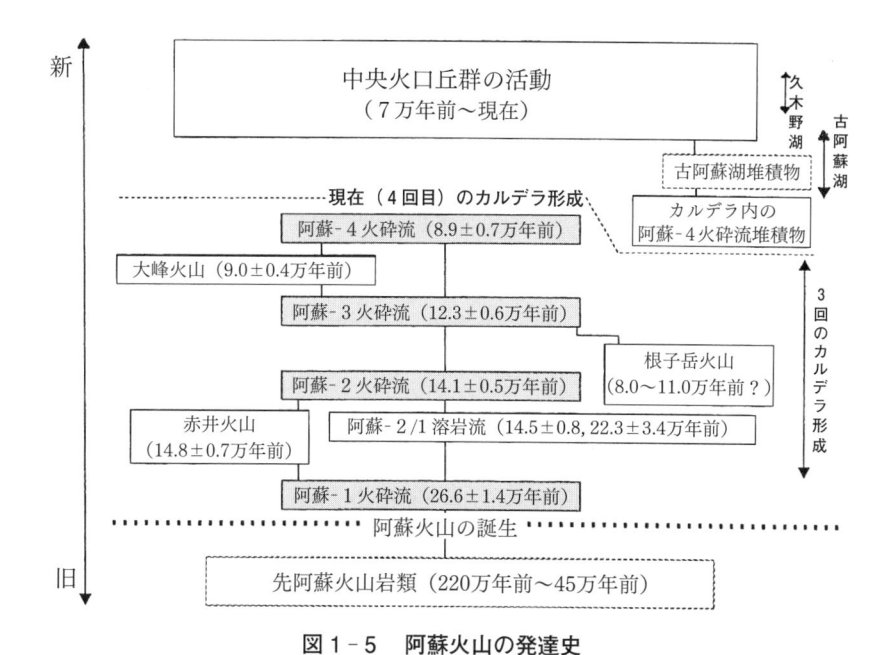

2. 熊本地域とその周辺地域の地形・地質的基盤 ● 7

```
新 ↑
   ┌─────────────────────────────┐       ┐久
   │      中央火口丘群の活動       │       │木    ┐
   │      （7万年前～現在）        │       │野    │古
   └─────────────────────────────┘       │湖    │阿
                                          │      │蘇
                       ┌──────────────┐  │      │湖
                       │ 古阿蘇湖堆積物 │  │      │
                       └──────────────┘  ┘      │
   ······ 現在（4回目）のカルデラ形成 ·······            │
              ┌──────────────────────┐ ┌──────────┐ │
              │阿蘇-4火砕流（8.9±0.7万年前）│ │カルデラ内の│ │
              └──────────────────────┘ │阿蘇-4火砕流堆積物│ │
   ┌────────────────┐                  └──────────┘ │
   │大峰火山（9.0±0.4万年前）│                            │ ┐
   └────────────────┘                                │ │
              ┌──────────────────────┐               │ │3
              │阿蘇-3火砕流（12.3±0.6万年前）│               │ │回
              └──────────────────────┘               │ │の
                                                    │ │カ
              ┌──────────────────────┐ ┌──────────┐ │ │ル
              │阿蘇-2火砕流（14.1±0.5万年前）│ │根子岳火山 │ │ │デ
              └──────────────────────┘ │(8.0～11.0万年前？)│ │ │ラ
   ┌────────────────┐                  └──────────┘ │ │形
   │赤井火山          │ ┌────────────────────────────┐ │ │成
   │(14.8±0.7万年前) │ │阿蘇-2/1溶岩流(14.5±0.8, 22.3±3.4万年前)│ │ │
   └────────────────┘ └────────────────────────────┘ │ │
              ┌──────────────────────┐               │ │
              │阿蘇-1火砕流（26.6±1.4万年前）│               │ ┘
              └──────────────────────┘
   ············· 阿蘇火山の誕生 ·············
   ┌─────────────────────────────────────┐
   │  先阿蘇火山岩類（220万年前～45万年前）   │
   └─────────────────────────────────────┘
旧 ↓
```

図1-5　阿蘇火山の発達史
（渡辺2001を修正）

積物の厚さは，菊池台地などの深い所では200mにも達しているという．こうした4回の大噴火期の間には，より小規模な火山灰や軽石等の噴火が繰り返され，溶岩も流出した時もあり，また活動の休止期には火砕流間堆積物も堆積している．

　それらの中では，南部に分布する砥川溶岩と高遊原溶岩および湖成堆積物の布田層，そして北部の菊池・植木台地に分布する湖成堆積物の花房層が知られている．これらの地層は熊本地域の水理地質に関して重要な役目を果たしている（図1-6）．布田層と花房層は同一層準の地層で，ともに難透水層であり，熊本地域の地下水を浅層地下水と深層地下水とに二分する働きをしている．また，砥川溶岩は熊本市の南東部～南部の地下に存在する安山岩質の溶岩で，Aso-1とAso-2の間に噴出したものであり，多孔質で亀裂が発達しているために透水性が極めてよく，地下水流動において重要な帯水層を構成している．なお，火砕流堆積物は一般に多孔質であることから，良質な帯

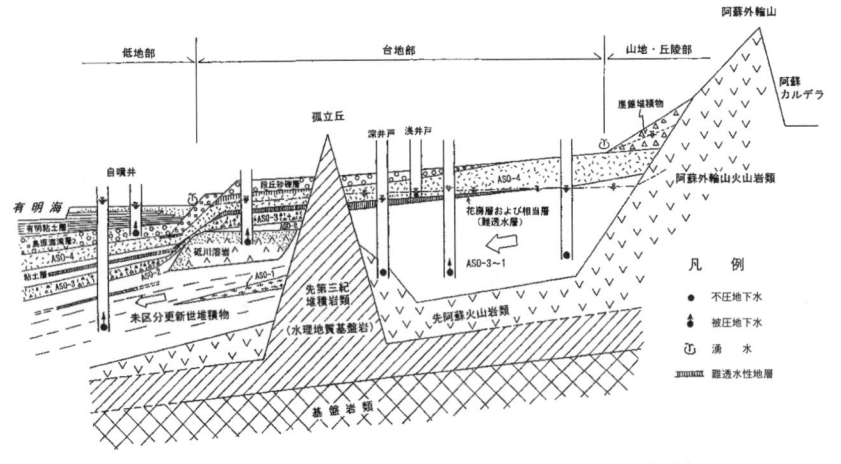

図1-6　水理地質構造の模式断面図（北東―南西方向）
（熊本県1996を一部修正）

水層となっており，特にAso-3火砕流より下位の火砕流堆積物の地層は，熊本地域の地下水の主要な帯水層である第2帯水層を形成している．すなわち，これらの火砕流堆積物が厚く堆積している西麓台地の地下は，地下水が周辺から多く集まってくることから「地下水プール」と呼ばれる．この地下水は地下水盆の形状にしたがって流れて砥川溶岩分布域に集まり，一部は湧水や自噴井として湧出し，あるいは井戸水として汲み上げられている．

　白川中流域の北側や南側，および合志川沿いには河成段丘が形成されている．火砕流台地が形成された後，約8万～3万年前頃までに河川の侵食・堆積作用と地盤運動とによって2～3段の段丘面が形成されたものである．熊本市付近では特に広く分布する託麻面（中・高位面）と保田窪面（低位面）とがあり，保田窪面は託麻台地を縁取るように分布している．これら段丘堆積物は砂・礫などからなり，さらにローム層がそれらを覆っている．そして，託麻面の砂礫層は浅層地下水の帯水層になっている．この浅層地下水の帯水層とAso-4火砕流堆積物中の地下水の帯水層については第1帯水層と呼ばれ，深い所の第2帯水層とは区別されている．

3．阿蘇火山周辺地域の湧水

　火山地域は，一般に多孔質の溶岩・岩石・砕屑物等によって構成されているために，浸透能力や保水能力に優れていて，地表水や地下水等の水文現象および生活用水や農業用水などの水利用に対して，特異な水環境を形成している．特に，火山体は"地上に突出した貯水池"であると言われているように，山麓部では水が豊かであり，数多くの湧水が存在している．この阿蘇火山周辺地域も例外にもれず，数多くの湧水が存在しており（図1-7），約5,000km^{2}の地域に少なく見積もっても1,500カ所以上の湧水が分布している（島野1987）．ここでの湧水密度は面積100km^{2}当たり約30地点であり，全国平均の約10地点よりも密度がかなり高い（島野2009）．これらの湧水の多くは，湧出機構からすると，阿蘇火山の活動に伴うことで生まれたものであり，阿蘇火山の恩恵である．この図1-7には湧水の他に，温泉や鉱泉の主な地点も描いておいたが，この地域には数多くの温泉や鉱泉が分布していて，それぞれに特色のある温泉地となっている．これもまさに阿蘇火山による恩恵である．

　また，図1-7には環境省による「名水百選」に選ばれた地点もマークしてある．熊本県においては，昭和の名水百選（1985年）に「池山水源，白川水源，菊池水源，轟水源」の4カ所，平成の名水百選（2008年）に「南阿蘇村湧水群，水前寺・江津湖湧水群，金峰山湧水群，六嘉湧水群」の4カ所の計8カ所が選定されているが，すべて湧水である．東隣の大分県では竹田湧水群や男池湧水群が昭和の名水百選に，また宮崎県では妙見神水が平成の名水百選に選ばれていて，阿蘇山周辺地域では合計11カ所の名水が選ばれており，名水密度も高い．特に，熊本市とその周辺地域においては，水前寺・江津湖湧水群，金峰山湧水群，六嘉湧水群や轟水源の4カ所があり，大都市の近くでも水の豊かな環境が展開されている．そして，加勢川の比流量が異常に大きくなっているのは，流域内に江津湖湧水群や六嘉湧水群があるためである．

　なお，宇土市の轟水源に関しては，これを水源とした「現存する日本最古

10 ● 第1章 水の国・くまもと

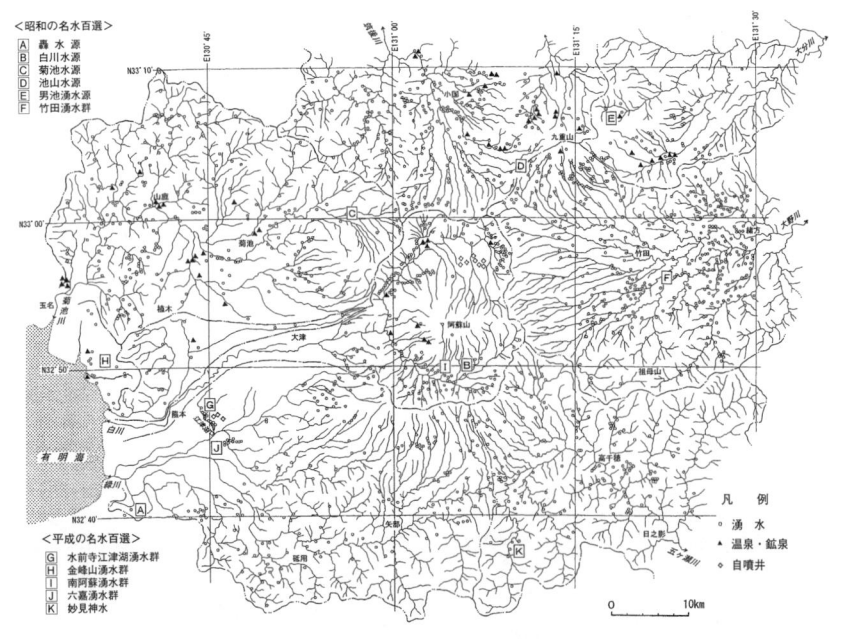

<昭和の名水百選>
A 轟　水　源
B 白川水源
C 菊池水源
D 池山水源
E 男池湧水源
F 竹田湧水群

<平成の名水百選>
G 水前寺江津湖湧水群
H 金峰山湧水群
I 南阿蘇湧水群
J 六嘉湧水群
K 妙見神水

図1-7　阿蘇周辺地域における湧水の分布図
（島野1987を加筆修正）

の上水道」と呼ばれる轟泉水道がある．轟泉水道が完成したのは350年以上前の1664年（寛文4）のことで，当初は水道管として松葉焼の丸い瓦質管を使用していたが，約100年後の大改修の際に近くで産出するピンク色の馬門石（阿蘇溶結凝灰岩からなる岩石）をくり貫いた石管に替えたことにより現代まで引き継がれ，今日でも100軒ほどの家々で使用され続けている．

ところで，湧水に関しては，近年，自然災害などの非常時の際の水資源として注目されつつある．そこで，湧水の現状とその水質について取り上げる．

熊本市域などの都市部においては，1970年代頃より台地部での宅地開発や工場進出などにより涵養域が減少したことで浅層（第1帯水層）の地下水が減って，台地の末端部から湧き出していた湧水に涸渇するものが増えた経緯がある．この地下水の減少傾向は，主要帯水層である第2帯水層にも及

び，地下水位の低下や江津湖・六嘉湧水群などでの湧出量の減少ということにも現れていた．しかしながら近年，地下水対策として，白川中流域の大津町や菊陽町の水田に水を張るという"地下水の人工涵養事業"を行ってきたことによって，少しずつではあるが地下水位や湧出量が復活しつつある．しかしながら，水質に関しては，地下水汚染の指標となっている硝酸性窒素の増加が心配されている．

そこで，本地域の湧水の水質についてみてみることにする．図1-8は阿蘇外輪山の西麓地域の湧水の水質に関して，組成をヘキサダイアグラムで表したものである．外輪山の山麓部に位置する湧水については溶存成分量の少ない Ca-HCO$_3$型のものが多く分布している．これに対して，台地や低地に位置する湧水については，大部分が溶存成分量が多く，組成は Ca-HCO$_3$型を主体とする混合型，Ca・Mg-HCO$_3$型，Na-HCO$_3$型，および Ca-HCO$_3$型と Na-HCO$_3$型の中間タイプなど様々なタイプがみられる．そして，これら台地や低地部の農業地帯ならびに金峰山西麓のミカン畑などの地域では，硝酸性窒素の濃度が高く，地下水汚染の恐れが心配される．なお，熊本市南部の砥川溶岩分布域にある湧水や自噴井の水質はほとんど類似しており，同一の水体であることを物語っている．かつ，これらの水には SO$_4$成分が多く含まれていることから，白川の河川水（Ca・Mg-SO$_4$型）の影響を受けていることがわかる．この点に関しては後述することであるが，永井ほか（1983）による深井戸の地下水調査によって既に明らかにされていて，これを裏付ける調査・研究が進められている．

次に，白川の河川水の基となっているカルデラ内の湧水の水質に関して表したのが図1-9である．ここでの湧水については，外輪山からの湧水と中央火口丘からの湧水とで水質に違いがみられる．全般的に，外輪山型は低濃度で Ca-HCO$_3$型のものが多く，中央火口丘系はより高濃度の混合型である．特に，阿蘇谷の旧一の宮町の田園地域に位置する自噴井の水はより高濃度で，Ca-SO$_4$型を主体とする混合型の組成となっている．同様に，南郷谷の南阿蘇村の中央火口丘系の湧水もやはり高濃度で，Ca-SO$_4$型を主体とする混合型を呈している．そして，より火山活動の影響を受けている水については典型的な Ca-SO$_4$型の組成を示している．なお，硝酸性窒素に関して

は，いくつかの地点でやや濃度の高いものがみられるものの，他の大部分の地点では極めて低濃度であった．

これらに関しては最近の状況に関する報告（利部ほか2010, 2013）もある

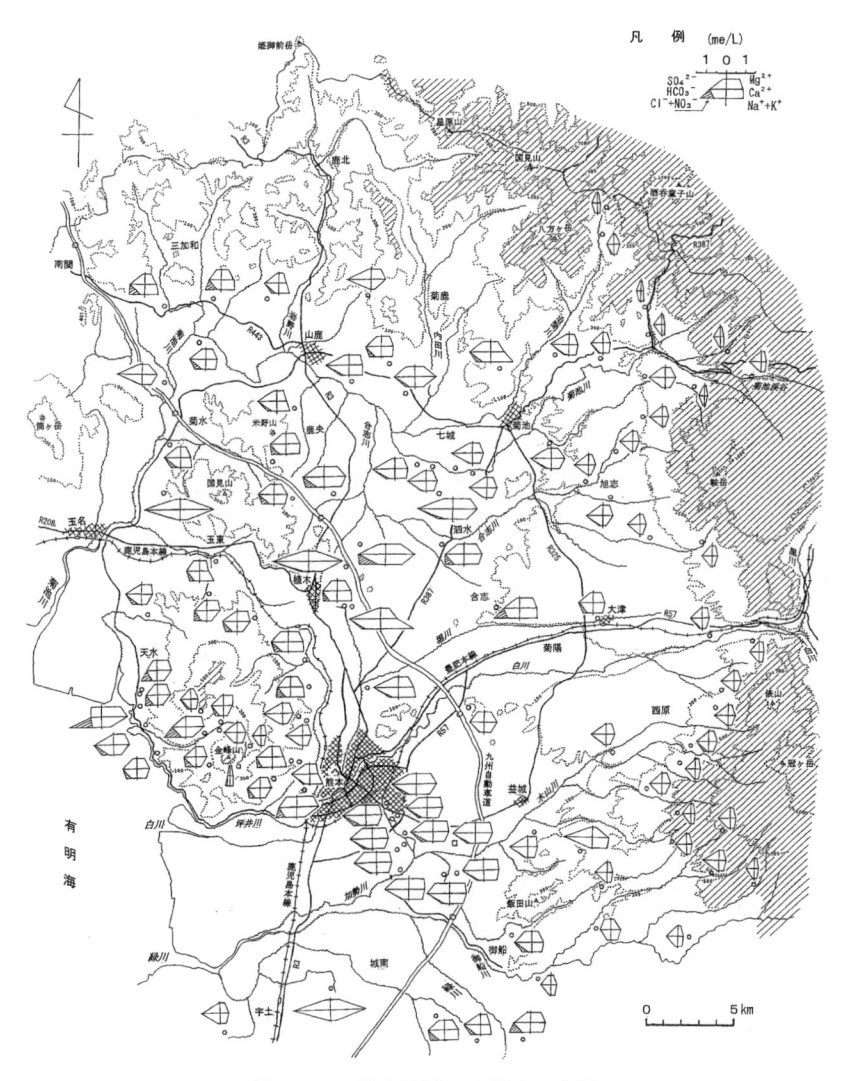

図1-8　熊本地域での湧水の水質
（島野1994, 2000から作成）

3. 阿蘇火山周辺地域の湧水 ● 13

図1-9 阿蘇カルデラ内における湧水の水質
(島野1997)

が，ほとんど変化はなく，水質的にはそのままの現状が続いている．すなわち，地下水汚染の指標としての硝酸性窒素濃度はあまり減少していないという事実であり，今後も削減対策の必要性があるといえよう．

4．熊本地域の地下水

　熊本地域の水循環は独特であり，地下には良質で豊富な地下水が流動し貯留されている．熊本地域には，年間約20億 m³あまりの降水量があり，そのうちの3分の1が地表面からの蒸発や植物からの蒸散で失われ，また3分の1が河川を通じて海へ流れ下り，残りの3分の1の約7億 m³が地下水になるとされている（熊本市2013）．地下水になる割合が高いのが熊本地域の特長であり，日本国内の平均は降水量の2割程度である．特に，外輪山西麓の菊池台地では，蒸発散量を除いた降水の内の9割近くが地下に浸透し，表流水として流れるのは1割程度であるとされ，このことが先の水系図（図1-2）に水系の未発達な地域という現象に表れている．

　熊本地域の地下水の状況に関して示したのが図1-10である．地下水流動に関しては，先ほど図1-6で示したように地下の基盤が特殊であり，独特な地下水盆の形状をなしていることが関係している．そして，白川の河川水の果たす役割も重要である（永井ほか1983）．

　さて，図1-10に描かれた2004年10月の地下水位等高線からは，地下水の流動状況がわかる．外輪山の山麓部や菊池台地に降った雨の大部分は，浸透性の良い火砕流堆積物の中に浸み込んで地下水となる．その地下水が大量に集まってきているのが，通称「地下水プール」と呼ばれている菊池台地南部の地下で，ここでの地下水は地表面から50～80mと深い所にあって，Aso-1～3の火砕流堆積物からなる帯水層に蓄えられている．この Aso-1～3の火砕流堆積物からなる地層がこの熊本地域で第2帯水層と呼ばれる主要帯水層である．ここの地下水は，白川の地下の深い所を横切って南へと流動して行き，やがて向きを南西方向に変えて流れ，行き着く先が砥川溶岩分布域である．また，白川中流域では，清正による水田開発が行われた結果，河川沿いの沖積地には水田が広がっている．この地域の水田は「ザル田」と呼ばれるほど水漏れが激しいとのことで，白川から取水された灌漑水の多くは地下に浸透して地下水となり，やがて地下水プールから流れ出てきた地下水と混ざり合って，砥川溶岩層へと流れて行く．なお，砥川溶岩層への地下水の流入

4. 熊本地域の地下水 ● 15

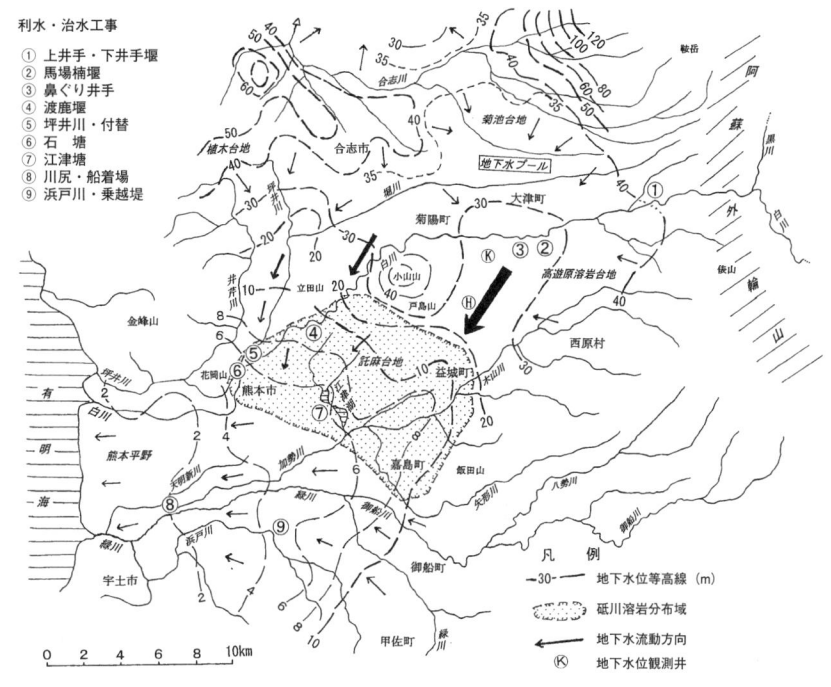

図1-10 熊本地域における地下水の状況
(熊本県・熊本市2009などから作成)

は，いくつかの経路があるが，地下水プールからの経路のものが最大である．そして，この砥川溶岩分布域の西側には水を透し難い地層が堆積しており，被圧化された地下水はこの地域で自然湧出して湧水となる．これが江津湖湧水群や六嘉湧水群の湧水である．また，砥川溶岩層に掘られた井戸については，自噴井も多くあって，大量の地下水が揚水されている．熊本市の水道水源井は20カ所ほどの地点にあるが，その主なものはこの砥川溶岩分布域に立地しており，大量の地下水が採取されている．中には健軍や沼山津の水源地のように自噴井の水源井もある．

　熊本地域における地下水の取水量は，高度経済成長期とともに増加の一途をたどり，ピークは1990年代前半で年間2.5億 m^3 近く採取していた．その後は少しずつ減ってきていて，最近の取水量は年間約1.8億 m^3 と，ピーク時の4分の3にまで減少している．この間の水道水源用の取水量はあまり変わ

らないが，農業用水や工業用水などで減少している．特に，約3割を占めていた農業用水の減少は顕著であり，現在はピーク時の半分以下となっている．地下水利用の急増が始まった1970年代以降には，地下水位の低下や湧水地点の減少および湧出量の減少などの地下水障害が生じた．特に，江津湖では目に見えて湧出量が減り，それとともに水質も悪化したという経緯がある．江津湖での湧出量については，1960年頃は日量約90万 m^3 あったとされるが，その後は徐々に減少して1995年頃には半分の45万 m^3 に減少し，さらに2005年には最小量の約35万 m^3 まで落ち込んだ．これらの対策としては，白川中流域にある水田において地下水への人工涵養を行ったことで，2000年代に入ってから本格的に涵養事業が行われてきている．このためかどうか，最近は地下水位観測井（図1-10中の辛川（K）と日向東（H））での地下水位が少しずつであるが上昇の兆しがみえつつあり，また江津湖の湧出量も増加傾向にあって日量40〜50万 m^3 の間を行ったり来たりしていて（図1-11），少なからず成果が現れているようである．

　ところで，熊本地域の地下水盆の地下水を考える上で，白川から取水した灌漑水による水田からの浸透水の果たす役割の大きいことが判明している．すなわち，外輪山西麓の大津町・菊陽町付近で灌漑水に利用された白川の河

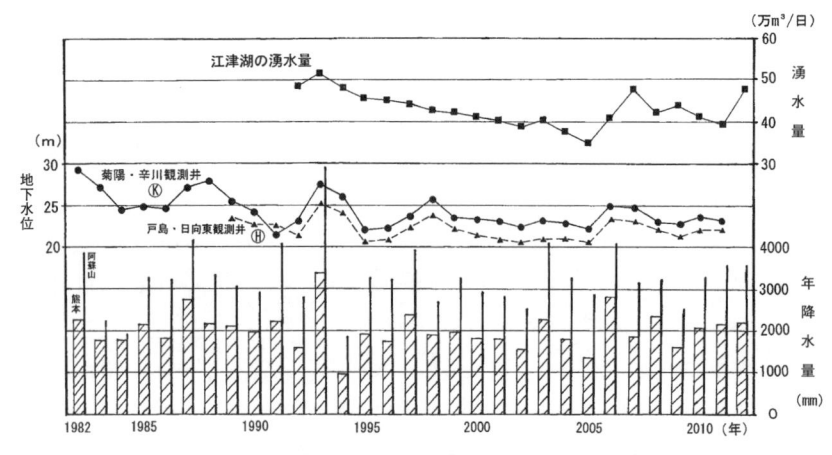

図1-11　江津湖の湧水量と観測井の地下水位変化
（熊本市環境局2013などから作成）

川水の多くは，外輪山の山麓部や菊池台地に降った雨水とともに地下に浸透して地下水となり，地下水の流動系に従って流れて，江津湖や六嘉の湧水群などで湧出するとともに健軍や沼山津等では熊本市の水道水源井として，あるいは農業用水や工業用水などとして取水されている．したがって，熊本地域の地下水問題を取り扱う際には，白川の河川水は除外してはならないものとなっている．しかしながら，白川の河川水の水質は時として地元で"ヨナ"と呼ばれる火山灰を含んだり，硫酸イオン（SO_4^{2-}）を大量に含有したりなど，必ずしも良質の用水源とは言い難い面もあった．また近年は，水量とともに水質を中心とする水資源に対する関心が高まっており，特に農業地域では地下水汚染の指標となっている硝酸性窒素の顕在化には注意を払わずをえない．しかし，熊本地域では，地下水の量と質の両面での保全対策が計画され実施されているとともに，市民や企業・学校などに対しての普及・啓発活動が行われている．こうした点が評価されて，水に関する賞を相次いで受賞したことにつながったと云えよう．したがって，熊本地域の健全な水循環と水環境保全の実現に向けては，地下水は熊本地域共有の財産であり，その地下水を保全し，活用し，健全な姿で将来へと引く継ぐことが行政や企業・市民らに課せられているといえよう．

5．清正の利水・治水工事

　熊本は水が豊かで恵まれているが，また水による災害も多く引き起こされてきている．それは戦国時代末期に肥後に入国した加藤清正が，その後にいろいろな対策を施したことに伺い知れる．清正が始めた白川や緑川などでの利水・治水工事について，その一部は清正と子の忠広の時代に完成をみるが，多くは加藤家から細川家へと藩が変わっても引き継がれた後に完成したものである．ここでは，"土木の神様"とも云われた清正に関係する利水・治水工事とその施設跡のいくつかを取り上げるが，それらは図1-10の中にマーク（①〜⑨）してある．

　まず白川中流域では，大津町瀬田の白川右岸から取水する目的で，①上井出・下井出堰という二つの堰が造られている．ここで取水された用水は上井

出用水と下井出用水として，白川右岸の大津町や菊陽町の水田の灌漑用水に使用されている．菊陽町馬場楠の白川左岸に造られた堰が②馬場楠堰で，ここで取られた用水は菊陽町と熊本市の水田に灌漑されている．この堰の2 km ほど下流に鼻ぐり井手がある．③鼻ぐり井手は菊陽町曲手に造られた用水路の独特な工法による施設で，阿蘇火砕流堆積岩の中に掘られた岩橋の様子を呈している．白川の河川水はヨナと呼ばれる火山灰土を含むために，流れの弱い所では溜まりやすい．そこで，火砕流の岩に次々に穴を掘り，多くの壁で仕切る箱状の入れ物をつくり，かつそれぞれの壁には交互左右に横穴を穿ち，水が壁に当たって渦巻くようにしてある．横穴を開けられた壁は 7～8 m ほどの間隔であり，石橋が架けられているようでもあり，また牛の鼻輪を連想することから"鼻ぐり"井手と称されている．深く開削した用水路では，人力で水路のヨナを浚うことが難しく，このような仕掛けを考案したものと考えられている．

熊本市内の白川においては，中央区渡鹿に造られた④渡鹿堰があり，白川水系では最大の堰で，特長としては「斜め堰」になっていることである．清正の造った堰の多くは斜め堰と云われていて，水の流れには強い構造となっている．熊本市の中心地においては⑤坪井川の付替が行われていた．かつての白川は蛇行や湾曲を繰り返していて，現在の市役所付近で坪井川が合流し，また JR 熊本駅の北東部で井芹川が合流していた（図1-12）．熊本城の完成後に，白川を直線化して外堀としての防衛線にするとともに，坪井川を分離して水運に利用した．井芹川も白川から分離して，坪井川に合流するようにして，熊本駅前からは白川とは別に西へ流れるようにした．なお，井芹川が坪井川と分かれ，今の流路となったのは1930年代半ばとのことである．熊本駅東の所にある石積みの堤防が⑥石塘で，白川と坪井川を分流したことによって造られた背割り堤となっている．

熊本市街地の南は，かつては湧水が至る所で湧き出す広大な湿地であったとされるが，緑川支流の加勢川の西側沿いに堤防を築いたのが⑦江津塘で，この堤防により人工湖の江津湖と水田地帯とが分けられた．

熊本市の南部，川尻町の河岸に造られたのが⑧川尻の船着場である．加勢川の下流部，緑川との合流点の手前に造られた船着場で，年貢米集積の拠点

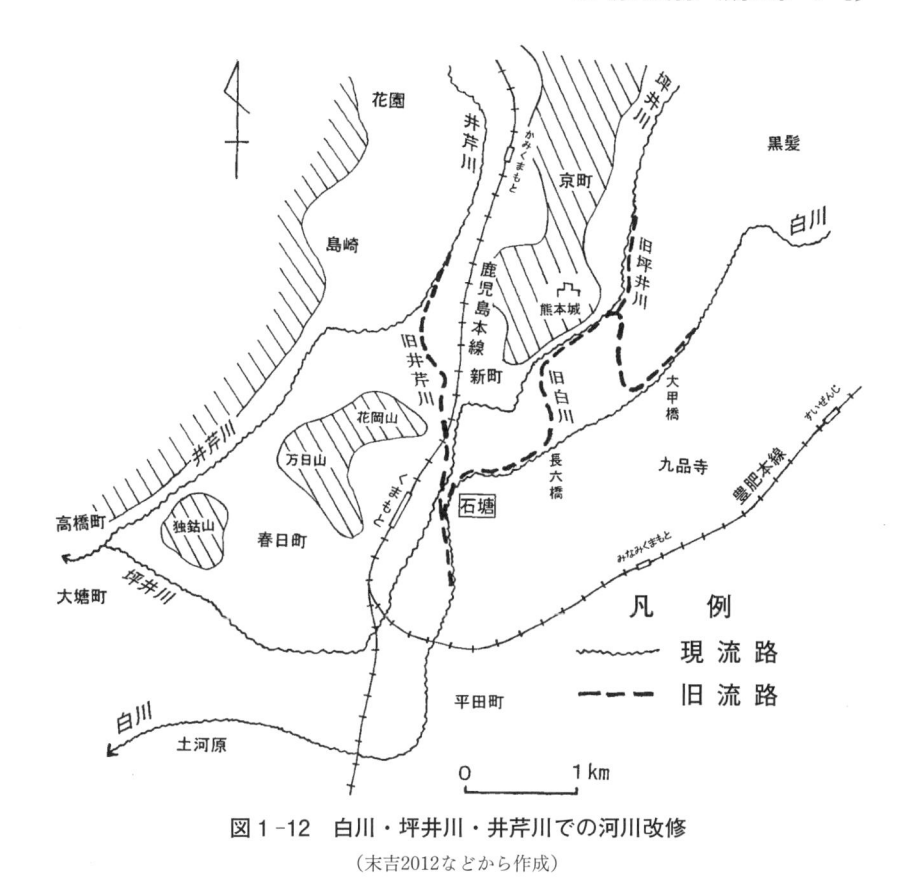

図1-12　白川・坪井川・井芹川での河川改修
（末吉2012などから作成）

であり，また清正時代には海外貿易港として栄えた．

　熊本市南区城南町島田の緑川支流の浜戸川に造られた堤防と遊水池が⑨浜戸川の乗越堤である．浜戸川はこの先で西に直角状に湾曲するために，しばしば堤防が決壊して水害を起こしていた．これを防ぐために，手前の所に遊水池をつくり，その堤防の一区間（約50mの区間）を1mほど低くして敢えて洪水を溢れさせることにより，本堤防の決壊を防いだと云われている．この低くした堤防が乗越堤である．さらに，その先にもう一段低い副堤を築いて前面の水田が洗い掘りされるのを防いだとされ，これがタンタン落としである（図1-13）．しかしながら，近年，この地に新しい道路が開通したこと

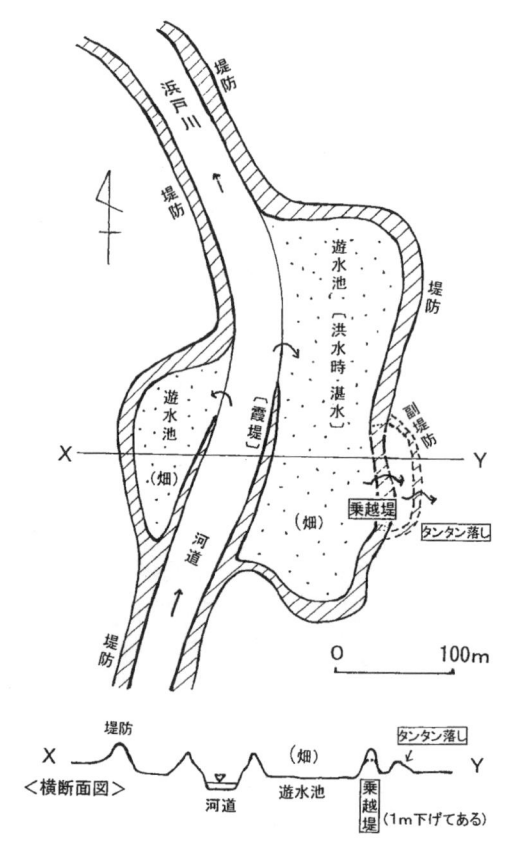

図1-13　浜戸川の乗越堤とタンタン落とし
（現地調査から作成）

により，乗越堤の一部とタンタン落としの施設が失われてしまっているのが残念である．

　清正の時代は，大型の工作機械を使用して迅速に仕上げるという現代の土木工事とは異なり，自然に対する観察力や洞察力のもとで叡智による創意と工夫によってなされたものであり，それらの工事施設が現代まで残っていることには驚きでもある．

6. おわりに

　熊本地域とその周辺地域における「水」と水環境をみてきたが，この地域は日本でも希有な水環境と水景色の地域である．そして，エジプトは"ナイルの賜"と云われているように，熊本はまさに「阿蘇火山の賜」であり，阿蘇火山なしでは語られない．

　水の豊かな地域としては，ここで取り上げた阿蘇火山地域の他に，北海道の羊蹄山，東北の岩手山や鳥海山，中部地方の富士山や八ヶ岳山麓，山陰の大山，それと南九州の霧島山などの火山地域が挙げられる．そして，水の街としては，秋田の六郷扇状地湧水群，富山の黒部川扇状地湧水群，長良川上流の郡上八幡，琵琶湖西岸・安曇川河口の針江地区，長崎の島原湧水群などが挙げられる．熊本県内においては，南阿蘇村湧水群と熊本市の江津湖・水前寺湧水群や金峰山湧水群が相当しよう．水の豊かな環境は心身にもゆとりと寛ぎを与えてくれる．日本国内にはそうした水環境の地域は多く分布している．

　しかしながら，世界に目をやると，21世紀は水の世紀とも云われているように，人口増加による水不足が顕著となり，地域によっては地下水の涸渇も心配されている．また，いくつもの国を流れ下る国際河川については，水利用を巡る争いも起こりかねない現実もあって，目を離せない状況にある．

　翻って，日本の水，特に熊本の水をみてみると，これまで述べてきたように世界とは異なる光景が見えてくる．熊本地域の水は些少の不都合等はあるものの，深刻な問題は全くない．そして，いろいろな施策が計画・実施されてきていて，水の将来は如何にあるべきかを教えてくれるのも熊本地域の水であり，本稿はその一端を垣間みたものである．

【参考文献】

利部　慎・小野昌彦・嶋田　純・島野安雄 2010．名水を訪ねて（88）熊本市周辺の名水．地下水学会誌52．

利部　慎・松永　緑・嶋田　純・島野安雄 2013．名水を訪ねて（101）阿蘇カ

ルデラ内の名水―約25年ぶりの再訪問―．地下水学会誌55．
樫根　勇・島野安雄・田中伸広 1987．阿蘇西麓台地における地下水流動系．ハイドロロジー，17．
熊本県・熊本市 1996．『熊本地域地下水総合調査報告書』．
熊本県・熊本市 2006．『熊本地域地下水保全対策調査報告書』．
熊本県・熊本市など 2009．熊本地域地下水総合保全管理計画に基づく第1期行動計画（資料）．
熊本市 2013．『くまもと「水」検定公式テキストブック改訂版』．
島野安雄 1984．九州地方の河川緒流域の流出特性．熊本大学文学部論叢12．
島野安雄 1987．阿蘇山周辺地域における湧泉の分布と若干の性状について．ハイドロロジー17．
島野安雄 1988a．阿蘇山周辺地域における水系網解析．ハイドロロジー18．
島野安雄 1988b．名水を訪ねて（3）熊本県の4名水．地下水学会誌30．
島野安雄 1994．阿蘇外輪山南西麓地域における湧水の水文化学的研究．地域研究34．
島野安雄 1997．阿蘇カルデラ内における湧水の水文化学的研究．文星紀要8．
島野安雄 1998．熊本市の湧泉．『熊本新市史，通史編第1巻（自然・原始・古代）』．
島野安雄 2001．阿蘇火山西麓地域における湧水・河川水の水文化学的研究．文星紀要12．
島野安雄 2009．富士山の周辺地域に分布する湧水の水文化学的研究．文星紀要20．
末吉駿一 2012．『くまもと水のみばなし88話』．末吉・歴史文化研究所．
永井　茂・石井武政・黒田和男 1983．熊本平野の地下水の水文化学的研究．工業用水296．
渡辺一徳 2001．『阿蘇火山の生い立ち』．一の宮町史・自然と文化・阿蘇選書⑦．

第 2 章
阿蘇カルデラと文化

1．はじめに

　2014年9月，阿蘇地域はユネスコが支援する世界ジオパークとして認定されたことにより世界の人々にも知られるようになった．以前より筆者は国際学会において阿蘇地域の研究発表を行なってきたが，その度に驚かれるのは，今なお噴煙を上げる活火山もさることながら，そこに大勢の人間が実際住んでいることである．なぜ火口に人が住んでいるのか，日常生活は大丈夫なのかと，毎回多くの人から質問される．

　もうもうと噴煙を上げ堂々たる阿蘇山だがしかし，実は阿蘇山という山は存在しない．阿蘇山は半径約10kmにわたる巨大な火山カルデラの総称である．カルデラとは火山がつくった大きな凹地をいう[1]．かつて阿蘇山はカルデラ全体を裾野とする1つの巨大な山であり，9万年前の大噴火によって大陥没を起こし現在のカルデラが形成されたと考えられていた．カルデラそのものが火口とされたため，南阿蘇村立野地区にあるカルデラの切れ目は「火口瀬」と呼ばれ，中央にできた丘（いわゆる阿蘇五岳）は「中央火口丘」と呼ばれた．しかし現在の科学ではそうした1つの山であったことは否定され（池辺2004），阿蘇山は複数の火山が噴火と陥没を繰り返してできた複式火山であることが分かっている（渡辺2001）．したがって先の「なぜ火口に人が住んでいるのか」という質問は正確には誤りであり，火口瀬や中央火口丘といった用語もいずれ修正せねばならないだろうが，いずれにせよ「人が住んでいる活火山」が世界に与える衝撃は大きいようだ．それも学者や登山家といった特別な者でなく，普通に子どもから大人まで生活し，学校も幼稚園から大学まであり，市役所や工場，集落や商店街が立地し，鉄道も国道も走っている．カルデラ内の人口は5万人にものぼり，外輪山上まで入れ

れば7万人に達する．最も危険な火口でさえも通常立入禁止でなく歩いて行くことができ，観光客がロープウェイで簡単に近づき見物することができる．一般人が火口を通常覗き込める活火山など他にあまり聞いたことがなく，そういう意味では阿蘇山は世界でも特別な火山といえるだろう．

　阿蘇山は豊かな自然を有する国立公園ではあるが，大勢の人間がそこに暮らすため特別な性質をもつ．それは自然と人間の関わりが随所にみられることだ．実際阿蘇地域には自然科学者のみならず人文科学者たちの姿も多く，自然も文化も研究する地理学者にとって阿蘇山は格好のフィールドである．たとえば米塚は火山神である阿蘇大明神が米を盛った山だとか，根子岳の頭は大明神によって箒で叩かれたためギザギザになっているとか，夜峰は大明神が一夜にして築いた屏風山など，多くの山や地形にユニークな神話や伝説が付随し由来が語られている．阿蘇山の厳しい自然環境に対する儀礼祭祀も多い．火山神を鎮めるため神官が火口へ御幣を投げ込む儀礼をはじめ，風を鎮めるための儀礼，霜を防ぐための儀礼，雷を避けるための儀礼などさまざまある．民衆の素朴な風習をみても，たとえば端午の節供の粽皮を雷が激しいとき竈の火に投げ込めば助かるといった信仰や，阿蘇山の煙が宮地側に倒れると雨で高森側なら晴れ，根子岳に雲が掛かれば大雨といった天気占いの類いは枚挙にいとまがない．これらは実際多くの人々が住んでいるからこそみられる文化である．

　本章ではこうした興味深い事例のうち，草原・霜・風の3つを取り上げる．これらはいずれも自然地理学の研究テーマであるが，阿蘇においては同時に文化地理学のテーマでもあるからである．そして阿蘇での事例を通して，最後に現代地理学が抱える新たな課題についても言及したい．

2．草原の文化

　2010年の熊本県観光統計によれば，阿蘇地域の入込客総数は1,752万8,179人で首位であり，第2位である菊池地域の671万9,654人，第3位である玉名・荒尾地域の599万9,276人と比べると文字通り桁違いである[2]．かつて阿蘇観光といえば誰もが目指すのは火口見物であった．国鉄豊肥線坊中駅（阿

蘇駅と改称されたのは1961年）から登山バスに乗換え山上へ向かう旅客たちや，彼らを引き込む旅館やホテル，飲食店従業員らがひしめき，列車が到着するたび駅前は随分賑わっていた．当時の阿蘇山観光パンフレットをみると，基調となる色使いは赤と黒のおどろおどろしいデザインだが，もちろん観光の目玉が火口見物だったからである．しかしやがてマイカーの時代となり，自ら運転するようになると，今度は広々と美しい草原でのんびり草を食むあか牛たちの光景を楽しむ観光客らが増えてきた．観光パンフレットの色も，暗い赤と黒から明るい草緑と空色へ変わってきた．

　大勢の観光客が楽しむ阿蘇の草原だが，なぜ阿蘇が草原であるのか気づく者はいない．阿蘇は昔から自然に草原だと思っている．しかし，充分な気温と降水量をもつ日本の生態系において，草原のままであることは通常考えられない．つまり我々が眺めている阿蘇の自然は極めて「不自然」なものである．もちろん火口周辺は火山ガスや降灰の影響があり，ミヤマキリシマやコイワカンスゲなど数種しかみられないのはそのためである．しかし火口から遠く離れた外輪山上までも一様な草原に覆われているのは如何にも不自然であり，噴火以外の要因があると考えるしかない．

　その理由はまぎれもなく阿蘇に生きる人々の存在である．結論から言えば，阿蘇に暮らす人々が全力で森林化を防いできた結果である．全力というのは，森林化を防ぐ作業のため命まで落とす者がいるからだ．そこまでしてなぜ阿蘇の人々は森林化を阻止しているのだろうか．

　阿蘇の人々は春に山へ登り火を入れる．これを地元でノヤキ（野焼き）という．目的は冬の間に枯れた古草を焼き払い，新しい新芽を促すことだが，もちろん森林化を防ぐためである．毎年火を入れられることで生態系は森林へ遷移することができない．たとえ低木層が侵入しても，充分生長する前に焼き払われてしまう．よって阿蘇山は一年中ススキなどイネ科植物を中心とする草原性の植生に覆われる．しかし野焼きは大変危険な作業であり，死亡事故も度々起こっている．熟練した住民であっても，風向きが一瞬で変わり火に巻き込まれることがある．近年多くの観光客から「阿蘇の草原を守って」と声が上がるようになったが，地元の人々がこれほど危険な作業を続けてまで草原を守ってきたのは，もちろん観光客のためではない．

観光客で賑わうとはいうものの，シーズンは夏に集中している．涼しく過ごしやすい季節は短く，阿蘇での暮らしの半分は長く厳しい冬だ．年平均気温をみると12.9℃と低く，年間降水量は2,832mmもある（図2-1）．同じ熊本県内で熊本市と比較しても平均気温は4℃も低く，雨は1.5倍降っている（これはカルデラ底部である阿蘇乙姫地点での数値で，阿蘇山上となると更にその差は開く）．降水量が多いことが著名な温泉地や湧水池を作り，熊本市へも豊富な地下水をもたらしている理由なのだが，阿蘇に降ってくるのは雨だけではない．雪も，それから霜も霧も雹も，さらにヨナ（阿蘇地方で火山灰の

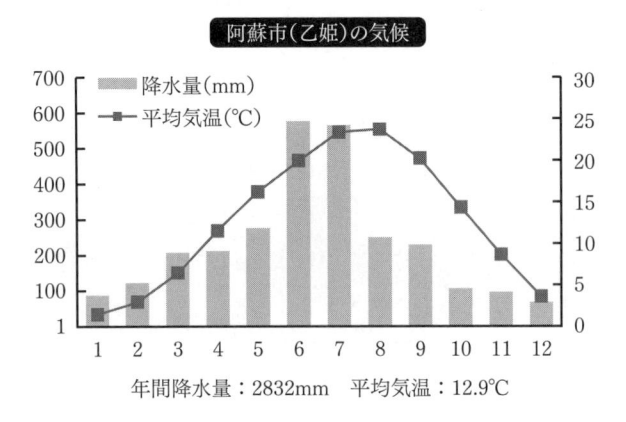

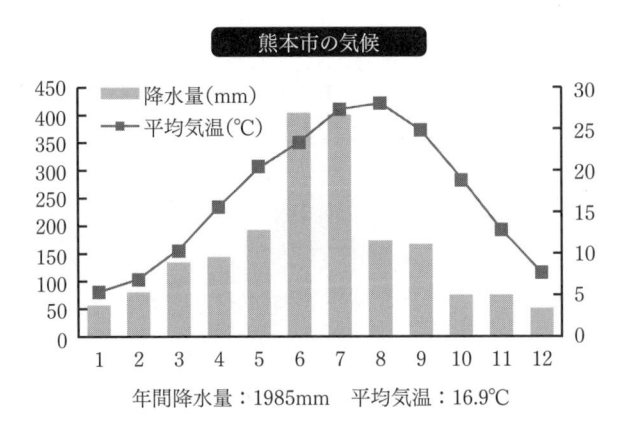

図2-1　阿蘇地方と熊本市地方の雨温図
(気象庁統計1981〜2010年より熊本県農林水産部作成)

こと）まで降ってくる．阿蘇の大地はヨナに覆われた痩せた土壌であり，大雨とカルデラの急傾斜により地すべりが多発し，空気は冷たく風も強く，基本的に農業には不向きな土地である．こうしたカルデラ地形で土地利用を考えるとき，平野部にみられるような一般の農業は考えにくい．外輪山上に広がる平坦地で畑作を試みたとしても，痩せた土壌に雪深く寒冷な気候が許さない．そこで阿蘇の人々は広大なカルデラ地形を放牧場として利用することにした．つまり阿蘇の広大な草原は，畜産農家たちが厳しい阿蘇の自然のなかで生きてきた結果としての文化的景観なのである．

　牧場である草原を維持管理するため人々は春に火を入れる（これは牛馬に着くダニを退治するためでもある）．そして5月の連休を過ぎた頃になると新しい新芽が吹いて美しい若草色の絨毯が広がる．そこに牛たちを放牧すると，冬のあいだ畜舎で飼われていた牛たちは開放され，嬉しそうに新緑を食む．やがて秋風が吹き始めると再びやってくる長い冬の準備に入り，餌にな

図2-2　南郷谷からみた中央火口丘と夜峰
（左側が西）

る草を刈りに山を登る．刈草の一部は牛の背に乗せ家へ持ち帰り，一部は山上に積んで保存する．かつて採草地まで遠かった家では，草で小屋を組み採草地に泊まり込むクサドマリ（草泊り）という文化もみられた．しんしんと雪が降り積もる頃，人も牛も家で正月を迎える．牛はかつて家族の一員だったから，牛たちもトシモチ（歳餅）と呼ぶ正月餅を食べさせた．冬は雪で白くなり，春は野焼きで黒くなり，夏は草原で緑に，秋は茶色のススキがたなびく．阿蘇山が白・黒・緑・茶の4色あるといわれる所以である[3]．

　阿蘇の草原は春の野焼き，夏の放牧，秋の採草という作業を長年繰り返してできた二次的生態系であり[4]，このように人間の文化も含めて成り立つ生態系を文化生態系という．結果として阿蘇には希少な動植物たちも生息できた．環境省によれば阿蘇における植物の分布種は約1,600種，熊本県内分布種の70％にあたる．日本に分布する維管束植物はおよそ8,000種あるため，阿蘇には日本の5分の1が生息していることになる．このうち草原性の植物は600種あり，阿蘇が草原でなく森林になれば生きられず絶滅する恐れがある．オオルリシジミなど草原性のチョウが105種，同じく草原に生きるセッカなど鳥類も150種と宝庫である．2013年に阿蘇地域はFAO（国連食料農業機関）が推進するジアス（日本での通称は世界農業遺産）サイトとしても認定されたが，こうした豊かな生物多様性も評価されてのことだ．もし阿蘇の人々がこうした作業をやめてしまったらどうなるか．図2-2は南郷谷（南阿蘇）側からみた中央火口丘で[5]，一番左（西）の山が夜峰であるが，山肌の色が不思議なことに左右真二つに分かれているのがみえる．東側の山々はすでに野焼きを終えて真黒になっているのに対し，西半分だけが燃やされずに茶色のままであるためだ．西側はかつて野焼きの際に事故があり，それを契機に野焼きをやめてしまったと聞く．野焼きをすれば古草が焼き払われ地面に再び日があたり若草色の草原が再生することができるが，野焼きをやめてしまえば古草は朽ちて重なりあい，新芽も生えず薮化が進行する．やがて低木が侵入し森林へ遷移するだろう．果して自然に委ねて何もしない森が自然か，それとも人間が手を入れ再生した草原が自然か，その議論は第5節で述べたいと思うが，ここで地元のローカル・ノレッジに注目してみよう．

白水村で今年から野焼きをやめることになりましたが，それで気になることがありまして．野焼きをすると草の根がしっかり張って地面が固くなるのですが，しないと草が腐って歩くのが困難なほど地面が軟らかくなります．そうすると大雨が降ったときに土砂崩れを起こしやすくなるんです．私の記憶だと，1953年の大水害の前の2〜3年間は確か野焼きをしていませんでした．それが被害が大きくなったことと因果関係があるのではないかと思いまして．これから大雨の時にそのような危険性がないのか心配しています．

(阿蘇郡白水村，農業，男，62歳，熊本日日新聞，1995年3月25日)

これは当時の白水村（2005年合併して南阿蘇村）が行政として正式に野焼きを中止した[6]ときに，地元農家が新聞社へ投稿した声である．「草が腐って歩くのが困難なほど地面が軟らかく」とあるのは森林生態学でいうリター（落葉の堆積層）の腐食であり科学的にも間違いでない．注目したいのは次の「そうすると大雨が降った時に土砂崩れを起こしやすくなる」という部分だが，これが熊本で有名な六・二六水害（1953年）の記憶と共に語られていることに注意したい．一般に土砂崩れを防止するためには木を植えろと言われるが，阿蘇では逆ともとれる．土砂崩れは地元でヤマシオ（山汐）やヤマツナミ（山津波）と呼ばれるが，土砂崩れを防ぐために木を切れ（野焼きを続けろ）とするローカル・ノレッジは，我々の環境認識が一面的であることも浮き彫りにする．前述の通り阿蘇は大量の降水量とカルデラ地形の急傾斜により度々土石流災害を起こしており，2012年7月も「九州北部豪雨」により阿蘇市一の宮町や南阿蘇村に多大な被害や犠牲者を出した[7]．このとき土石流災害を起こした場所は戦後の植林地も多かったようだが，牧野放棄と土石流災害の関係性が検討される必要があるだろう．

厳しい自然環境に生きる知恵として開かれた阿蘇の草原であるが，実は草原景観はかつて阿蘇だけでなかった．農業のために牛馬を飼育するのは全国どこでも行なわれており，飼育のために山で草を伐る作業も特別なものではない．草は牛馬の飼育のみならず田畑に鋤き込む緑肥や堆肥の原料として重要であったし，屋根を葺くのも草であるし，蓑笠や俵・カマス・ネコブクと

いった農具も草でつくられていた．全国どこでも人々は大量に草を伐りに山へ登っていたため，近世までのわが国山稜の代表的な景観は木山（森林）ではなく草山だった（水本2003）．やがて農業機械が入ってきて労役としての牛馬がいらなくなり，肥料も化学肥料を購入するようになり，屋根や農具も草でなくなり草の需要が激減した．その結果日本から草山の景観が消え森林となったのであり，森林が「自然な」景観となったのはつい最近のことである．それでは何故，阿蘇だけが草原のままで残ったか．それは役牛としての牛たちが姿を消してゆくのと平行して，役牛を肉用牛に改良して山に残すことに成功したからである．牛肉を食べる文化は明治以降であるため最初の品種改良も明治後期から大正にかけてだが，スイス産雄牛と掛け合わせるなどして小柄で晩熟な在来種を如何に大型へ改良するかが当時の課題であった（大滝1997）．

　その頃から現在に至るまで阿蘇の代表的な牛は「あか牛」と呼ばれる褐色和牛である．全日本あか毛和牛協会によれば，和牛のなかで最も多く生産されているのは黒毛和牛で，食肉用和牛全体の95％以上にのぼるという．つまり日本の肉用牛は現在ほぼすべて黒牛であり，阿蘇のようなあか牛はもはや僅かしか残っていない希少種である．阿蘇であか牛が重宝されたのは，性格が大人しく飼いやすいのに加え，阿蘇の厳しい自然環境に強く事故が少ないからである．そのため全国で黒牛が流行しても阿蘇では依然としてあか牛が好まれていた．それではなぜ全国で黒牛へ変わったかといえば，それは日本人の霜降り嗜好のためとされる．畜産農家の収入，つまり牛馬市における牛肉の価格は，脂肪交雑などにより等級が評価される．部分肉の歩留が標準よりも良く（A），さらに脂肪交雑（霜降り度合），光沢具合，締まり具合，脂肪色など肉質検査ですべて最高レベル（5）のものにはA5という等級がつけられ，最高級牛肉として市場で高く売買される．阿蘇のあか牛は草原の草を飼料として多食することから肉質に占める脂肪分が少なく，また肉の色も若干黄色くなるため，この評価制度ではなかなかA5レベルに届かない．このことが阿蘇の畜産農家たちを苦しめ，さらに牧野の放棄にもつながっている．つまり健康な赤身の肉が日本では高く売れないという構図がある．昨今は減反政策のため余った田畑に電柵を立て，牛を飼う農家も増えて

きた．山まで放牧に行かなくてもよいし，滑落の心配もない．なにより山上の環境より厳しくないため，丈夫なあか牛でなくても値段の高い黒牛が飼育できる．農家も生活があるからもちろん市場価格の高い黒牛に期待を持っている．しかし農家がこうしてあか牛の放牧を諦め，あるいは畜産そのものもやめてしまったら，もう草原は必要なくなる．草原がなくなれば，そこに生きる希少な動植物も生息できなくなり，草原景観を楽しみに訪れる観光客たちもいなくなる．さらに問題なのは，腐って軟らかくなった古野が豪雨とともに土石流災害を起こす．霜降り牛肉が好まれたのはかつて食事に脂肪分が少なかった時代の名残であり，高血圧やメタボリック症候群が健康問題とされる現代では，むしろ霜降りでない赤身肉の需要もあろうと思われる．草食のため肉に色がつく問題も，焼いてしまえば消費者には関係がない．解決の鍵となる一つは，こうした状況を市民社会へ正しく伝え，いわゆる「エシカル消費者」を増やせるかどうかにあるだろう[8]．

3．霜の文化

　霜降り牛肉は，筋肉の間に脂肪が細かく網の目のように入ったものをいい，サシとも呼ばれる．普通に育った牛ではあれほど筋肉の中に脂肪がつくことは稀だが，まるで霜が降ったように見えるためそう呼ばれている．英語でマーブル（大理石）と表現されるが，日本で霜にたとえたのは興味深い．ところで霜降りというように霜は降ると表現されるが，科学的に霜は降りるものではない．気温が低くなり0℃を下回ったとき，空気中の水蒸気（気体）が水（液体）を経ずそのまま氷（固体）になったもので（これを昇華という），降りるのではなく物体のすぐ近くにある水蒸気が付着して目に現れるものである．しかし昔の日本人には天から降りてくるものと見えたのだろう．
　阿蘇市役犬原地区に，天から降ってきたものを大切に祀っている神社がある．降ってきたのは神社の御神体とされているが，実際にそれが何かは明らかにされない（地元では7つの隕石とも伝わる）．霜宮といい，阿蘇市上役犬原・下役犬原・竹原の3集落の氏神社である．祭神は天の七星（北斗七星）ともキハチ（鬼八）という霜神ともされており，3集落が1年ごとの輪番制

で祭りを担当している．ここも阿蘇の神話がからんでいる．曰く，鬼八は阿蘇の大明神タケイワタツノミコト（健磐龍命）の家来であり，ある日命が弓の修行に出掛けたとき，的石と呼ばれる石を標的に矢を射っては俊足の鬼八に取りに行かせたが，99本まで律儀に取りに走ったものの鬼八は100本目を蹴り返してしまう．無礼に腹を立てた命が鬼八を斬ろうと追い回し，ついに山都町矢部地区で捕まえ首を刎ねた（このとき屁を8つ放ったため矢部と伝わる）．首が天に昇るとき，恨みを晴らすべくこれから阿蘇に霜を降らせると言い残し，その通り大いに霜が降ってきたため人々は困り果て，鬼八の霊を祀って慰めることで霜害を防ごうとしたのが祭りの由来である．そのことを鬼八に告げるため天に呼びかけたとき，何かが役犬原地区に降ってきたという．祭りは毎年8月19日～10月19日と大変長い．日本の氏神祭はふつう疫病退散を祈念する夏型か，収穫祭である秋型が多いが，霜宮はその両者をつなぐ長期間の祭日となっている．理由は霜の害を防ぐためである．集落から選ばれたヒタキオトメ（火焚乙女）が59日間籠って火を焚き続け，御神体を温め続けることで霜害から阿蘇を守る．これを火焚き神事という．

　阿蘇に霜が降りるのはいつか．表2-1は2012年に霜宮がある阿蘇市で霜注意報が発表された回数を示したものである（比較のため熊本市の統計も示した）．これをみると面白いことに気がつく．阿蘇市で注意報が発表されたのは春の3～5月，それに秋の10～11月のみ，計38回である．気温が最も低くなる冬（12～2月）に1回も出ていない．実は冬に霜が降りるのは当然であるため，注意報を出す必要がないからである．つまり農家にとって霜が恐ろしい（霜が降りるかどうか判断が難しいので予報に頼りたい）のは，秋いつから霜が降り始めるかと，春いつまで霜が降りるかである．前者を早霜，後者を遅霜という．特に阿蘇で稲や野菜など大切な農作物の収穫期である秋は早

表2-1　霜注意報の発表回数（2012年）

月	1	2	3	4	5	6	7	8	9	10	11	12	計
阿蘇市	0	0	10	10	1	0	0	0	0	5	12	0	38
熊本市	0	0	7	2	0	0	0	0	0	0	5	0	14

（2012年熊本県災害年報より作成）

霜への警戒心が強く，できるだけ遅らせたいと願う心理が働く．それが具現化したものが火焚き神事ともいえるだろう．

　茶農家にとって商品価値が高く最も気を遣うのは一番茶であり，収穫期である八十八夜は立春から数えて88日目，現在の5月2日か3日あたりである．つまりちょうど遅霜の時期と重なる．せっかくの新芽が霜害に遭えば大被害をこうむるため，茶園には防霜ファンと呼ばれる扇風機が立てられる風景をよく目にする．わが国農業の近代化においてはこうした科学技術をもって対応するのが一般だが，阿蘇においては少女が小さなお宮に籠り，霜神を慰め防ごうとしてきたことには驚愕する[9]．自然と文化がダイナミックに関係する文化生態系モデルそのものであり，世界農業遺産がクライテリアの1つとして重視する農文化の好例である[10]．

4．風の文化

　阿蘇カルデラは南阿蘇村立野地区のいわゆる火口瀬で唯一切れている．阿蘇神話では健磐龍命がカルデラ壁を蹴り破ったためできたと説明し，その際命が激しく尻餅をつき「立てぬ」と言ったことが地名の由来とされる．蹴り破ったのはカルデラ内の湖水を流して田畑を開くためであり，これがいわゆる阿蘇の開拓神話である．阿蘇がかつてカルデラ湖であったことは間違いなく，立野火口瀬は火砕流による閉塞と地震による崩壊を繰り返してきた[11]．現在は崩れて湖水は流出し，カルデラ底に5万人もの人々が暮らしている．火口瀬からすぐ下った大津町瀬田地区は茶の栽培が盛んだが，こちらは霜宮の祭祀圏外であり，防霜ファンが回っている風景を見ることができる．

　立野ではカルデラの切れ目から冷たい強風が吹き降りてくる．地元でこれをマツボリカゼ（まつぼり風）と呼んでいる．マツボルとは阿蘇地方の言葉で，身内による罪にならない窃盗をいう．例えば農家が収穫して家に積んでおいた米俵から，息子が小遣稼ぎのために少々くすね取り現金に変えたりするような盗みをマツボリと呼んでいた．カルデラ底から冷たいまつぼり風が吹いてくると，まるでまつぼられたかのように収量が減少するためこう呼ば

れるようになったという．国交省の調査によればまつぼり風は年平均60回以上起き，時期的には3〜5月の春と10〜11月の秋に多く（霜注意報の時期と同じである），これらで年間発生数の65％以上を占める（長陽村2004）．西外輪山の裾野に広がる西原村でも俵山から冷風が吹き降りてくるが，やはりまつぼり風と呼ばれて恐れられている．洪積台地[12]上に広がる西原村東部では水を得ることが難しく畑作が広くみられる．かつてよく栽培されていたのは落花生であったが，戦後に大津町よりサツマイモ（地元ではカライモと呼ばれている）が入ってきてからは収益が良いため栽培の主力が移った．湧水や溜池を利用した稲作もみられるが，減反で余った田にはサトイモが植えられることが多い．これら落花生・サツマイモ・サトイモの共通点はみな作物が地中にあることだ．阿蘇地方では穀物を脱穀することをアヤスと呼ぶが，大豆やソバはまつぼり風によりみなアヤされてしまうため収穫ができない．つまり西原村の農作物は人々が厳しい風環境のなかで生きてきたことを物語る．毎年4月4日にお宮や家の軒下にフツダゴと呼ぶ大きなヨモギ饅頭を供える祭りがみられ，これをカザマツリ（風祭り）と呼んでいる．フツとはヨモギのことである．饅頭が大きいのは風穴を塞ぐためといい，饅頭に風をとめる力があると考えていたことがうかがえる（梶原2010）．また山上にカザモリサン（風守様）を祀る集落もある．まつぼり風が通り抜ける西原村にはカザアテ（風当）という地名が，また大津町にはフケタ（吹田）という地名がみられる．

　風が強いのはカルデラの外だけではない．カルデラ内でも強風が吹き荒れるため，これに対応する文化がみられる．阿蘇市一の宮町手野地区に風宮と呼ばれる小祠がある．北外輪山にある風穴を祀るものだが，旧暦4月4日と7月4日の年2回，5 kmも離れた阿蘇神社からこの地へ向かい神官が御幣を手に歩いてくる．阿蘇谷を吹き荒れる悪風を風穴に封じ込めるための儀礼で，これもカザマツリ（風祭り）と称している．農家はカザアナフサギ（風穴塞ぎ）と呼ぶ饅頭を作って祝うのは西原村と同じである．南郷谷では高森町高森地区の風鎮祭が知られる．元々地元商店街の祭りであったが，後背の農村集落にある高森阿蘇神社の神官に依頼し，二百十日の風除けとして周辺農家の労苦をねぎらう意味も持っている．二百十日とは立春から数えて

210日目，現在の9月1日頃であり，最も強い風が吹く時期として阿蘇でも警戒されている．夏目漱石の『二百十日』は，この時期に阿蘇を登山した主人公らが激しい嵐にあい道に迷う小説で，当時旧制五高（現在の熊本大学）に赴任していた漱石の実話とされている．

　春や秋，それに二百十日といった特定の時期でだけでなく，阿蘇山上空を年中吹いている強い風がある．地球の中緯度上空を西から東に流れる風，すなわち偏西風であるが，この風が阿蘇の文化に与える影響もある．2014年11月の阿蘇山噴火では上空1,000mまで噴煙が上がり，その後も火山灰の大量排出が続いたため，阿蘇火山防災協議会や地元自治体から火山灰による農業への影響や道路スリップへの注意が呼びかけられた．偏西風に流された火山灰は阿蘇カルデラ東部へより堆積する．波野村や高森町色見地区および山東部に被害が大きい．前述の通り阿蘇地方では火山灰をヨナと呼ぶが，ヨナが厚く堆積した土壌は湛水することが難しく米を作ることができない．そのためトウキビやイモなど伝統的に畑作が中心となってきた地区である．色見地区で栽培されてきたサトイモはツルノコイモという品種で，鶴のように首が曲がっているためそう呼ばれる[13]．これに自家製の味噌を塗り，囲炉裏の炭火で焼いて食べる芋田楽がこの地区の伝統的な郷土料理である．やがてサトイモも品種改良が進み，より大ぶりで柔らかく，実なりもよく，機械に通すため曲がらない品種に改良された．生活も近代化が進み，家から囲炉裏がなくなり，炭も自家製味噌もなくなり，ムラから相互扶助作業もなくなって田楽文化は廃れかけた．しかしツルノコイモを主体とした田楽は米が取れなかった時代も色見地区を支えたアイデンティティであるとの思いから，有志が集まって種芋を探し出し，1960年に高森田楽保存会が結成された．今では阿蘇名物として多くの観光客が舌鼓を打つ田楽料理だが，背景には風に流される火山灰と闘ってきた住民たちの暮らしや思いが込められている．

5．おわりに

　阿蘇地域は2013年に世界農業遺産に選ばれ，2014年に世界ジオパークにも選ばれたことは述べた．そしていま世界文化遺産登録のため重要文化的景

観の文化財指定へ向けた作業が進められている．阿蘇の人々の生活により生まれた草原景観は，今度は文化財あるいは文化遺産として積極的に保全していこう，それも世界基準で評価していこうという時代へ変わりつつある．つまりこれまでは結果であった阿蘇の景観が，これからは守らねばならない目的となる．このことの意味を考えねばならない．

世界遺産とは「顕著で普遍的な価値」をもつものであり，世界ジオパークは重要な自然遺産をもつ大地の公園とされている．これら登録には世界の専門家による厳しい審査があり，一旦登録されても定期的な報告が義務づけられ，価値を失ったときには登録が抹消されてしまう．申請地域は自らの絶対的価値を当該機関へ訴えることで登録を勝ち取ろうと懸命である．しかしこの「価値」は誰にとっての価値なのか．価値が優れているとはどういう状態をいうのか．世界遺産でいう「普遍的な」とはユニバーサルの訳語だが，それは誰が決められるのか．「世界遺産時代」とも呼ばれる現代社会はこうした新たな課題の時代ともいえる．例えば文化人類学ではこれまで個別の文化は相対的なもので，どちらが優れているかは決められないとしてきた．文化相対主義といい，進化論に影響され出てきた社会進化論へのアンチテーゼでもあった．その歴史自体は間違ったものでなく，先進国のみを「進んだ」文化とする偏見は取り払わねばならないが，しかしいま世界遺産や世界ジオパーク登録へ向けた文化制度の動きは，相対的ではなく絶対的な価値の証明が求められている．かつての相対主義をどう乗り越えられるか議論されるところだろう．

阿蘇においては顕著な草原問題がある．消滅しつつある草原を守るべきかどうか（図2-3），毎年厳しい議論が交わされている．自然を守ると言ったとき，その自然とは何か．「自然」に任せた森林が自然だろうか，それとも人が手を加えた草原が自然だろうか．「自然」に任せた場合多くの希少種が絶滅するが，それは「自然」を守ることだろうか．さらに起こりうる土石流災害はどうすればよいだろうか．二酸化炭素を大量に放出する野焼きは地球温暖化に寄与する背徳だろうか．地下水涵養のためには植林して草原をなくしたほうがいいのだろうか[14]．草原生態系を保全するとして，生態学者らが手段を議論したとしても，それを実行するのは誰か．そしてそれは何のた

5. おわりに

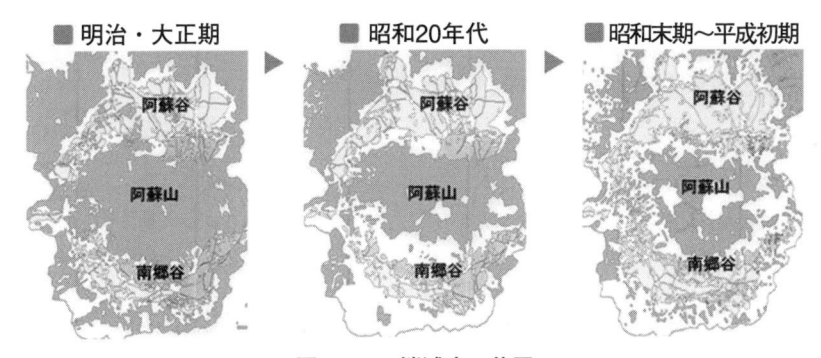

| ■明治・大正期 | ■昭和20年代 | ■昭和末期～平成初期 |

図2-3　消滅する草原
(国立公園協会の資料より阿蘇世界文化遺産推進室作成)

めか．保全する方法は議論されても，それを何故保全しなければならないかは旧来の客観性を旨とする科学では解決できない．保全がよいかどうかの主観の問題に研究者は立ち入るべきでないとされていたからである．しかし時代は変わった．学問が市民社会と共にあり，公共セクターの一員として地理学も仲間に加わるためには，こうした難問に応えねばならない（なにしろ阿蘇では毎年命がかかっているのだ）．環境倫理学や公共哲学との共同作業を進め，ジオパークや世界農業遺産といった世界遺産時代にどう社会的役割を果たせるか，公共地理学という新しい分野でこれから議論されるだろう．

【注】
（1）カルデラはスペイン語やポルトガル語で大きな鍋を意味する古い地学用語だが，当時は地形の形態に対して付けられた言葉であり，そのできかた（形成要因）に対して付けられたものではない．つまり火山がつくった凹地で半径が1km以上になる比較的大きなものをカルデラと呼んだわけで，できかたとしてはマグマ溜まりに落ち込んでできる陥没カルデラや，火口周辺が吹き飛ばされてできる爆発カルデラ，また火口がどんどん削られてできる侵蝕カルデラなどあり，すべてが陥没してできるわけではない．
（2）ちなみに阿蘇地域と並び2大観光地としてよく取り上げられる天草地域は4,339,926人で，熊本市に次いで第5位であった．
（3）野焼きの赤を加えれば5色となる．雪の白，野焼きの赤と黒，草原の青，ススキの黄金色とみるとちょうど五行信仰にみる5色となり面白い．
（4）阿蘇の草原がいつから成立していたのかは明確でない．阿蘇草原保全を目指し行政や経済

界，学術，報道機関などが2010年10月に発足させた「阿蘇草原千年委員会」(会長は米澤和彦前熊本県立大学学長)の千年は，平安時代中期に編纂された『延喜式』の肥後国記載に「二重馬牧」および「波良馬牧」という地名がみられることから，この時代には阿蘇山に牧，つまり草原があったのではないかとした数字である．考古学的研究(宮縁・杉山2006)では，北外輪山上の土壌を分析したところおよそ1万3千年前から現在にいたるまでの地層中にススキ属のプラント・オパールが大量に検出され，逆に樹木のものは僅かであったため，1万年以上前から阿蘇山(の少なくとも一部)に草原が広がっていたことが確認されている(梶原2008)．

(5) 中央火口丘のうち，南郷谷(南阿蘇)側からは杵島岳が見えず烏帽子岳も見えにくいため阿蘇五岳とはあまり呼ばれていない(これは北の阿蘇谷側の呼称である)．夜峰の裏に池の窪という牧野と旧噴火口(現在水たまりになっていて牛たちが水を飲んでいる)があり，噴火活動が山体を吹き飛ばしてしまったため，夜峰は正面から見ると立派であるが横から見ると屏風を立てたような薄い山となっている．ここも神話があり，阿蘇大明神(健磐龍命)の妃(阿蘇都媛)が身籠り池の窪で出産されたとき，南郷谷から丸見えで恥ずかしいため命が一夜で築いた目隠し山というのが名の由来である．

(6) かねてより牧野維持が困難となり問題となっていた旧白水村で決議された野焼き中止だが，決定が区長会より出されたことは注意しなくてはならない．野焼きは畜産農家の仕事であるのになぜ区長会が中止としたか．それは牧野が地区の入会地(コモンズ)であり，野焼きはクヤク(公役)であるためだ．かつて住民はほぼ畜産農家であったため問題はなかったが，現在は牛を飼っている住民のほうが少ない．牛をやめてしまって牧野は不要なのに，野焼きの危険や労働負担をずっと負わねばならないことに対する不満や心配が高まっていたのである．しかしこの中止決定のあと，行政は土石流災害防止などの観点から公的な支援をすることを決定し，中止は翌年取り消された．

(7) 政府は被災者生活再建支援法に基づき阿蘇市や南阿蘇村に生活再建支援金制度を適用することを決定，またこの豪雨を「激甚災害」と指定した．

(8) エシカルとは倫理的という意味で，その商品を購入することで地球環境問題や貧困問題の解決に寄与する行動がエシカル消費と呼ばれる．

(9) 現在でも早霜が降りると当番の者たちの火の焚きかたが悪いと周囲から指摘を受けるという．

(10) FAOのジアスサイト認定は，食糧生産と生計／生物多様性および生態系機能／知識システムおよび適応技術／文化，価値体系および社会的組織(農文化)／優れた景観，土地および水資源の管理の5つのクライテリア(選定基準)から審査される．このうち霜宮の火焚き神事は農文化にあたり，こうした独自文化を維持しているかが世界制度に選ばれる上で重要な指標となる．

(11) 健磐龍命がカルデラを蹴り破った際の尻餅神話は，火山性地震を象徴するものとも考えられる．

(12) 洪積台地は洪積世に堆積した地層を呼んだためそう呼ばれたが，現在洪積世は「更新世」と改称され，この地層も「更新統」と呼ばれることになったため今後はそちらが正しい

が，今回は火口瀬などと同じく通称を用いた．
(13) ツルノコイモはかつて熊本県下に広く見られた品種であり，阿蘇だけのものではない．例えば筆者が長年調査した玉名市津留地区での流鏑馬神事においても，祝いの吸物には必ずツルノコイモを用いると伝承されていた．しかしサトイモの栽培品種が大きく変わった現在，自家用以外に大量栽培を続けているのは高森町色見地区だけと思われる．
(14) しかし今でも熊本都市圏が充分な地下水を有し，水の都とも呼ばれる理由は，阿蘇山が降雨を遮らない草原であるからとも考えられる（窪田2006）．

【参考文献】

阿蘇町町史編さん委員会 2004．『阿蘇町史』通史編．熊本県阿蘇町．
池辺伸一郎 2004．巨大な山—阿蘇山は巨大な一つの山だった？その誤解と検証．『谷人』12号：26-31．阿蘇たたびと博物館．
岩本道弥編 2013．『世界遺産時代の民俗学—グローバル・スタンダードの受容をめぐる日韓比較』風響社．
大滝典雄 1997．『草原と人々の営み—自然とのバランスを求めて』（一の宮町史10）．熊本県一の宮町．
梶原宏之 2008．阿蘇はいつから草原なのか．『谷人』14号：270-274．阿蘇たたびと博物館．
梶原宏之 2010．西原村の民俗．『西原村誌』西原村誌編纂委員会．
梶原宏之 2012．阿蘇ジオパーク—神話息づく世界最大級のカルデラ火山と広大な草原．『地理』4月号：4-9．古今書院．
梶原宏之 2014．類似制度との比較からみたジオパークと地理学の役割．E-Journal GEO 9-1：61-72．日本地理学会．
窪田順平 2006．「植林」と砂漠化．『子どもたちに語る これからの地球』総合地球環境学研究所編．講談社．
熊本県大百科事典編集委員会 1982．『熊本県大百科事典』熊本日日新聞社．
高森町史編さん委員会 1979．『高森町史』熊本県高森町．
武内和彦 2013．『世界農業遺産—注目される日本の里地里山』祥伝社．
長陽村史編纂室 2004．『長陽村史』熊本県長陽村．
水本邦彦 2003．『草山の語る近世』山川出版社．
宮縁育夫・杉山真二 2006．阿蘇カルデラ東方域のテフラ累層における最近約三万年間の植物珪酸体分析．『第四紀研究』45-1：15-28．日本第四紀学会．
山脇直司 2004．『公共哲学とは何か』筑摩書房．
柚洞一央，新名阿津子，梶原宏之，目代邦康 2014．ジオパーク活動における地

理学的視点の役割．E-journal GEO 9-1：13-25．日本地理学会．
渡辺一徳 2001．『阿蘇火山の生い立ち—地質が語る大地の鼓動』（一の宮町史7）．熊本県阿蘇郡一の宮町．

第3章

有明海の干拓と災害

1. はじめに

　有明海の沿岸に広がる干拓は豊穣の農耕地として，かつては米作そして現在では果物や野菜などの農業生産の舞台である．玉名平野の干拓地は1965〜1974年（昭和40年代）になるとビニールハウスの施設園芸により，2006年度のトマト・イチゴの玉名市生産高は全国2位となり全国屈指の産地となった．

　一方で，ゼロメートル地帯の干拓地に住む人々は，つねに高潮や津波の自然災害とも闘ってきた．いったん決壊した防潮堤を修築するには，多大な費用を要したことはいうまでもない．防潮堤が決壊しなくとも高潮や津波は，防潮堤を越えて水田に海水が浸入し大きな被害を及ぼした．

　2010年には玉名平野の「旧玉名干拓施設」が有明海の干拓を語る上での重要性が認められ国の重要文化財（建造物）としてとして指定された[1]．この干拓施設は1890年代に築かれた末広開，明丑開，明豊開，大豊開の総延長5.2kmの防潮堤とその3か所の樋門からなっている．1914年（大正3）と1927年（昭和2）の高潮によって大きな被害を受けたが，熊本県を中心に復旧・改造されたものである．「旧玉名干拓施設」の文化財としての意義は，有明干拓地のなかでも近代の大規模建築であることと高潮などの災害を克服するために繰り返し人々が防潮堤を築造してきたことにある．

　本章では，有明海の干拓と災害について検討するものである．そこでまず，肥後藩の干拓開発の前提となる自然環境や中世干拓の発生と防潮堤の築造技術について概観する．ついで，玉名平野や熊本平野を事例として肥後藩の近世の干拓が具体的にどのように展開したかを検討し，近世後期から巨大化する干拓によって引き起こされた近世・近代の高潮や津波災害，漁業不振

などについて明らかにするものである．

2．中世の干拓

1）有明海の自然環境

　日本一の干満差を誇る有明海には，広大な干拓地と干潟が形成されている．その干潟にはムツゴロウやタイラギ貝，マジャクなどの多様な海洋生物や多種の野鳥，特に渡り鳥が多く生息していることで知られる[2]．2012年には，単独の干潟として日本有数の広さを持つ熊本県荒尾市の沖に広がる荒尾干潟がラムサール条約に認定され，その保全に力がそそがれている[3]．荒尾の海岸に暮らす人々から「おかず漁業」という言葉をよく聞く．この起源は，干拓地などで農業を営む人々が家の前に広がる干潟にでかけて，朝食や夕食のおかずとなる魚貝類を少し採ってくることをいう．有明海の沿岸に住む人々は，干潟から海産物をそして干拓地から農作物の恵みを受けてきたのである．

　干拓は「埋立」と異なり，海底をそのまま耕地として利用することが特徴である．海の潮が引いた干潟に防潮堤を築造して，最後にその潮受の防潮堤を閉め切ってしまうことによって耕地が生まれる[4]．これには，有明海をめぐる自然環境が大きく作用している．また，干拓の起源は近世と考えられてきたものが中世に遡ることが明らかになり，日本の干拓は有明海において始まったと考えられる[5]．中世に干拓が生まれ，近世の広大な干拓へと発展したのである．

　有明海の干潟の生成は，阿蘇山から噴出した大量の火砕流堆積物とそれを運ぶ1級河川である白川・緑川・菊池川と支流諸河川と有明海の日本一の干満差による．阿蘇山の火砕流堆積物で最も巨大なのは，先カルデラ期最後の4回目に起こったAso 4呼ばれるもので，世界的にみても最大級のものである．その分布域は90kmにおよび遠く山口県まで達し，現在の外輪山やその外に広がる台地と丘陵を形成した．それらの地域を流れる白川・緑川・菊池川の上流部は年間雨量2,300mmを越す多雨地帯で，阿蘇山の噴出物からなる大量の土砂を有明海に流出する．この火山性の土砂は干潮時には遊泥と

なって海面に漂い，沖合6kmにも達して干潟を形成する．満潮時には，再び海岸へと戻り堆積を繰り返し広大な平野を形成してきた．白川と緑川が流れる熊本平野では100年間で約500m，菊池川の下流に位置する玉名平野においては100年間で400mもの堆積作用によって海岸線は前進してきたのである．

2)「銭塘」の開発

このような自然環境を利用して有明海沿岸では中世から干拓が行われてきた．現在まで確認できた有明海の中世干拓は8例，熊本では3例が知られる[6]．ここでは中世までの白川と緑川の合流地点の河口で行われた銭塘の干拓について紹介しよう（図3-1）．

曹洞宗教皇派の開祖であり熊本市川尻にある大慈禅寺を建立した寒巌義尹は，1282年（弘安5）に在地領主であった川尻泰明から「海辺之牟田」（干潟）を寄進された．義尹は，それまでに二度にわたって入宋の経験があった．当時の義尹が禅の修行をした中国の浙江省では，『宋史巻九十七』によ

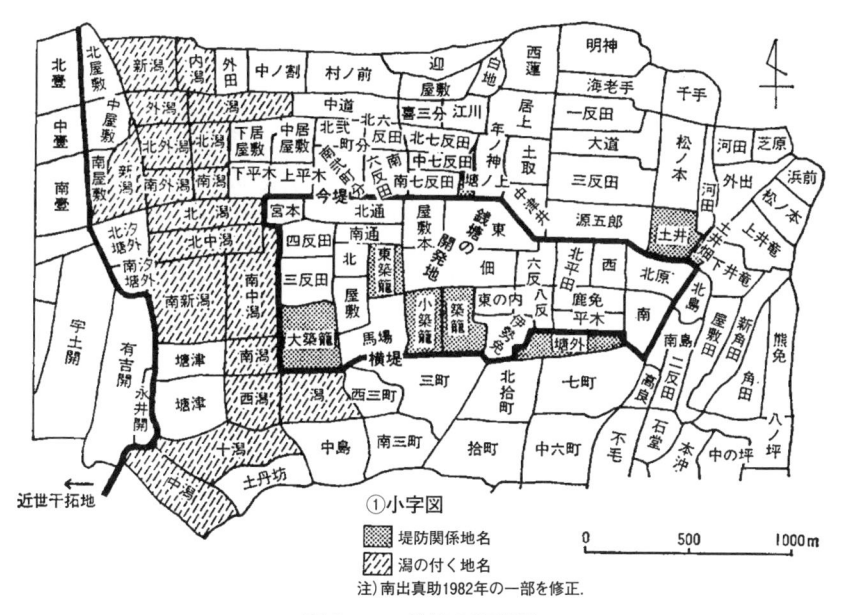

図3-1　銭塘の開発地

ると「石籠」の技術によって杭州湾の海岸の築堤工事が進められており，特に銭塘江の防潮堤は有名であった．ジョセフ・ニーダムによれば，910年（開平4）に銭鏐によってはじめて防潮堤が築かれ，その技術は竹籠（蛇籠）に石を詰めて積み重ね，木杭で留めて，それを鉄の鎖で束ねる技術で「石籠」と称した[7]．義尹は「石籠」その中国で学んだ技術を用い「30町歩」の干拓を行い，その地名に因んで「銭塘」と名付けたとされてきた[8]．

南出真助は，その「銭塘」干拓について詳細な地名の検討を行い，旧大字銭塘の北に位置する旧大字内田村の小字に「石籠を築く」ことを意味する「大築籠」「東築籠」「小築籠」「築籠」がみられ，その海岸側には干潟が広がっていたことを示す「潟」の付く地名が位置することに注目し，この地を「銭塘」の開発地と推定している[9]．

3）清源寺領の干拓と防潮堤

つぎに寒嚴義尹による「銭塘」の開発から約100年後におこなわれた現玉名市の菊池川河口に位置する清源寺領における大浜・小浜の干拓について検討してみよう[10]（図3-2）．

1372年（文中元）には「濱」にある干拓が「風波」によって防潮堤が決壊したので清源寺の「檀那」である「崇源」によって再開発が定められたことが知られる．すでに，1372年には菊地川河口に干拓が開発され，高潮によって決壊し，さらにそれを修築する記録として貴重である．この決壊した干拓の開発は，1406年（応永13）には完成し，濱の「外新開」の地に清源寺旦那の崇源の名にちなんで「崇源新開」と名付けられたとされる．玉名市大浜には小字「外新開」があり，その周囲の小字名には「東新開」「中新開」「七反開」「開ノ内」など「開」のつく地名がみられる．また，防潮堤を意味する「塘」のつく地名として「小塘内」「唐塘」「友（塘）田」があり，その北から東を取り巻くように湿地や湿田を意味する「牟田」が広がっていたことを示している．また，1604年（慶長9）の検地帳[11]みられる小字をみると図3-2のA～Bの道路より内陸地に位置している．このことは，上述した小字「外新開」とその周囲の開発に関する小字の位置が「崇源新開」であることを傍証する．この道路は周囲よりやや高く旧防潮堤であったと考えら

2. 中世の干拓 ● 45

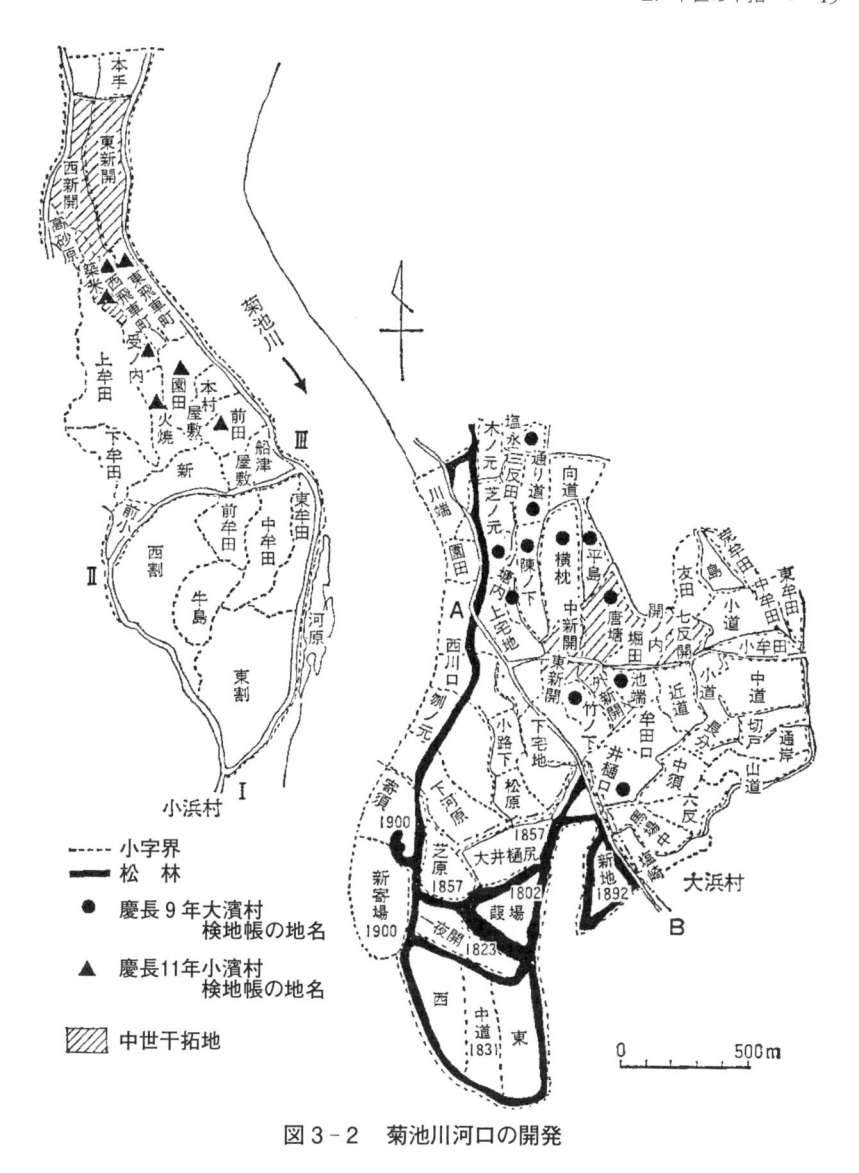

図3-2 菊池川河口の開発

れ，1588年（天正16）に肥後に入国した加藤清正による開発とみられ，徐々に干拓が進展したことがわかる．

大浜をはさんだ菊池川対岸に位置する小浜では，1394～1428年（応永年

間）に「中村新開」とそれに続いて1513年（永正10）に「行末江堺大坪新開」が開発された．「中村新開」は，「寛永10年書写慶長肥後国絵図」[12]に描かれる「中村千四百六十四石余」に位置すると考えられる．中村は「元禄14年作製肥後国絵図」[13]において「中村之内小浜村」となっており，「小浜」は枝村となっている．また，「行末江堺大坪新開」の「行末」は，加藤清正が築いた「行末塘」（図3-2のⅡ～Ⅲ）やその子忠弘が開発した「行末塘外新地」（図3-2Ⅰ～Ⅱ・Ⅰ～Ⅲ）の防潮堤と推定できる．1606年（慶長11）の検地帳[14]に記載された地名は，先述した中世の干拓地名と「行末塘」との間に集中しており，ここが清正の干拓地と考えられる．また，その外側には大浜と同じく「牟田」の小字が見られるほか，干拓の地割と関係すると考えられる「東割」「西割」などの地名から「行末塘外新地」と推定できる．以上のことから「中村新開」と「行末江堺大坪新開」は，清正の築いた「行末塘」の内側に位置する小字「東新開」「西新開」「築米（籠）」などに位置したと考えられる．

　ところで，中世干拓である大浜・小浜の関連する史料に年未詳ながら室町末期と考えられる文書に中世干拓に関係する次の記録が残されている．

　　（前略）新開堤をつき候事，大営に候間，百余貫入れられ候てつかれ候，
　　百姓如此つき候へハ，十年ハ年貢を被免許候，三分の一をさた候，三分の
　　二ハ百姓ひかえ持候事法令候（後略）

　干拓の防潮堤を搗き固めるのは大がかりである．100貫目以上の築造費を投入して搗き固めた．農民たちがこのように搗き固めたのであるから10年間は年貢を取らないこととする．その後も収穫の3分の1を清源寺に納め，3分の2は農民の取り分とすることは決まりの通りであるとしている．この「つき候」「つかれ候」の工法は，防潮堤に前述した竹籠（蛇籠）に石を詰めて積み重ねた「石籠」の上に潟土を盛り上げて搗き固める「築籠」の技術と考えられる．また，大がかりな築造工事であったことから年貢がかなり減免されていることも興味深い．

　この干拓技術を示す「築籠」の地名は「ついごめ」と呼んでおり，地名と

しては「築米」・「対米」などとも書かれる事例がある．熊本県下の例としては，前述した熊本市旧大字内田村小字「大築籠」「東築籠」「小築籠」「築籠」，玉名市小浜の「築米（籠）」の他に，熊本市旧奥古閑村小字「築籠」，宇土市旧「築籠村」，同走潟村小字「築籠」などが知られる．また，「籠」の地名は，佐賀平野の寛文年間（1624～1643年）以前の干拓で用いられており近世には干拓をさす用語として定着しおり，近世の干拓でもこの「築籠」の技術が引き継がれたことを示している．

3．玉名平野の干拓と災害

1）肥後藩の干拓

ここでは，肥後藩における干拓の特徴を概観し[15]，近世から近代までの開発が連続的に検討できる玉名平野の菊池川左岸（旧横島町）と熊本平野を中心に干拓開発と災害を検討したい[16]（図3-3）．

肥後藩の干拓は大まかに分類すると，1藩費による官築新地（藩営新田），2藩主の私費による御内家開（藩主家産新田），3細川一門や三家老の出費による御赦免開（藩士知行新田），4細川藩独自の行政区画である手永を単位にした農民たちによる手永開（村請新田）などである．同じ有明海でも佐賀藩や柳川藩では数町歩～40町歩内外の小規模な干拓が多かったが，肥後藩では100町歩を越える大規模な干拓が築造された．肥後藩で最大規模の干拓は，1821年（文政4）に鹿子木量平・謙之助の親子が八代海に築造を開始した七百町新地が夙に有名である．肥後藩では近畿内に多くみられる町人請負新田がほとんどみられず，藩が主体となった開発が多かったことから，新田の底地権を開発主である藩が持ち，その上地権を新田百姓がもって永小作として耕作する点も特徴である．

肥後藩の干拓開発の総面積は2万4,000町歩に及び，全藩領の水田面積7万2,000町歩の3分の1を占め積極的に取り組んだが，そのほとんどは近世後期に集中する．肥後藩においては近世前期に干拓開発が積極的に進められたが，1737年（元文2）に新田に人口移動によって本田が衰退するとして基本的に大規模新田の開発を禁止した．しかし，その後に藩の財政が急激に悪

48 ● 第3章 有明海の干拓と災害

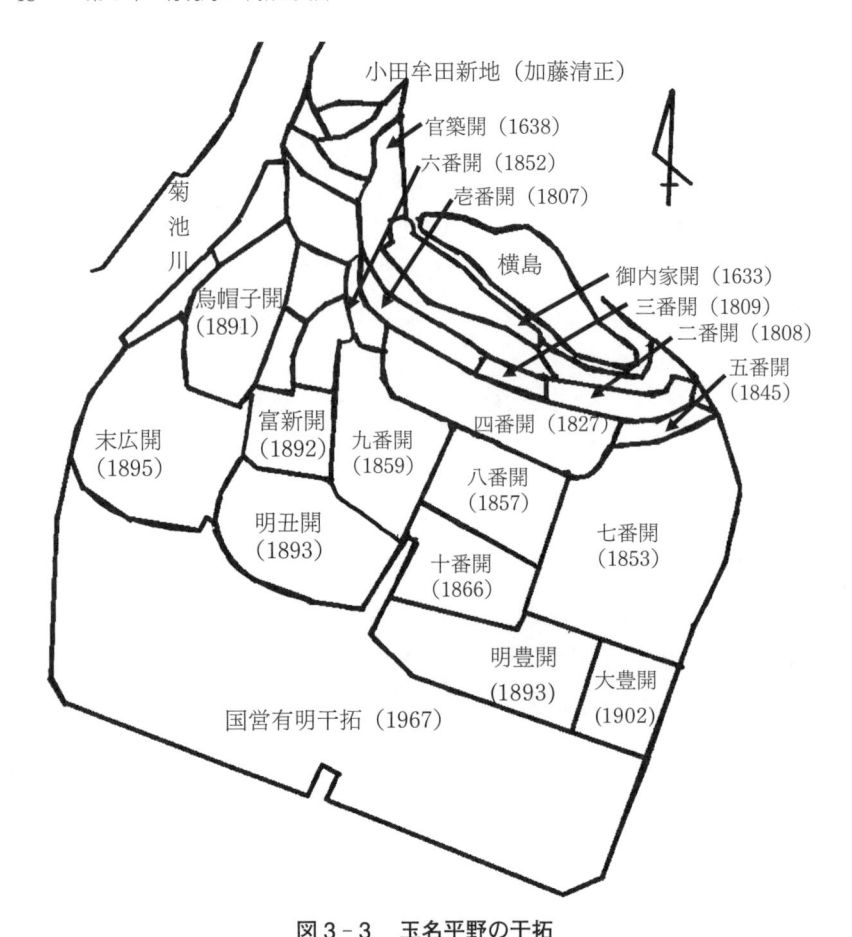

図3-3 玉名平野の干拓
本図の干拓は，本文と関係あるもののみを示した．（ ）は開発年代

化すると，1801年（享和元）頃に新田開発を推進する政策へと大きく転換し干拓は大型化したのであった．

　2）干拓の進展と災害
　1588年（天正16）に加藤清正が肥後北半の領主として入封し，関ヶ原の戦いに勝利して1609年（慶長9）に肥後一国（球磨・天草郡を除き，豊後領を含む）の54万石の領主となった．1632年（寛永9）にその子忠広が改易される

までの支配であったが，新田開発に積極的に取り組んだのであった．特に清正は，「土木の神様」として県内に加藤神社が点在している．

　玉名平野では，菊池川の左岸の小田牟田新地が開発された．小田牟田の「牟田」とは低湿地のことで，「深田」と呼ばれる湿田が広がっていた．当時の菊池川は本流から唐人川をはじめとする諸河川が乱流している状態で，しかも横島の付近が海岸線であり塩害の被害も大きかった．そこで，清正はそれら乱流する諸河川を現菊池川の流路に防潮堤で固定し，その支流の唐人川が最も狭まる横島と久島山間に排水兼防潮堤を築いて小田牟田の乾田化を行ったと考えられる．こうした開発は，細川時代になって行われた満潮時になると海面下となる干潟の本格的な干拓開発とは異なるものの，防潮堤を築いておりその開発技術は初期の干拓とみてよいであろう．また，続く加藤忠広も玉名平野に「行末塘」を築いて開発を行っている．

　加藤にかわって1632年（寛永9）に入封した細川は本格的な干拓開発に取り組んでいった．まず，1633年（寛永10）に藩主の出費により御内家開（35町歩）が，続いて藩が出費して1638年（寛永15）に官築開（54町歩）が築造されたようである．これら最初期の干拓は，横島丘陵地に直接面して築造され，海岸に対して横に細長い形態のもので規模も小さい．干潟が陸地化した土地に簡易な防潮堤で囲んだ程度で築造されたと考えられる．この干拓は，「本方」と称し，その後の干拓「新地」とは異なる扱いを受けた．

　近世で最も古い災害の記録は，1621年（元和7）5月の「玉名郡行末塘洪水にて破堤す．7月迄普請す」であると考えられ，上述した忠広の築堤した「行末塘」が破堤している．さらに，加藤や細川によって築かれた近世初期の干拓は幾度となく災害を受けた．1678年（延宝6）8月5日には「玉名郡海辺破損横島より小天までの塘4000間余根切仕由，此普請の人夫8万人余人を要し」とあり大きな災害であったことが知られる．1756年（宝暦6）7月29日には「高瀬・荒尾手永高潮にて所々破損」とあり被害をもたらしたと考えられるが詳細は不明である．1782年（天明2）8月には，「大風」により玉名郡の干拓が被害を受けたとみられ「玉名海辺潮塘，補修のため熊本・川尻・高瀬御蔵より明俵20万俵払下げ，不足分は熊本・川尻・高瀬の町屋より調達」とある．1792年（寛政4）4月1日には，肥後藩に近世期最

大の被害をもたらした「寛政の大津波」が襲来した．同日の夜，噴火を続けていた雲仙普賢岳の東側に位置する眉山（前山）が突如大崩壊を起こし，大量の土石流が有明海に流出して大津波を発生させ肥後藩の海岸を襲ったのである．島原側では1万人，対岸の肥後藩（天草諸島を含む）5,000人余に及ぶ死者を出したことから「島原大変，肥後迷惑」と語り継がれている．この「寛政の大津波」については，「寛政津波被害の図」[17]によって被害の詳細を知ることができる．玉名平野では同図によると上述した寛永期の干拓は津波で浸水し，当時の海岸線から約2.5kmまで海水が到達しているが溺死者はなく，横島の京泊におい7軒の家屋が流失したにとどまっている．上述したように肥後藩の新田開発の禁止政策によって，この地域では1807年（文化4）に一番開が干拓されるまで169年余りの間にわたり開発は停滞したことが被害の軽減につながったのであろう．

　玉名平野において一番開（1807年）から十番開（1866年）までの干拓を主体的に行ったのは，肥後藩の三家老の一つである有吉家であった．有吉家は，旧横島町役場に役宅を設けて「御内家開」の干拓開発を積極的に進めたのである．

　1807年に一番開（15町歩）が開かれると，翌年には二番開（16町歩），翌々年に三番開（5町歩）と連続して開発がなされた．これらの干拓は，1633年の御内家開，1638年の官築開と同じく海岸に対して横に細長い形態のもので規模も小さい．干拓開発が停滞した時期に干潟が陸地化した土地を順次開発を行い簡易な防潮堤を築き，さらにそれら全体を防潮堤で囲んだ一連の開発と考えられる．

　玉名平野の本格的な干拓開発は，1827年（文政10）の四番開をまたなければならなかった．四番開（80町歩）は当初「川浚料開」として玉名郡の6手永（肥後藩の行政区画）と高瀬町の共同出資による村受新田として開発が始められた．開発の目的は干拓開発で得た利益によって，菊池川の浚渫（川浚）や修築をすることであった．しかし，防潮堤に石垣のない仮防潮堤であったため，度重なる災害を受けている．干拓の完成した翌年の1828年（文政11）9月17日には，「子の年台風」（シーボルト乗船の船が座礁したことからシーボルト台風ともいう）が西日本一帯に被害を及ぼし，有明海沿岸では

2m余の高潮が襲った．この時の肥後藩の被害は「大暴風は洪水，高潮を伴なひ大被害あり．田1万996町，畑235町浸水」とあり，かなりの被害を蒙ったものと考えられる．

　また，1841年（天保14）9月3日には有明海沿岸を台風に伴う高潮が襲った．この災害の干拓地の詳細な被害状況は「強風高潮ノ節海辺塘切之図」[18]によって知られる．玉名平野では14か所の防潮堤が決壊し，全干拓耕地の約64％にあたる127町歩余が「潮入」となり壊滅状態となっている．このような連続する災害によって川浚開の防潮堤は破壊された．そこで有吉家は石堤によって修築して四番開とし，4分の1の面積を防潮堤構築の代償として所有することになった．

　1845年（弘化3）には五番開（11町歩），1852年（嘉永5）に六番開（8町歩）が有吉家によって開かれている．両干拓は，四番開の左右に築かれており内陸部の干拓への高潮を防ぐために構築されたと考えられる．しかし，翌1847年（弘化4）6月18日には「高瀬大風，海辺潮受塘破損」とあり，すぐに被害を受けた．

　1853年（嘉永6）七番開「大開」が藩主から細川一門の細川忠穀が干拓開発権を受け，これに玉名郡の3手永が加わって工事を開始したが難航した．後に有吉家が参加し187町歩の干拓として完成し七番開と称した．この結果有吉家は干拓全面積の5分の1を所有することとなった．

　1857年（安政4）には八番開（56町歩），1859年には九番開（68町歩）が有吉家によって連続して開発されている．

　1861年（文久元）には，十番開が有吉家によって開発が開始され当初は玉名平野最大の210町歩の干拓として完成し別名豊明村といわれた．しかし，1863年（文久3）年の高潮によって壊滅し，1866年（慶応2）に53町歩のみを復旧して十番開となった．

　以上のように玉名平野の干拓は，四番開（川浚料開，1827年）から干拓の大型化がはじまった．特に，1853年に開発された七番開（大開）からは，海岸に対して方形ないし縦長になり面積も広くなった．しかし，度重なる高潮によって防潮堤が決壊し大きな災害をもたらした．

　明治になると干拓は停滞するが，1890年代になると地元の有力地主たち

による投資的な要素が強い干拓が盛んにおこなわれた．

　1891年（明治24）には坂本平次，宮尾徳平大仁田茂平らによって烏帽子開（約70町歩）が開発された．同年には，有吉平吉ほか7名によって前述した1863年の高潮によって壊滅した当初の十番開の範囲が開発を目的に工事を2区に分けて開始された．そのうち第1区は1893年（明治26）に明豊開（83町歩）として完成し，残る第2区は引き続き工事が行われたが完成せず，1902年（明治35）に加藤篤ほか2名によって大豊開（44町歩）として開発に成功した．

　この他に1892年（明治25）には栗崎寛太ほか6名によって富新開（約53町歩）が開かれ，翌年（明治26）には富新開と同じ開発者によって明丑開（約89町歩）が開発された．1895年（明治28）には明治期で最も広い末広開（123町歩）が開発されているが，開発主は不詳である．これらの明治期の干拓地のなかで末広開・明丑開・明豊開・大豊開は，1946年（昭和21）に国営横島干拓事業が始まり1967年（昭和42）の潮止め工事が完成するまで第一線の防潮堤となっていたのである．

　明治以降の災害は，1874年（明治7），1891年（明治24），1895年（明治28），1905年（明治38），1914年（大正3），1917年（大正6），1919年（大正8），1927年（昭和2）などに高潮によって干拓地の堤防が決壊している．

　なかでも，大きな被害をもたらしたのは1914年と1927年の高潮による災害であり，熊本県はその被害状況と復旧工事を詳細にまとめている[19]．1914年の災害は，8月23日から25日にかけ大型の台風が熊本県を襲い死者22名を出す被害となった．1927年9月13日に熊本県を襲った台風は，旧飽託郡，玉名郡，宇土郡の海岸で高潮を発生して死者・行方不明者423名，重傷者23名の大規模な被害を与えた．有明海沿岸の各所で防潮堤が決壊し，海水は場所によっては防潮堤から4,500mの内陸までに及んだのである．

4．繰り返す破堤と漁業被害

1）熊本平野の沖新地と官築新地

　熊本平野の干拓は，まず1700年代のはじめに藩士知行新田として有吉家

によって行われたが，その面積は約70町歩ほどであり開発はあまり進展しなかった．1700年代の後半に藩主や藩営の干拓がわずかに行われたたが，本格的な干拓開発は玉名平野と同じ1801年（享和元）頃からの熊本藩の新田開発の奨励を待たねばならなかった．玉名平野と同じく熊本平野でも1801年以前の干拓は，海岸に対して横に細長い面積も小規模であるのに対して，以降の干拓は海岸に対して縦長になり面積も大規模化している．

　図3-4は，1826年（文政9）に藩主によって御内家開として開かれた面積109.2町歩の沖新地と，1868年（明治元）に藩営として開かれた面積120町歩の官築新地，1877年（明治10）に個人によって開発された田畑の害虫駆除用の鯨油を得るために開かれた鯨油開の小字を示したものである[20]．

　沖新地は北から小島，方近，今村新開，中島，山下，迎五町を冠する小字名が東西に列状に並んでいる．これらは，全て沖新地の東に接している池田手永に所属する村々で，これらの村が新田開発にかかわり各村から農民たちが移住したものと考えられる．各小字の東にはそれぞれの旧村の名前を付けた「屋敷割」（屋敷地）がみられ，西側の海岸に向かって数詞か上中下を冠した「〇〇ノ割」の小字名が並んでいる．先述したように沖新地は藩主自らの出費による「御内家開」であったが，実際の開発にかかわる労働力や資金は各村にゆだねられ，底地権は藩主が保持し農民たちが上地権を保障され耕作することとなった．これらの共通する村名を冠する小字の範囲は開発した本村が上地権を持った．1830年（天保元）頃から本村からの入植が始まり，各出身の本村ごとに集落が形成されたのである．

　さて，ここで1868年（明治元）に藩営として開かれた官築開（120町歩）の小字名に注目してみよう（図3-4）．この干拓の西側の防潮堤に沿って青色で破堤して海水が侵入したか所が3か所（海と記入された部分）みられ，その東には小字「水深」「浪留」の地名がみられ，海岸に対して袋状の字境を示しており防潮堤が決壊し高潮によって洗掘した状況を示している．

　図3-4は，1876年（明治8）に作成された地租改正図の字索引図を原図として，1878年（明治10）頃に「皇国地誌」の付図である「村図」として描かれたものである．上述したように官築開は1868年に築造されており，図3-4の原図である1876年までの8年間の間に起きた高潮による決壊と考え

図3-4 沖新村小字図

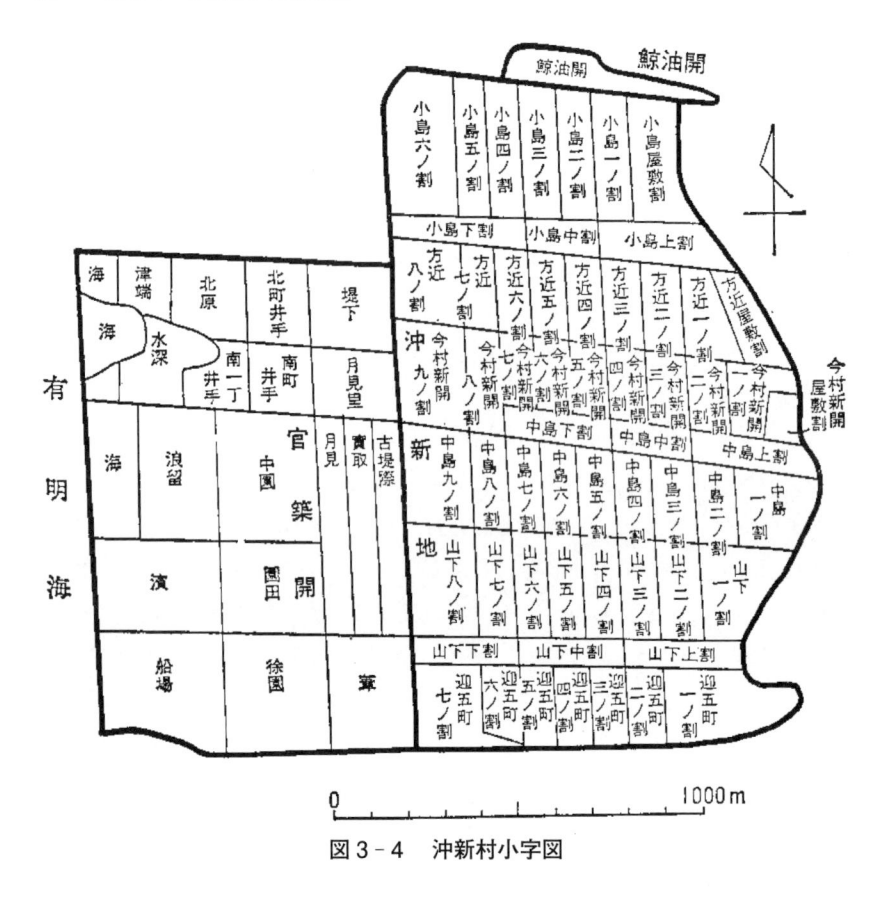

られる．沖新村の「皇国地誌」によると「新開ハ明治元年戊辰開墾シ，明治七年甲戌秋大風ニテ潮受堤防破壊一帯又海ト成リ，翌乙亥春潮留修築落成シテ本村ノ称ニ改ム」とあり，1875年の高潮による災害の状況を示したものであることがわかる．『熊本県議会史 第一巻』[21]には，この災害に関する熊本県の報告では「八月二〇日台風が県下を襲い海辺では特に大災害蒙り〔中略〕県の報告によると死者二一四名（圧死一八〇名溺死三四名）〔中略〕決壊堤防延長一七，二九四間〔約31.4km〕（〔 〕は筆者の注）」としている．

このように高潮によって破堤した耕地は袋状に洗掘され池となった．これを現地では「ホゲ」と呼び，いわゆる悪水溜まりを示す「エゴ」とは区別している．防潮堤に「ホゲ」のみられる堤防は満潮時には海水が漏水（パイピ

4. 繰り返す破堤と漁業被害 ● 55

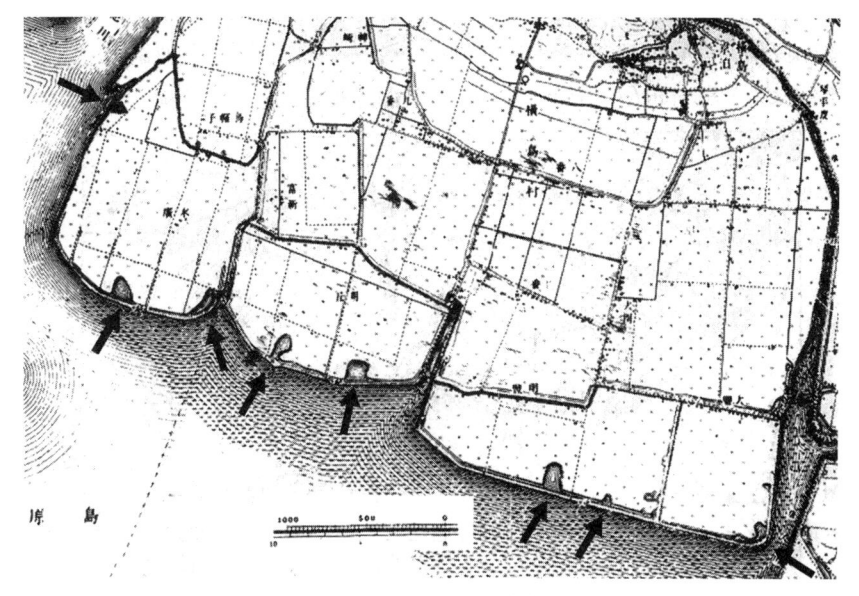

図3-5 玉名平野の「ホゲ」

ング現象)起こしていることを示し,堤防の基礎が弱く決壊につながったものと考えられる.伊勢湾を例として漏水によって池(「押堀」)ができ,堤防の基礎部分が弱くなり,同じか所が繰り返し破堤することが指摘されている[22].このため官築開の堤防は,1919年(大正8)の高潮の際も決壊を繰り返した.『熊本県潮害史』によると上述した小字「水深」と「浪留」の堤防が決壊していることがわかる.

この「ホゲ」は熊本平野だけでなく,玉名平野でも防潮堤に接してみられ,常に漏水が起こっていることを示している(図3-5).『熊本県潮害誌』の1919年における「横島村の新地の築造及破壊の原因」において「退潮毎に石垣裏の粘土を幾分づつ引去りて,堤防内には空所を生じ」とあり堤防の漏水による洗掘が指摘されている.『横島に伝わる地名と由来』によると明丑開は1895年(明治26)に完成したが,1897年(明治28)7月20日に防潮堤が決壊して「西川ホゲ」ができ,同年8月4日に再び同じか所が決壊した.そこで,翌年に「竜神宮」を西川ホゲの潮留口に祀ったという.

近世期の堤防も明治以降の堤防も基本的にはその工法が変わることはな

く，堤防の基礎工事が脆弱であったことから繰り返し破堤が起こったと考えられる．

2）学料・北浦新地の構築による弍町村の不漁

前述したように近世後期になると肥後藩の干拓は大型化した．ここでは，1841年（天保4）に熊本平野の緑川河口に藩校時習館の経営費に充てる目的で藩主細川斉護の御側金1万両をもって築造された学料新地（面積96町歩〔103町6反とも〕）と1850年（天保13）に築造された北浦（笹原ともいう）新地（面積約120町歩）が引き起こした「弍町村」の漁業不漁について検討する[23]．

1856年（安政3）11月に弍町村庄屋の荒木半次郎は，肥後藩に次のような漁師の窮状を訴えている．弍町村の漁師は投網をもって漁をしてきたが，学料・北浦新地が築かれると毎年冬から春の漁で魚のいる場所が変化したようで，魚がまったくとれなくなった．漁師たちは漁業以外の糧を得る手段がないので，漁師たちは藩から学料新地の畑を1人5反を与えられ，粟・唐芋などを作り冬から春への生活をしのいだ．しかし，漁師たちは元来農業などしたこともなく，とれた作物だけでは生活ができず，極めて困窮の状態となった．そこで藩から金銭を拝借し，草履や付木の仕事を懸命におこなったが，これもまた販売の利益もなく，400人の村人たちの命にもかかわる状態に陥った．そこで，漁師たちは熟慮し，アミなどを獲る「涙子小袋漁」で生活できるのではないかと考え藩から再び金銭を拝借した．漁師たちは競って昼夜の関係なく働いた結果，アミを近くの村と麦や粟，唐芋などと交換して食料を得て，藩への借財も完済することができた．しかし，すでに長年にわたって漁に使用してきた網は破損しており冬の漁ができない．困窮している漁師たちが自力では何もすることもできず，続く春の漁もあきらめざるを得ない．そこで，再び藩より金銭を拝借できないであろうか，というものであった．肥後藩は検討の結果，これまで漁師たちか借財を返納してきたことを評価して，3割を減としたもののふたたび金銭を貸し与えたのであった．

近年になって有明海の環境は大きく変貌した．その原因は内海にあって周辺の住民たちや工業地帯から流れだす汚水も大きな原因であるが，1984年に建設された筑後川大堰をはじめ有明海に注ぐ多くの河川に堰が造られたこ

とによる河川水量の変化や1993年に建設された熊本新港などによる潮流の変化も原因の一つにかぞえられる．特に，2007年に完成した有明海の母胎ともいわれた長崎県の諫早湾がオランダのポルダー式干拓（複式干拓）によって消滅すると海産物は激減し大きな漁業被害をもたらしたが，すでに近世末期の干拓の大型化によって不漁の問題が起っていたのである．

5．おわりに

　本章では，まず有明海に干拓が中世に発生したことを明らかにした．ついで，肥後藩は近世にはいると一旦干拓開発を中止するが，近世後期になると干拓を促進する．それに伴い干拓は大型化し，近代にいたるまで災害が頻発したことを述べた．また，堤防が繰り返し決壊した理由は，決壊か所に「ホゲ」と呼ばれる池ができ，満潮時に堤防底部が脆弱なために漏水（パイピン）が起こり堤防の基礎が崩れ，高潮によって一気に破堤したものと考えられる．さらに，有明海の漁業被害は，すでに近世後期の干拓の大型化によって引き起こされていたことも明らかにした．

　このように肥後藩による干拓の大型化は様々な災害をもたらし，人間と自然環境の関係のバランスを大きく崩す結果となったのである．

【注および参考文献】
（１）玉名市教育委員会編 2011．『玉名市干拓関連施設調査報告書（玉名市文化財調査報告　第25集）』玉名市教育委員会，国の重要文化財指定についての詳細な調査報告が行われており，本論では全般にわたって参照した．また，2006年に「有明海旧干拓施設」が熊本県重要文化財，同年に「干拓地の風景」が第19回くまもと景観賞（地域景観賞），2008年に「有明海旧干拓施設」が日本土木学会選奨土木遺産を受けている．防潮堤だけでなくその干拓に広がる農耕地も含めた景観としても貴重な遺産である．また，横島町史編纂委員会編 2008．『横島町史』玉名市，も，玉名平野の干拓の基本文献として重要であり，種々参照した．
（２）荒尾市史編纂委員会編 2003．『荒尾市史　環境・民俗編』荒尾市に詳しい．
（３）環境省九州地方環境事務所編 2014．『ラムサール条約湿地　荒尾干潟ガイドブック』環境省九州地方環境事務所に詳しい．
（４）「干拓」という用語は，1914年（大正3）の耕地整理法改正によって制定されたものであ

り，肥後藩では「新地」や「開」という用語が使われた．
（5）戸田芳実 1975．『日本領主制成立史の研究』岩波書店，稲垣泰彦 1984．『日本中世社会史論』東京大学出版会，黒田日出男 1984．『日本中世開発史の研究』校倉書房などがある．
（6）礒永和貴 1990．「有明海沿岸における中世的土地開発」地域と文化1，礒永和貴 1992．「中世干拓―矢部川下流の場合―」桑原公徳編『歴史景観の復原―地籍図利用の歴史地理―』所収，古今書院．
（7）ジョセフ・ニーダム 1975．『中国の科学と文明　第10巻』思索社．
（8）太田順三 1982．「河口干潟における中世的開発の展開と絵図」竹内理三編『荘園絵図研究』所収，東京堂出版．
（9）南出真助 1982．「中世における有明海沿岸低地の開発」水津一郎先生退官記念事業会編『人文地理学の視圏』大明堂．
（10）以下，清源寺関する史料は，熊本県編 1962『熊本県史料　中世編（二）』熊本県．に所収されている「清源寺文書」によった．
（11）熊本県立図書館所蔵（以下，熊県と略）「慶長九年二月　伊倉之内濱村田畠御検地御帳」（検地帳3444）．
（12）熊本大学附属図書館寄託永青文庫所蔵（以下，永青と略）「肥後国絵図」8・4・丙98．本図の全体は（A）熊本大学附属永青文庫センター編 2013．『細川家文書絵図・地図・指図編』吉川弘文館にある．また，（B）玉名市史編纂委員会編 1992．『玉名市史　資料編1　絵図・地図』玉名市．（C）新熊本市史編纂委員会編 1993．『新熊本市史　絵図・地図上中世・近世，下近代・現代』熊本市．（D）宇土市史編纂委員会編 1999．『新宇土市史　資料編第1巻　絵図・地図』宇土市．（E）荒尾市史編纂委員会編 2001．『荒尾市史　絵図・地図編』荒尾市．には，本論の関連する絵図・地図が収められているので参照されたい．
（13）永青8.4.甲4「肥後国図」．前掲注12）各書を参照されたい．
（14）熊県「慶長拾壱年十二月　大野庄之内濱村田畠御検地御帳」（検地帳3594）
（15）肥後藩の干拓についての概要は，菊地利夫 1986．『続・新田開発―事例編―』古今書院を参照した．
（16）玉名・熊本平野の干拓と災害については細川藩政史研究会編 1974．『熊本藩年表稿』細川藩政史研究会，沼垣　功 1974．『横島に伝わる地名の由来』私家版，九州農政局横島干拓建設事業所編 1975．『よこしま』横島干拓建設事業所を参照した．
（17）崇城大学図書館所蔵．詳細は，前掲注12）（D）（E）に解説がある．また，堀川治誠 1987．「眉山大崩壊と津波被害」熊本地学会誌86：2-14．に全体の翻刻があるので参照されたい．
（18）永青8・4・乙129．前掲注12）（A）（D）（E）に解説がある．
（19）熊本県 1918．『熊本県潮害誌』熊本県および熊本県 1933．『昭和貳年熊本県潮害誌』熊本県に詳しい．
（20）熊県チメ0096．前掲注12）（C）に写真版と地誌が掲載されている．
（21）熊本県議会事務局編 1963．熊本県議会．
（22）伊藤安男 1994．『治水思想の風土―近世から現代へ―』古今書院および伊藤安男 2009．

『台風と高潮災害—伊勢湾台風—』古今書院を参照されたい．
(23) 宇土市史編纂委員会編 2006．『新宇土市史　資料編第四巻　近代・現代』宇土市．なお，原史料は熊本大学附属図書館寄託永青文庫「嘉永覚張」（文7-1-18）である．また，北浦新地については宇土市史編纂委員会編 2007．『新宇土市史　通史編第二巻　中世・近世』宇土市．に詳しい．

第4章

熊本大地震の記録

1．はじめに

　1995年1月17日午前5時46分発生，マグニチュード7.2，死者5,376人，行方不明者2人，負傷者34,626人，家屋全半壊（焼失も含む）159,544棟，火災数531件．これは兵庫県南部を襲った，阪神・淡路大震災の1か月後の新聞で報じられた詳細な被害状況である[1]．

　熊本も1889年（明治22）4月に市制を施行し，近代都市としてその第一歩を踏み出した矢先の7月28日，未曾有の大地震に見舞われ，多数の犠牲者や家屋の倒潰など，大きな被害を被った．120年以上も前に発生した熊本大地震（通称，金峰山地震）であるが，その被害の実態はどのように伝えられているのであろうか．

　これについて，『熊本市史』（平野1932）は，「明治二十二年の地震は，所謂『金峰山系の，最も激烈なもので，同年七月から八月にかけて，大小数百回の地震があったが，特に七月廿八日の午後十一時四十分に起こったものは，最も激烈を極め，熊本市民及び付近各地の住民は，周章狼狽して，戸外に飛び出し，倒潰家屋も多く，山崩れ，圧死者なども，其処此処にあったさうである」と述べ，章末の注では，「倒潰家屋二百三十九戸，圧死者二十人」と記している．併せて熊本市役所所載の「地震取調書」（正しくは「地震取調表」）の内容を記し，ここでは7月28日の地震発生時刻を午後11時50分（「地震取調表」は11時49分）としている．

　因みに，『熊本市政七十年史』（後藤1964）は，「七月二十八日から断続する強弱震には，市民の驚き，ろうばい，流言，混乱は完く極度に達したものがある」と述べ，「被害は死者五名，重傷五名，軽傷六名，家屋全潰六戸，半壊四十八戸，橋梁破損六ケ所，堤防破壊四ケ所，地面決裂一三ケ所（延長

八一七間），崖くずれ一」と，当時の調査結果を記載している．また，『熊本県史（近代編第二）』（熊本県1962）は，水島（1889）の『熊本明治震災日記』の「震災被害表」を掲げ，「全潰家屋二二〇戸，半壊二二九戸で，その六割近くは飽田郡である」と述べている．ただし，筆者が確認したところ，同書の「震災被害表」では，全潰家屋は234戸となっている．

　これだけみれば，熊本大地震の発生時刻や被害の実態がなかなかわかりにくい．しかし当時，地震発生直後から県や市の吏員，警察などを総動員し，それに住民の被害届などをもとに，懸命な情報の収集と詳しい被害状況の把握が行われている．その結果は『熊本県公文類纂』（以下，県政資料と称す）や『熊本市政資料』（以下，市政資料と称す）に残されている．そこで，ここではこれらをもとに，あらためて熊本大地震の記録を検討し，地震発生時の状況や被害の実態を明らかにしていくことにしたい．なお，紙数の制約もあることから，地震の発生時刻や人的・物的被害を中心に述べていくことにする．

2．「地震報告」と「地震取調表」の記録

　不幸なことに，熊本市の「地震報告」の第1号が熊本大地震となってしまった（資料4-1）．ただ，熊本における「地震報告」の第1号は，1885年（明治18）6月6日に熊本区役所が地理局気象台宛に報告したものが最初である[2]．これによると，同年6月6日の午後4時29分20秒に「震動ノ時間」8秒，「震動ノ方向」西，「震動ノ強弱」は「弱後チ稍ヤ強」と報告している．以後，熊本区からの「地震報告」は，1889年（明治22）1月18日の「地震報告第十号」で終わっている．この年の4月には熊本市の誕生をみるが，その「地震報告第一号」が，この大地震となったのである．

　当時，熊本にはまだ測候所がなく，地震の報告も熊本市が行っていたが，この時の地震報告が，いつ気象台に送られたかは資料から明らかにすることはできない．しかし，これまでの報告が，発生の翌日か，あるいは2日後には起案・送致されていることを考えると，大地震の報告も，おそらく翌日あたりには気象台に送られたのではないかと思われる．この報告から，地震

2.「地震報告」と「地震取調表」の記録 ● 63

資料4-1 地震報告第1号

は非常に激しい揺れであったことが想像されるが，気になるのは地震の発生時刻である．「震動ノ年月日時」の欄には，「明治廿二年七月廿八日午後第十一時五十五分」と記されている．はじめに述べたように，『熊本市史』では地震の発生を11時40分とし，また章末の注では「地震取調表」をもとに11時50分と述べている．

資料4-2　熊本市の「地震取調表」

　ところで，熊本市の「地震取調表」は筆者の知る限り3つあり，1つは市政資料（七一三）の「瀬戸坂災害一件付震災被害調」の中に，後の2つは県政資料の第二類（雑件）・三三（以下，二・三三と称す）の「震災・明治二十二年」と，第二十三類（天災・暴風）・一五（以下，二三・一五と称す）の「明治二十二年熊本県大震始末」の中に残されている．資料4-2の熊本市の「地震取調表」は，前者の県政資料のものである．これは熊本県が8月6日付号外で，県下の各市・郡宛に7月28日の地震被害の照会をするが，それに対し熊本市長の杉村大八が，第一部長・熊本県書記官の大越亨宛に被害概要を報告したもので，他の郡からの報告も同じ書式となっている．市政資料に残されたものは，数か所に手が加えられており，手直しされたものが県に出されたことがわかる．この2つの「地震取調表」で，大きく変更された箇所は「震動時間」の欄である．市政資料のものは15秒となっているが，県に報告する段階で25秒に書き換えられている．
　さて，県政資料（二三・一五）に残されたもう1つの「地震取調表」であるが，これをみると，県政資料（二・三三）の「地震取調表」をそのまま書き写してあり，ごくわずかであるが，記載された文章の一部を削除したりし

て手を加えてある．これは他の郡の場合も同じである．この「明治二十二年熊本県大震始末」は，県の内務部第一課が大地震の震況・庁務・広告・観察・実験・統計・慈恵・褒賞について，これまでの記録をもとにまとめたものである．

　いずれにせよ，「地震取調表」の「発震時」は，午後11時49分であり，「地震報告」の11時55分とはずいぶん時間差がある．「地震報告」の「雑記」の欄には，この表の地震の後には，余震と考えられる揺れが4分から5分ごとに起きていることが記されていることから，この報告は，余震ではなく最初の本震であったと考えるのが妥当であろう．先にあげた『熊本明治震災日記』が，「同夜の初震の時刻のこと き皆な同しからす素より時計其品により些少分秒の差ひもあるへけれとも彼の轟然たる響と共に家屋の動揺を始めしことなれは皆人戸外に出るの用意をなすの外他念あらさりしならん迂叟かこときも居常時計なとには随分注意する生質なれとも前章にも述るかことく飛出して泉水の如何をは検せしも其後に至りて気付駈入りて時計を見し時はや五十五分を報したりきこれ戸外に出ることにのみ心を苦め他に余念なかりしを証するにたるへし」と述べているように，ほとんどの者が眠りにつき，突如として下から突き上げる激しい上下動に襲われるという状況を考えれば，正確な地震発生時刻を的確に把握し，それをすぐに報告することは無理といわざるを得ないであろう．11時49分という時間も，状況は同じである．そこで，この点について，もう少し他の資料に当たって検討してみることにする．

3．地震の発生は「午後11時40分」頃

　それでは，熊本市の「地震取調表」に記録された午後11時49分という地震の発生時刻は，どこからでたものなのであろうか．熊本県知事は，大地震発生からほぼ3時間半後の7月29日午前3時6分に，内務大臣官報局宛に，「昨午后十一時四十九分大地震市街処々地裂ケ潰家死傷等アリ鳴動止マス」（県政資料二三・一五）と，地震の報告第1号を送っている．市中が大混乱，市民が右往左往するなかでの報告である．おそらく，これが「地震取調

表」の記録のもとになったものと思われる．

　8月6日午前8時，震災視察の命を受け三角港に着いた侍従富小路敬直，非職侍従萩昌吉2人も，震災被害の実況視察復命書[3]で，川尻町の惨状について，「去月廿八日午後十一時四十九分ノ震動最モ激震ナリシカ如ク同所字大渡町ニ家屋全潰拾三戸圧死六人負傷者拾三人アリ」と報告するなかで，地震の発生を午後11時49分としている．

　また，県政資料（二・三三）の地震記録も，7月28日の欄には「大震・午後十一時四十九分・壱度」と記録されている．ここでいう「大震」の揺れの程度であるが，資料は「震動ノ強弱ヲ測ル程度」として，「鳴動＝地震セス単ニ鳴ルモノ鳴リ来ル方角ヲモ記スヘシ」と記した後，「震動＝人力車ノ音位ノモノ　小震＝人ノ家内ニアリ外ニ出テサル位　中震＝人怖レテ屋外ニ出ル　大震＝棚上ノ物品震落スル位　極大震＝大震ヨリ劇シキモノ」との段階を示しいる．

　その時，新聞はどう報じていたのだろうか．ふたたび『熊本明治震災日記』から，これにかかわる部分のみ記すと，『九州日日新聞』（7月30日）は，「昨夜十一時三十分将に大地震の来らんとする時東方にあたり凄じき電光閃き西方に当たりても未明まで電光の閃々たるを見認めたり」，『熊本新聞』（7月29日号外）は，「七月廿八日午後十一時三十五分当熊本に大地震あり」，『海西日報』（号外）も，「云昨二十八日午後十一時四十分俄然非常の激震実に当地前代未聞の震動」，『九州日日新聞』は，「云二十八日時は正に午後十一時四十分にして」と報じたことを記している．併せて，他県の新聞の記事も掲げている．一部を紹介すると，『大分新聞』は，「二十八日午後十一時四十分の地震は近来稀なる震動」，長崎の『鎮西日報』は，「二十八日午後十一時四十分地震あり東より西に平動し大約十五秒時間にして止みたり」，三十日の『福岡新聞』も，「一昨夜十一時四十分頃に近来稀なる地震あり」と報じたことを紹介している．また，8月2日の『九州日日新聞』は，大分の震況を，「午後十一時四十分の地震は近来稀なる程の地震なりしが大分測候所の観測に拠るに震動時間は二分廿六秒にして其方向は南南西二百度北北東廿度なり又震動期十六七秒にして最々速度は百廿一仏厘最大加速は四千二百廿六仏厘なり併し其の性質は緩慢なる方にて被害少なかり云々」と伝え

ている．

　その他の資料にも目をやると，熊本県が九州の各県に次のような照会をし，その回答が寄せられている．

第三七二号
　　帝国大学教授関谷清景今般地震取調ノ為メ当県ヘ出張ノ処右取調上必要ノ趣ニ付キ客月廿八日以来貴県ニテ震動及鳴動ノ度数時刻トモ相分リ候ハバ折返シ御知セ相成候様致度此段及御照会候也

　　　明治廿二年八月廿日　熊本県知事　　　富岡敬明

　　　　佐賀県知事　　石　井　邦　献　殿
　　　　福岡県知事　　安　場　保　和　殿
　　　　長崎県知事　　日　下　義　雄　殿
　　　　大分県知事　　西　村　亮　吉　殿
　　　　宮崎県知事　　岩　山　敬　義　殿
　　　　鹿児島県知事　渡　辺　千　秋　殿

　このうち，地震の状況を比較的詳しく回答してきた宮崎県は，「七月廿八日午後十一時三十九分三十二秒ヨリ同十一時四十一分四十五秒マデ凡ソ二分十三秒間地震シ其方向ハ北東ヨリ南西ニ向ヒ震力ハ較ヤ強ニシテ同時ニ南西ニ向ヒ音響経過ス」という内容であった．当時，九州には長崎・大分・宮崎・鹿児島にしか測候所がなく[4]，この記録はおそらく測候所のものと思われる．鹿児島県も，鹿児島測候所地震計の検測結果として，震動の日時を「七月廿八日午後十一時四十三分二十秒」とし，震動の時間は「三十六秒」，震動の方向「南西」，振動の強弱は「弱」，震動の性質は「地平動」というものであった．佐賀県からは，午後十一時四十八分，福岡・長崎両県は午後十一時四十五分（県政資料二三・一四と回答してきており，新聞報道との食い違いがみられる．

　一方，熊本県でも県政資料（二三・一五）には，「熊本市ノ大震模様及其後

ノ景況」の項で，「明治二十二年七月二十八日午後十一時四十分頃（各所ノ報知ハ三十五分ヨリ四十九分ノ間ニアリ今最多数ノ四十ニ拠ル」）」として，県はここでは地震発生時刻を11時40分頃としている．

以上，述べてきたことを考え合わせれば，「明治二十二年熊本大地震」の発生時刻は，地震発生のほぼ3時間半後に報告されたものよりも，新聞報道や他県からの報告，測候所の記録などから総合的に判断し，7月28日の午後11時40分頃と考えるのが妥当であろう．

4．被害の実態

1）犠牲者は21人

地震による人的な被害は，はじめに述べたように『熊本市史』が「圧死者二十人」，『熊本市政七十年史』は「死亡五名，重傷五名，軽傷六名」，『熊本県史（近代編第二）』が「圧死十九人の中で十五人は飽託郡である」と述べている．いうまでもないことであるが，『熊本市政七十年史』は，当時の熊本市内における被害者の数である．他の2つは熊本県下の犠牲者数を示したものであるが，それにしても県下の圧死者の数は何人だったのであろうか．

そこでまず，これらの数字の根拠になったと考えられる資料に当たることにした．その結果，『熊本市政七十年史』の死傷者数や家屋等の被害数字は，県政資料（二三・一五）の1889年（明治22）11月26日の訓令第二一二号にかかわる義捐金分配のもとになった被害調査の表と同じであることがわかった（表4-1）．この時，義捐金は死亡が1人に付き「金壱円六十弐銭」，一等負傷は1人に付き「金八十壱銭」，二等負傷には同「金四拾四銭」，倒家は1戸に付き「金壱円貮拾貮銭」，半倒家の場合は同「金壱円拾壱銭」が配られている．この後，同資料は「義捐ハ前項既ニ記セシガ如ク其分配ヲ終結セリ然ルニ其後猶救恤ノ意慈恵ノ情ヲ表シテ送金スルモノ層一層ノ多キニ及ベリ」と述べ，その後の送金者・団体名と金額を記すとともに，再び被害調査表を掲載している．表4-1とこの表を比べてみると，死亡者数が表4-1では21人となっているが，この表では20人となっている．これは死亡者の1人が無籍者で，義捐金を受け取るべき遺族がいないことから

4. 被害の実態 ● 69

表4-1　被害調査表（義捐金分配に関する）

郡市	死亡	一等負傷	二等負傷	倒家	半倒家	合計
熊本	5人 8.100	5人 4.050	6人 2.640	6戸 7.320	48戸 53.280	75.390
飽田	16人 25.920	16人 12.960	23人 10.120	61戸 74.420	89戸 98.790	222.210
託麻			4人 1.760	5戸 6.100	7戸 7.770	15.630
宇土				1戸 1.220		1.220
上益城			1人 0.440	8戸 9.760	6戸 6.660	16.860
下益城				1戸 1.220	4戸 4.440	5.660
玉名			2人 0.880	7戸 8.540	6戸 6.660	16.080
山鹿				1戸 1.220	3戸 3.330	4.550
山本		1人 0.810	1人 0.440	3戸 3.660		4.910
計	21人 34.020	22人 17.820	37人 16.280	93戸 113.460	163戸 180.930	336 362.510

（注）下段は義捐金の分配額．単位は円，8.100は8円10銭，以下同じ．
（「県政資料二三・一五」による）

除外されたためである．『熊本市史』の「圧死者二十人」という数は，ここからでてきたことも考えられる．

ところで，この「震災被害調査表」はこれだけではない．これより前，県政資料（二三・一五）の中には，恩賜金下賜について次のような資料がある．

　陛下ニハ被害ノ景況ヲ被聞召視察トシテハ富小路荻ノ両侍従ヲ差遣セラレ且ツ両陛下ハ救恤トシテハ金千三百円下シ賜ル即チ宮内大臣ヨリ電報アリシ外ニ左ノ如ク達セラレタリ

　　　　　　　　　　　　　　　　　　　　　　　　熊　本　県

　　其県下震災実況視察侍従ノ復命被
　　聞食
　　聖上ヨリ金千円

皇后宮ヨリ金三百円下賜候條目下救恤ノ補助ニ充ツヘシ
明治二十二年八月二十四日

宮　内　省

　これをうけ，熊本県は審査委員を定めて審査会を開き，罹災実査の方法を検討するとともに，福岡・佐賀・大分など，他県の分配方法なども参考にしている．審査会は8月26日に開催され，被害調査法が検討・議決されている．その内容は次の通りであった．

　　　　　被害調査法
一　死亡者　　　　　　毎人平均
一　負傷者
　　　　一　重傷ニシテ不具トナリ自用ヲ弁シ能ハサル者
　　　　二　重傷ニシテ不具トナルモ自用ヲ弁シ得ル者
　　　　三　軽傷ニシテ十日以上休業セシ者
　　　　調査法
前各項ノ調査ハ県官ヲ実地ニ派シ其地方警察官吏郡市町村吏員及市ハ参事会員町村ハ町村会議員ヲ立会ハセ詳細調査シタル後審査委員会ニ付シ之ヲ議定セシム審査委員ハ書記官警部長収税長并被害地ノ郡市長主務属官警察官ヲ以テ之ヲ充ツ死亡者ハ遺族ヘ給シ遺族者ナキハ其町村長ヘ交付スルモノトス（中略）
　　　　調査凡例
一　死亡者ハ震災ノ為メ家族其他崖崩壊ニヨリ圧死セシモノニ限ル
一　負傷者ハ家族并器物其他崖崩壊ノ為メ又ハ振動ノ為メ倒レテ負傷セシモノニ限ル
一　負傷者ノ等級ハ不具トナルモノヲ一等トシ不具トナラサルム治療四十余日ニ及フモ全癒セスシテ後来不具トナルノ確証ナキモノヲ二等トシ負傷後治療中休業十日以上ノモノ及ヒ負傷ノ痕跡ヲ残スモノヲ三等トス

一　倒家ハ住居家ニシテ全ク潰シタルモノニ限ル但借家幷ニ同居ノモノハ之ヲ省ク
　　一　半倒家ハ住居家ニシテ半ハ潰シタルモノニ限ル但借家幷同居ノモノハ之ヲ省ク其調査ニ加ヘタルモノヲ細別スルハ左ノ如シ
　　　　一　柱折レ家ハ傾斜シ壁半ハ落チ添ヘ木ヲ用ヒサレハ倒レントスルノ異状アリテ再修ノ目的ナキモノ
　　　　一　本家大破シ大撃シ崩落シ店ノ半ヲ潰シタルモノ但大撃ト雖トモ押入レノ如キハ之ヲ省ク
　　　　一　家屋二棟ノ間ニアル炊事場（水走リ・竈）ノ脇ヲ通シ二棟ニ通スル廊下ヲ併セ一部分全ク潰レ二棟ヲ両断セシモノ
　　　　一　炊事場（水走リ・竈）縁側ヲ併セ崩壊セシモノ但水走リ幷井戸上ノ屋根ノミ崩壊セシモノノ如キハ之ヲ省ク
　　　　一　調査ノ際修繕済ニテ其景状見認難キモノハ近隣ノモノニ就キ当時ノ実況ヲ聞取リ其家屋ノ幾部分崩落スルカ又ハ本家ノ柱半ハ取換タル形跡アルモノニ限ル
　　　　一　大破ニ及ヒ再修ノ見込ナク解キ除キタルモノハ近隣ノモノニ就キ聞取相違ナキモノハ総テ半倒トス
　　　　一　下家或ハ大撃シト雖本家ノ坪数稍々同シキモノ

　そして，これに関する被害調査の結果は，表4-2のとおりであった．表4-1よりも前に行われた調査のため，被害の数は項目によっては少なくなっているが，これからもわかるように，義捐金分配に関する被害調査表は人的な被害はともかく，家屋などの物的被害は「借家又ハ同居ノモノ幷住居家ノ外ハ之ヲ除ク」（「罹災者調査心得」）とあることから，必ずしも被害の実態をあらわすものではなかった．『熊本市政七十年史』に記述されている家屋の被害状況も，実際の被害数よりは少なくなっている．
　なお，気になる先の無籍者に対する恩賜金と義捐金の取り扱いであるが，

表4-2 震災被害調査表（恩賜金分配に関する）

郡市	死亡（人）	一等負傷（人）	二等負傷（人）	倒家（戸）	半倒家（戸）	借家全倒（戸）	借家半倒（戸）
熊本	5	5	6	6	45	4	6
飽田	16	16	23	60	85	15	20
託麻			3	5	6	1	2
宇土				1			
上益城			1	8	6		
下益城				1	4		
玉名			2	7	6	2	
山鹿				1	3		2
山本		1	1	3		1	1
計	21	22	36	92	155	23	31

（前表資料に同じ）

「初回ノ分配アル中右ノ無籍者ニ対スル恩賜金ト義捐金ト計十二円八銭七厘ハ之ヲ授クベキ遺族ナキニヨリ優渥ナル聖恩ト奇特ナル慈恵トヲ無窮ニ伝ヘ加之地下ノ魂ヲ慰スル為〆金一円五十九銭ヲ仮埋葬費ニ金五円ヲ建碑費ニ金三円ヲ寺院読経料ニ金貳円四十九銭七厘ヲ香花料其他ニ充ツベキヲ命ゼリ」（県政資料二三・一五）と記されており，手厚く供養がなされたことがわかる．

次に，『熊本県史（近代編第二）』が引用した『熊本明治震災日記』の「震災被害表」は，県が発表したものである．筆者が確認したところ，本表は県政資料（二三・一五）の「各地被害の状況」のなかに掲げられたものと同じである．ここでは，「震災ニ罹リシ各郡ノ潰家，死傷，裂地，道路，山林，耕宅地，堤防ノ崩落，橋梁ノ破損，井水増減濁ハ既ニ熊本県庁ノ精査報告アリ今左ニ市郡別ノ表ヲ掲ク」として，表4-3の「震災被害一覧表」を載せている．これは熊本市および各郡の被害表を集計したもので，調査の時期は同資料の「第六統計」のところで注記されているように，「八月五日迄ノ調査ニ係」るものである．県政資料（二・三三）に「震災被害表」として掲げられているのも，これとまったく同じものである．

この時点では，県内の圧死者は19人で，その内訳は熊本市3人，飽田郡15人，玉名郡1人であった．それでは『熊本市政七十年史』が拠り所とし

た,「震災被害調査表」の熊本市の死者5という数はどこから出てきたのであろうか．その経緯をみると，玉名郡の死者1人は，実は原籍が熊本市新馬借町で，地震の当日，母親と玉名郡高瀬に出稼ぎ中に，辻堂で圧死した10歳の子供である．原籍が熊本市ということで，熊本市の犠牲者のなかに加えられたものである．もう1人は段山町の住人で，8月10日の余震で「崖崩落の為圧死」（市政資料七一三）し，これで熊本市の死者が5人となったわけである．また，この県の「震災被害表」では，飽田郡の死者が15人となっている．そこで本表のもととなった「飽田郡被害表」から圧死者の地域別内訳をみてみると，黒髪村2，小島町1，川尻町6，高橋町5，池上村1となっていた．しかし，飽田郡が9月7日付で報告した恩賜金分配にかかわる被害調査の報告では，川尻町の死亡者は6人ではなく7人で，いずれも氏名・族籍・職業・年齢・住所が明記され，計16人となっている．結局，前にも述べたように，この大地震による犠牲者は熊本市が5人，飽田郡が16人，合わせて21人にのぼったことになる．

２）家屋等の被害実態について

　人的な被害はともかく，家屋など物的な被害の実態を資料のうえから把握していくことは難しい．前節でも述べたように，恩賜金や義捐金の分配にかかわる資料は残されているが，これが被害のすべてを示す資料ではないからである．その点，熊本市や各郡から8月5日までの被害状況をまとめた被害表をもとに集計した「震災被害一覧表」（表4-3参照）が，こうした被害状況を知るうえでは適当な資料といえよう．

　因みに，筆者が市政資料七一三の「瀬戸坂災害一件付震災被害調」のなかにある「潰家一覧表」を検討してみた．その結果を示したのが表4-4である．この表は，例えば家屋が壊れ，物置が半壊の場合は，全潰と半潰のそれぞれの部に個々に集計されており，被害の実態が把握しやすくなっている．これを表4-3の全倒・半倒の数と比べてみると，おそらく8月5日以降に追加されたと思われる分を除けば，「潰家一覧表」にあげられた数との間に大きな差はない．こうしたことから，「震災被害一覧表」は8月5日以降の調査などで多少の増加があったり，市・郡によって被害調査の判断基準にば

74 ● 第4章 熊本大地震の記録

表4-3 震災被害一覧表

郡市	家屋 全倒(棟)	家屋 半倒(棟)	人民 圧死(人)	人民 負傷(人)	裂地(所)	崩壊 道路(所)	崩壊 山林(所)	崩壊 耕宅地(所)	崩壊 堤防(所)	橋梁 壊落(所)	橋梁 破損(所)	井戸 増水(所)	井戸 減水(所)	濁(所)
熊本	31	17	3	5	38					3	3			3
飽田	143	122	15	34	642	99	9	3,267	28	10	17	15	1	84
託麻	11	52		5	13	4	1	2		2	4			7
玉名	13	27	1	7	142	24	2	23		3	14			36
山鹿	11	4		1	11			6				2		3
山本	8	6		1	24	3	2	24				2		3
菊池	1				6		1	5						2
合志					2		2	2	1					
上益城	14				13			5	4	4	2			
下益城	2	1			2					2				
合計	234	229	19	53	893	137	17	3,326	45	24	41	19	1	138

(注) 合計が不一致で，明らかに数値が抜けていると思われる所もあるが，ここでは資料のままとした．

（前表資料に同じ）

表4-4 潰家一覧表

全潰の部 内訳	棟数	追加	計	半潰の部 内訳	棟数	追加	計
全家	12	4	16	全家	14	2	16
炊事場	8		8	物置	2		2
物置	7		7	下屋	1		1
土蔵	2		2	駐車場	1		1
長屋	1		1				
職工場	1		1				
計	31	4	35		18	2	20

（「市政資料七一二（瀬戸坂災害一件付震災被害調）」による）

らつきがあったりすることも考慮に入れなければならないであろうが，ほぼ被害実態に近い数があげられているものと解してよいであろう．

ところで，表4-1と表4-2の義捐金・恩賜金の分配にかかわる倒家・半倒家の数と，表4-4の「潰家一覧表」の全潰と半潰の数が，大きな食い違いを生じているのはどうしてなのであろうか．これについて，市政資料の

4. 被害の実態 ● 75

表4-5 震動表

月	日	劇震		稍強	軽震	鳴動	計
7月	28	23時49分	1				1
	29			23	14	33	70
	30			5	10	12	27
	31			1	12	2	15
8月	1			1	6	4	11
	2			1		7	8
	3	2時28分	1	3	18	13	35
	4			2	11	9	22
	5				5	6	1
	6			1	5	5	11
	7			1	3		4
	8				5	6	11
	9				1	1	2
	10				4	2	6
	11				4	2	6
	12				4	1	5
	13				4	5	9
	14				1	5	6
	15			1	4	6	11
	16				6	7	13
	17				3	3	6
	18				1	5	6
	19				2	1	3
	20				2	6	8
	21				3	4	7
	22				2	1	3
	23				2	4	6
	24			2	1	3	6
	25			1	1	2	4
	26				1	2	3
	27				1	4	5
	28				1	5	6
	29				2	2	4
	30					2	2
	31					2	2

(「県政資料二三・一五」による)

「潰家一覧表」を詳しく検討してみると，ここには全家・炊事場・物置・土蔵など，潰家の区分と町名・番地・持ち主と現住者の氏名が記載されている．そして，全潰の部をよくみると，いくつかの箇所の欄外に「省ク」とか，「半」，「○×」などの注記がなされているのが目につく．これらの注記の意味するところは，恩賜金の分配にあたり，全潰した建物であっても，前節で述べた調査凡例に従い，このうちの12軒は半壊（「半」）の部に変更されていたり，借家や炊事場，物置などはその対象から除外（「省ク」）されたりしており，そのことを記したものであることがわかる．その結果，表4-1と表4-2では，表4-4より倒家の数が少なくなり，逆に半倒家の数が増えているのである．ただ，恩賜金分配の対象となった半倒家のなかには，「潰家一覧表」に記載されていないものも含まれている．これは被害調査法に従って，その後に変更や新たに調査・追加されたものであろう．

なお，ここで用いた市政資料の「潰家一覧表」は，市から県に報告され県政資料（二・三四）のなかにも収められている．このなかには，これ以外にも地震発生直後，熊本市や各郡からの被害報告の資料もある．

最後に，参考までに8月31日までの震動表（表4-5）掲げておくが，この震動表を12月31日まで眺めてみると，余震の回数は9月に入るとかなり少なくなっている．そして，地震発生から12月31日までの間に，「劇震」が7月28日と8月3日の2回起こっている．さらに「稍強」が70回，「軽震」が228回を数えている．

5．おわりに

1889年（明治22）は，「熊本区」が「熊本市」となって，近代都市への第一歩を踏み出した年である．しかし，この年は不幸なことに天候が不順で，大きな災害が相次いだ．富小路敬直，荻昌吉両侍従の震災の実況視察復命書に，「連霖三十余日ニ渉リ県内芦北天草ノ二郡ヲ除キ一市十三郡ノ地皆多少ノ水災ヲ被ラサル所ナク熊本市内瀬戸坂ノ如キ七月廿三日崖地大ヒニ崩壊シ為メニ家屋潰頽シ圧死アリ同廿七日ニ至リ漸ク晴天ヲ仰クヲ得タリ」と記しているように，この年の7月22日から24日にかけての豪雨は，県下に大き

な被害をもたらし，大地震を上回る80人近い犠牲者を出している[5]．熊本大地震は，この大雨が一段落し，住民の多くがほっと一息ついた直後の出来事であった．

　ところで，熊本大地震については，これまで書かれたものをみても，被害の実態がなかなかわかりにくい．幾つかの資料に当たり，それらを比較・検討することで，やっと被害の状況が見えてきたというのが実情であった．本稿は，こうしたことから地震，被害の資料を再検討し，多くの人にわかりやすいようにまとめてみるのも意義があると考え，取り組んだものである．

【付記】
　本稿は，「市史研究　くまもと」（第7号，1996年）で述べたものに補筆したものである．なお，この7年後に，『都市直下地震―熊本地震から兵庫県南部地震まで』（表　俊一郎・久保寺　章，1998年，古今書院）が刊行された．ここでは熊本大地震の発生は，7月28日23時40分で，マグニチュードは6.3，震度は現在の6ぐらいに相当するのではないかと述べている．

【注】
（1）『朝日新聞』（1995年2月17日）．
（2）市政資料七一二（「水火風震報告書」）による．
（3）富小路敬直・荻昌吉『熊本・福岡二県震災視察復命書』（1889年，熊本市蔵）．
（4）『九州日日新聞』（1889年〈明治22〉8月6日）．
（5）熊本県『熊本県史（別巻第一・年表）』（1965年）による．

【参考文献】
熊本県 1962．『熊本県史（近代編第二）』．
後藤是山 1964．『熊本市政七十年史』熊本市．
平野流香 1932．『熊本市史』熊本市．
水島貫之 1889．『熊本明治震災日記』活版社．

第 5 章

中山間地域の維持と再生

1．はじめに

　本章では，中山間地域の条件不利性[1]に，地形的条件と土地利用がどのよう反映しているかについて，熊本県芦北町を事例に検討を試みる．芦北町は，海岸沿いに位置しながら中山間地域として区分され，多くの山間地集落が存在している．しかも個々の山間地集落は微妙に異なる条件不利性を備えており[2]，それに規定されて過疎化・少子高齢化が進行している．

　芦北町が中山間地域として区分される地形的要因は何か，耕地の存在形態に土地利用がどのように反映しているのか，町全体をみる広域的視点と個々の集落をみる狭域的視点にもとづき見極める必要がある．本章では，地域空間を観察するツールとして，地勢図，地形図，空中写真を用い，芦北町の農業地域としての地域特性を見極めることにした．

2．芦北町の地形と土地利用

　芦北町の総面積は2万3,354ha[3]で，その内訳は林野面積1万8,354ha（総面積の78.6％），耕地面積1,815ha（同 7.8％），宅地面積400ha（同 1.7％），その他[4]2,785ha（同11.9％）となっている．農業地域区分において芦北町は「限りなく山間農業地域に近い中間農業地域」として位置づけられる．

　というのは，山間農業地域の定義とされる「林野率80％以上かつ耕地率10％未満」の範疇において，林野率でほんのわずか下回っているからである[5]．耕地率が極めて低く，林野率が極めて高い土地利用状況は熊本県内の南部地域に共通し，前述のような地形的条件によりもたらされている．東部の球磨川流域と西部の海岸地域の間で，球磨川寄りに分水嶺の尾根がある

が，東部地域と西部地域に芦北町を2区分するとすれば，東部は山間農業地域に，西部は中間農業地域に位置づけられる．

芦北町の耕地の分布は以下のような3つのパターンを示す．1つは，海岸線沿いに多い段々畑である．リアス式海岸をなすため海岸線まで山地がせまっているが，そこには傾斜20分の1以上の段々畑が卓越し，主としてミカン園が分布している．20万分の1地勢図では海岸沿いにv（畑）の土地利用記号で確認できる．

2つめは前述の佐敷川，湯浦川，田浦川などの流域にある平坦な耕地である．平坦な耕地が面的まとまりをもって存在するところは，芦北町の中心部にそそぐ佐敷川・湯浦川・田浦川流域の谷底平野[6]である．図5-1・図5-2では，谷底平野は谷幅が狭く，奥地の山地に向かって細く樹枝状に延びている．谷底平野の平坦部（沖積低地と台地・段丘地形[7]）には水田が卓越し，20万分の1地勢図においても水田の土地利用記号が多く確認できる．台地・段丘地形面は本来は畑地帯であるが，第二次大戦後の土地改良によって水田化されている．1970年以降の米の生産調整（減反政策）によって，現在は全体の4割近くの水田が転作され，畑として利用されている．

3つめは，谷底平野の両側の「山腹斜面」や支谷流域に棚田や段々畑が存在することである．谷底平野と山地の境に集落が立地し，集落前方にある平坦地が水田に，集落背後の山腹斜面や支谷流域に傾斜20分の1以上の棚田や段々畑が拓かれているケースが多い．

芦北町東部の球磨川沿いの山間地域には，後者2つのパターンで耕地が存在する．球磨川に向かって流れる小河川が樹枝状の谷底平野を形成している．北から南に，吉尾川，天月川，漆川内川，告川の樹枝状の谷底平野の存在がみとめられる．吉尾川と天月川の流域では奥まで狭い谷底平野が存在するのに対して，漆川内川と告川の流域では谷底平野は限られた面積でしかない．20万分の1地勢図では，これら河川の流れと谷底平野が確認でき，水田の記号，茶色の住宅記号，集落地名が載っている．芦北町西部の佐敷川・湯浦川流域の谷底平野と比べてみると，面積的に小さいこと，奥行きがないことがわかる．また，山腹斜面にあるv（畑）記号も西部地域に比べて，東部地域にはわずかしかみられない．

2．芦北町の地形と土地利用　●　81

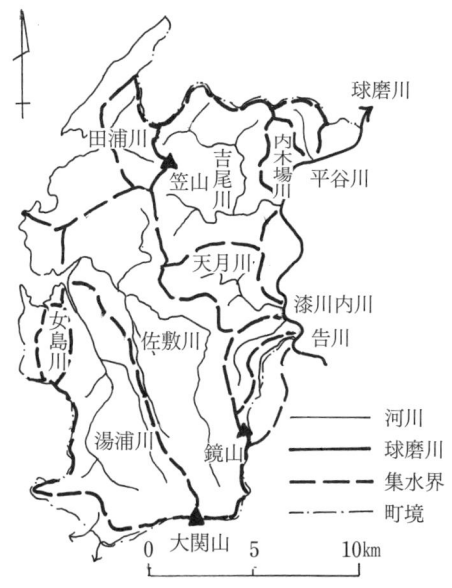

図5-1　芦北町の河川と集水界
（2005年発行20万分の1地勢図より筆者作成）

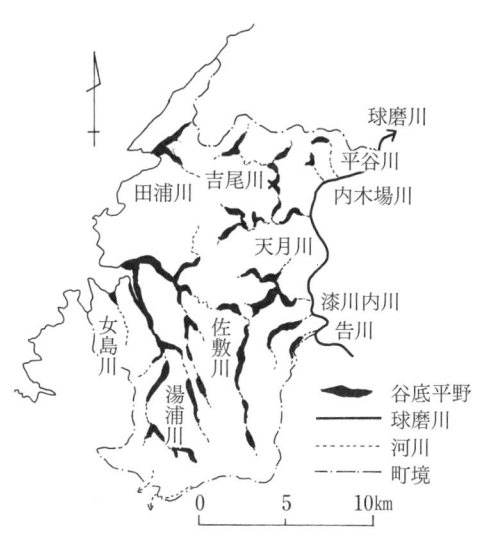

図5-2　芦北町における谷底平野の分布
（2005年発行20万分の1地勢図より筆者作成）

3．大岩地区の土地利用判読

1）地形図による判読

　芦北町大岩地区は町の北東部，球磨川沿いに位置する．ここでは大岩地区周辺の土地利用変化を図5-3の5万分の1地形図「日奈久」図幅によって判読してみる．大岩地区は球磨川に注ぐ吉尾川本流沿いに約6kmほどさかのぼった谷底平野に位置している．吉尾川流域にはところどころに小さな谷底平野が形成され，多くの集落が存在する．大岩地区では松ノ鶴，本川内，野稲田などの集落が谷底平野と山地の境に，岩屋川内の集落は吉尾川支流のⅤ字形の侵食谷と背後の山腹斜面に，それぞれ立地している．

　図5-4は，2004年発行の2万5千分の1地形図「田浦」図幅から大岩地

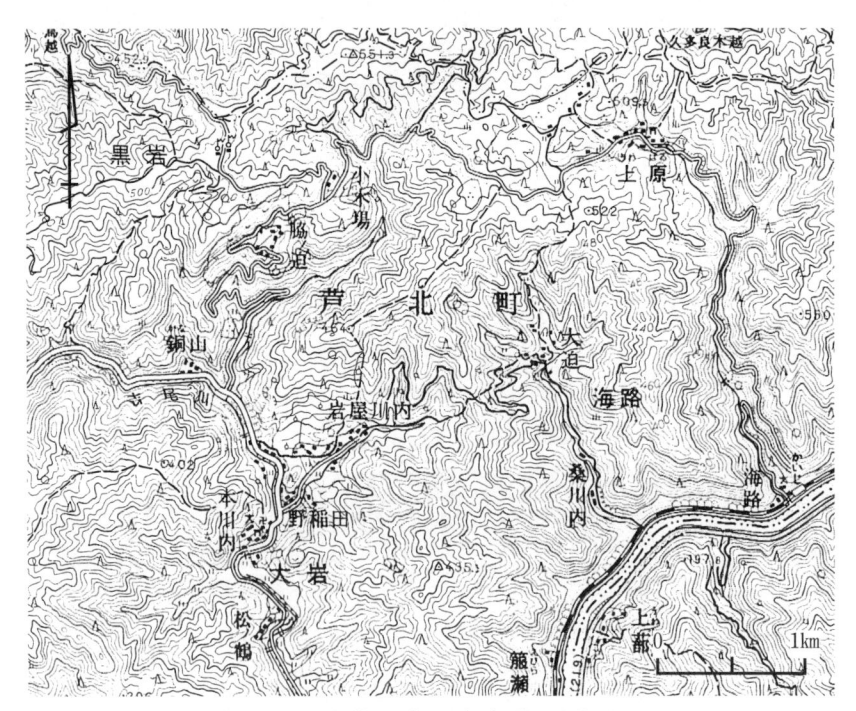

図5-3　平成10（1998）年頃の大岩地区
（1998年発行国土地理院5万分の1地形図「日奈久」図幅を原寸で掲載）

区を抜き出して提示している．図5-5の空中写真は2004年10月1日に撮影されたもので，写真の範囲は図5-4地形図と同じである．ここでは狭い範囲の土地利用を詳細に把握するために，空中写真をツールとて，地形図との併用判読により実態分析をおこなう．地形図の情報，とりわけ土地利用記号は長い間更新されず，発行年の実態を正確に示さないケースが多い．そこで，2万5千分の1地形図と空中写真を比較しながら，大岩地区の近年の土地利用変化を見極めたい．

2万5千分の1地形図では，一定の範囲が面積的に，5万分の1地形図の4倍の範囲で描かれている．一定の範囲が4倍の大きさで描かれることになるので，5万分の1地形図に比べてより詳細な地域情報が取得できる．家一軒ごとに家屋記号が表示されるから，集落の戸数も推定できる．具体的に，図5-4の範囲の土地利用実態を述べれば，以下のようになる．

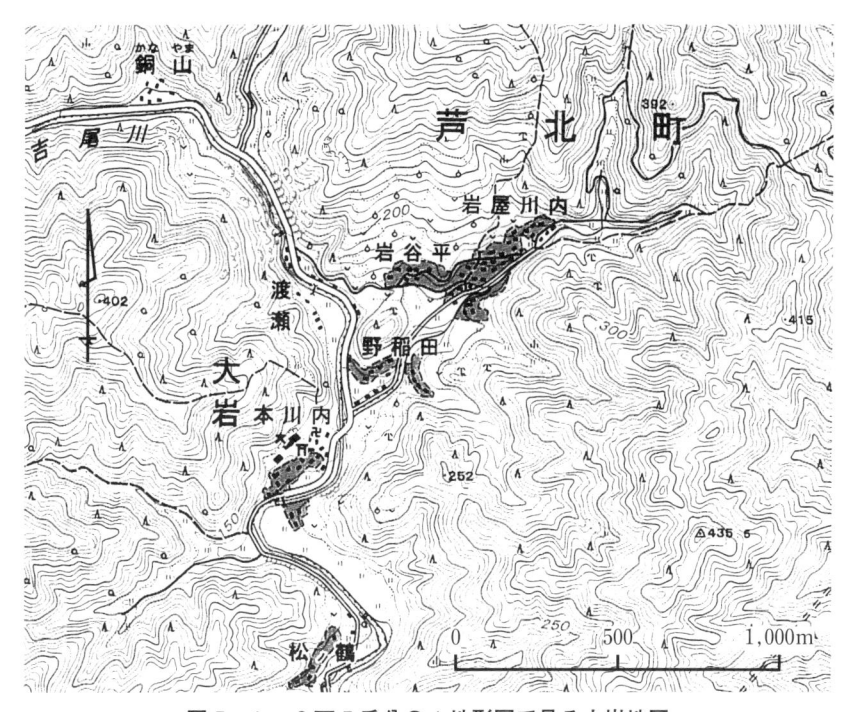

図5-4　2万5千分の1地形図で見る大岩地区
（2004年発行「田浦」図幅の一部を拡大して掲載）

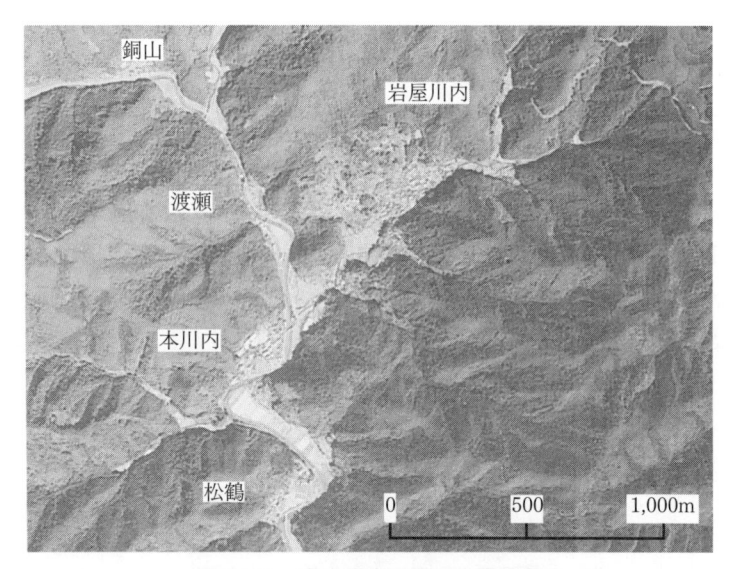

図 5-5　空中写真で見る大岩地区
（上方が北をさす，2004年10月1日撮影．芦北町役場提供）

　吉尾川の流れのそばに等高線のない部分があり，水田の記号がみられる．谷底平野が平坦でその標高は等高線から約110m であることがわかり，本川内と松鶴のふたつの集落の間，吉尾川左岸に水田が拓かれていることもわかる．また，両集落間の吉尾川右岸にＹ字形の侵食谷があり，水田の記号がみられる．棚田が拓かれているところで，等高線から判断して，標高110～140m の高度差約30m の傾斜地に棚田が存在することが判読できる．
　また，狭い谷底平野の両脇の山腹斜面は，急傾斜であることが等高線の間隔の狭さでわかるが，下部斜面は緩やかな傾斜地であることもわかる．標高100～150m の下部斜面は緩傾斜地で，果樹園と普通畑が小面積ながら各所にみられ，段々畑か傾斜畑であることが予想される．岩屋川内集落の背後にある山腹斜面にも，広範囲に果樹園と普通畑の記号がみられる．等高線から判断して，これら果樹園や畑は標高150～250m の位置にあり，その標高差は約100m もあり，東西約500m・南北約350m，面積にして15ha ほどであることがわかる．この地図の範囲のなかに大小の侵食谷が多く存在し，そのほとんどに水田の記号がついている．このことから，大岩地区の各所侵食谷

に，棚田が存在していることが想像できる．

２）空中写真による判読

　これに対して，空中写真ではより詳細に前述の内容を確認することができる．たとえば，本川内と松鶴のふたつの集落の間，吉尾川左岸に拓かれている水田は大きな区画に「ほ場整備」されていることがわかる．枚数にして11～15枚程度であることがわかる．稲刈り時期のようで，一部の田には刈り取られた稲が自然乾燥のためにハサ掛けされて様子まで判読できる．大岩地区の各所侵食谷に棚田が存在していることが，図5-5の空中写真で確認できる．岩屋川内・岩屋平集落と野稲田集落の間の水田を写真でよく観察すると，石垣や畔の存在で棚田の段差が確認できる．多くの枚数の棚田が存在し，その多くが零細かつ不整形の区画であることが判読できる．

　岩屋川内集落では，侵食谷のかなり奥まで棚田が存在していることがわかる．地形図と併用して観察すれば，岩屋川内集落より奥の北に延びる棚田は，標高160m～280m付近まで連続して分布しているのがわかる．東に枝分かれして延びている侵食谷の棚田は，一端標高約200mのところで途切れ，谷頭部の標高約200～220m付近で再びあらわれている．

　本川内と松鶴集落間の吉尾川右岸にＹ字形の侵食谷があり，棚田が拓かれている．図5-4の地形図によって，標高110～140mの高度差約30mの間に棚田が存在することが判読できたが，空中写真ではＹ字形の谷間の一部が狭まって田が存在しないところがあることや，一部の棚田には樹木や草など別の植生がみとめらみとめられ，水田として利用されていないことがわかる．地形図では松鶴集落の背後の小さな谷間に田の記号があるが，写真では消滅している．全域を詳しく観察してみると，地形図上で田の記号がある侵食谷の外縁部は，明らかに周囲のスギ林と異なる植生であることがわかる．これらの植生はスギが植林されてまもない幼齢林，畑，茶畑，放棄地などであることが判読されたが，現地調査の結果，的を得た判読であったことが確認できた．

4．永谷地区の土地利用変化

1）地形図と空中写真による土地利用判読

芦北町永谷地区は，球磨川水系吉尾川の源流域に位置する（図5-6）．集落は永谷，前川内，下永谷の3つからなり，永谷川の細長い侵食谷（沖積低地）の縁に立地している．

沖積低地には水田が卓越し，その分布域の標高は上流域で約S.L.（Sea Level）300m，下流域で約S.L.230mほどである．永谷川の沖積低地の谷幅は約50〜70mと狭く，水田の分布域の全長は約2,000mである．沖積低地中央部の水田の平均傾斜は30分の1ほどであるが，山地との境付近にある水田や畑は10分の1ほどの急傾斜である．水田は棚田，畑は段々畑となっている．したがって，沖積低地中央部の水田の区画は比較的広めで整っているが，棚田部分は狭く区画も不整形である．

図5-6は国土地理院発行の2万5千分の1地形図「田浦」（2004年3月発行）の一部である．地図上で前述の永谷，前川内，下永谷の3つの集落が確認できる．永谷川の右岸側に集落が立地しており，その背後が山地で竹林と針葉樹の土地利用が確認できる．図5-7は芦北町が5千分の1大縮尺の地形図を製作するために撮影した空中写真の一部である．撮影日は2004年9月14日で，掲載している範囲はほぼ図5-6と同じである．空中写真でみると，永谷川の細長い侵食谷とそこに分布する零細な区画の水田の様子がはっきり読みとれる．侵食谷と山地の境目に存在する棚田や段々畑も読みとれる．山地部分では竹林がうすい黄緑色で読みとれるが，それが集落の背後にかなり拡大していて，地形図上の竹林の記号の範囲より面積的に広いことがうかがえる．

図5-6と図5-7を比較すると，以下のような興味深いことが指摘できる．地形図では集落の背後の山地を越えた西方の侵食谷に水田の記号が卓越している．同様に，その侵食谷の源流域に果樹園の記号が卓越している．ところが，空中写真によると集落背後の山地を越えた侵食谷には水田がわずかしかみとめられない．下永谷に近いところに幅70m，長さ250mほどの範囲

4. 永谷地区の土地利用変化 ● 87

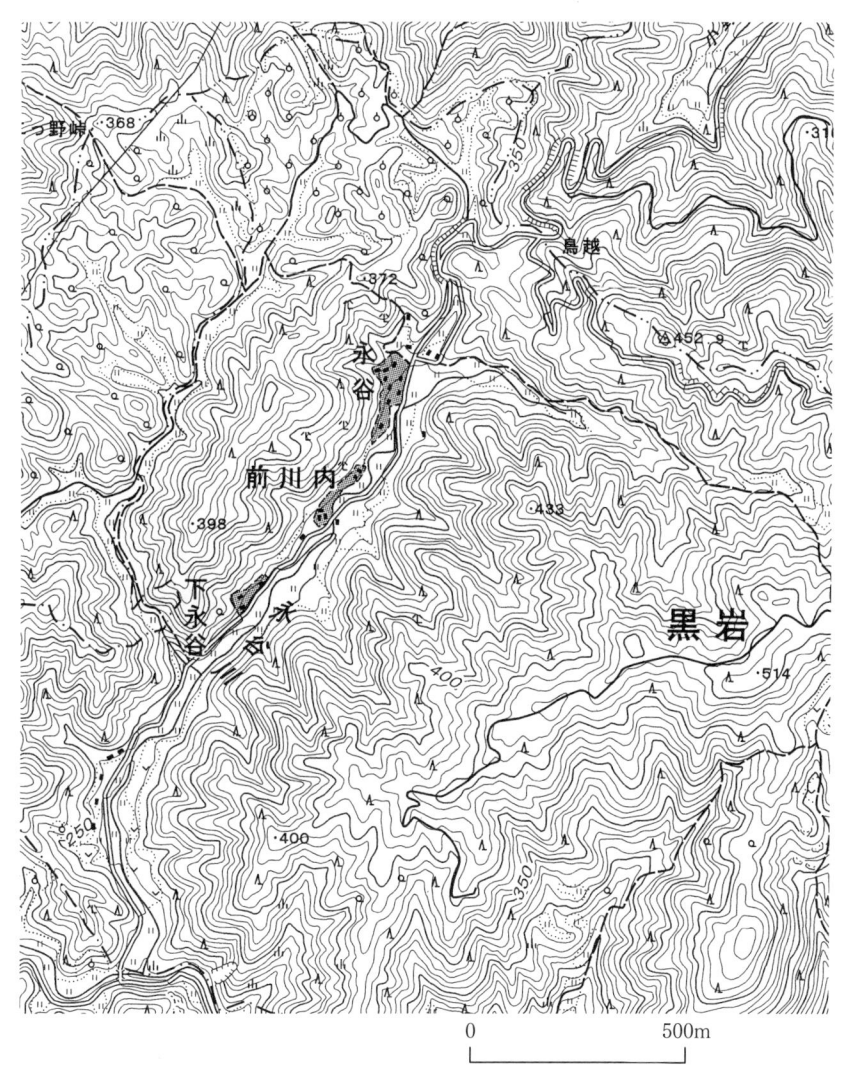

図5-6　永谷地区付近の地形図（2004年3月発行）
（上方が北をさす，国土地理院発行の2万5千分の1地形図「田浦」の一部）

図 5-7　永谷地区付近の空中写真
(上方が北をさす，撮影日は2004年9月14日，芦北町役場提供)

でみられるだけで，地形図に描かれているような樹枝状の侵食谷いっぱいにはみられない．空中写真では湿原植物が生える湿地，かん木・竹・スギが生える林地に様変わりしているように判読できる．侵食谷の源流域一帯に存在している果樹園にしても，空中写真をみる限り，上手にある永谷集落に近いごくわずかの部分にしか果樹園が存在していないように判読できる．

　また，地形図上では永谷川の流れが，永谷から東側に入った山地のなかに水田の記号がみとめられる．S.L.400～450m付近であるが，その場所を空中写真でみると，30段以上にもおよぶ棚田が確認できる．

2）永谷地区の土地利用変化

　2007年8月の現地調査では，前述の地形図と空中写真を携えて現地踏査による確認作業をおこなうとともに，集落住民から聞き取り調査をおこなった．その結果，以下のような実態が明らかになった．

　さきの空中写真による判読結果が事実であることが確認された．米の生産調整（減反政策）が始まった1970年代前半において，集落背後の山地を越えたところにある侵食谷の水田は放棄されるかスギが植林された．集落から遠く通作に不便であること，ぬかるみがひどい湿田が多いこと，手間ひまがかかる割に収量が少ない，鳥獣被害がひどいことなどが要因である．減反政策の初期には何も転作せずとも補助金が交付されたし，スギを植林しても補助金が交付されたため，永谷地区住民はこの地の水田をいち早く放棄することになった．

　地形図上で果樹園が卓越する地域一帯については，ミカン園で温州ミカンが主として栽培されていた．しかし，ミカンの価格低落と，内陸部での栽培による品質の劣化とくに甘味の少なさ・酸味の強さによる取引価格の安さがあいまって，ミカン栽培農家の撤退現象が顕在化し，ミカン園が大きく縮小することになった．空中写真による果樹園西側一帯の広い範囲で藪化しているようにみとめられるところは，やはり放棄地であった．

　永谷から東側に入った山地のなかには，見事な棚田が存在していた．尾根近くの脇迫・小木場地区の住民による出作り水田であった．地形図によると，S.L.360〜450m付近に水田の記号が記されているが，実際にはS.L.400〜450m付近であって，棚田全体の4分の1ほどの面積に当たる，下部に位置する水田が放棄されていた．また，目視確認により，両脇の山腹斜面に近い棚田が放棄されていることが判明した．これは，スギの成長による日陰領域の拡大によるものと思われる．

　図5-8は下永谷地区集落付近の侵食谷に存在する耕地の土地利用図である．現地調査により芦北町発行の5千分の1地形図上に色分けして描き込んだ情報を，トレースして作成した図面である．この図から，地形図や空中写真では読みとれない以下のようなことが明らかになった．

　① 水田面積が減っている．減反政策の転作割り当てが4割ほどに達し

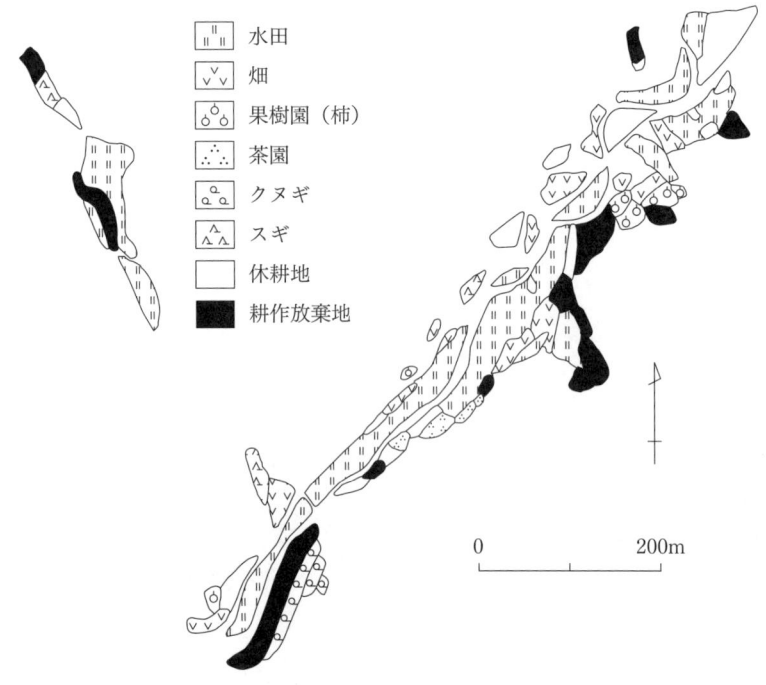

図 5-8　下永谷地区付近の土地利用図
（現地調査により筆者作成）

ているが，それと同じ面積に当たる水田が畑として利用されていた．
② 転作されている水田は，集落に近い条件のよい水田が大豆畑として利用されているのがめだった．山地斜面に近い棚田を転用すると鳥獣被害を受けやすいことが理由である．
③ 山地に近い段々畑や，かつて棚田だった耕作地は，茶園，柿園として多く利用されていた．また，椎茸栽培の原木となるクヌギの林に変わっているところもあった．
④ 耕作地と山地の境にあるスギ林内を観察すると，かつて段々畑や棚田だったところがめだった．耕地から林地への転用がなされたことがわかる．
⑤ 永谷川左岸の耕地に耕作放棄地が多い．最近は，余剰農地が茶園，柿

園，クヌギ林に転用されることもなく，高齢化や労働力不足による余剰農地が貸し付ける相手さえなく放棄されるケースがめだっている．とくに，永谷川左岸の耕作地の場合は，鳥獣被害を受けやすいのでその頻度が高くなることがわかった．

5．統計データからみた芦北町の条件不利性

1）人口と世帯数の変化

現在の芦北町は，2005年1月1日に旧・芦北町と田浦町が新設合併し，新町名が再び「芦北町」になった経緯がある．さかのぼれば，1970年に葦北町と湯浦町が合併し，旧・芦北町が誕生している．葦北町は1955年に佐敷町，大野村，吉尾村が合併して誕生している．旧町村名は現在でもそのまま「大字」になっている．

表5-1には，旧町村単位の人口の変化を国勢調査の数値で示している．それによると，現・芦北町の範囲の総人口は1950年に37,724人でピークにあり，2000年の人口は2万2,373人になっている．1950年を100とすると，2000年は59.3という構成比まで激減している．同様に旧町村単位に地区別構成比の変化を見てみると，田浦56.1，佐敷65.5，湯浦70.8，大野48.0，吉尾34.4となっており，現・芦北町は全域的に過疎化が著しい[8]．さきの50年間

表5-1 芦北町の人口と世帯数の推移

項目 年次	総人口 （人）	旧町村別人口（人）					世帯数 （戸）	一世帯当たり 人数（人）
		田浦	佐敷	湯浦	大野	吉尾		
1950	37,224 (100)	9,547 (100)	11,424 (100)	8,673 (100)	4,521 (100)	3,559 (100)	6,725 (100)	5.61 (100)
1970	29,370 (77.9)	7,378 (77.3)	9,337 (81.7)	7,017 (80.9)	3,201 (70.8)	2,437 (68.5)	6,847 (101.8)	4.29 (76.5)
1990	25,024 (66.3)	6,075 (63.6)	8,196 (71.7)	6,763 (78.0)	2,496 (55.2)	1,494 (42.0)	7,080 (105.3)	3.53 (62.9)
2000	22,373 (59.3)	5,352 (56.1)	7,487 (65.5)	6,137 (70.8)	2,171 (48.0)	1,226 (34.4)	7,116 (105.8)	3.14 (56.0)

（　）内は％，国勢調査報告，芦北町町勢要覧による．

において，吉尾地区の人口減少率がもっとも高く，ピーク時の約3分の1にまで減少している．吉尾地区の南に位置する大野地区の減少率も2番目に高く，両地区はともに東部の球磨川沿いの山間地域に位置している．

一方，前述の50年間における現・芦北町全体の世帯数は1950年の6,725世帯に対して，2000年には7,116世帯に増えている．これは核家族化が進んでいることを意味し，それを裏づけるように一世帯当たりの構成員は1950年の5.61人に対して，2000年には3.14人に減少している．2000年において，14歳以下の幼少人口比率は14.1％，65歳以上の高齢人口比率は28.8％になっており，過疎化と同時進行的に少子高齢化が起こっている．

2）過疎化と地域農業の衰退

2006年12月時点で，熊本県には48市町村が存在するが，21市町村が過疎地域の指定を受けている．芦北町はそのうちのひとつである．1970年に過疎法が施行されて以来，旧・芦北町は過疎地域の指定を継続して受けている．田浦町は1990年以降において，過疎地域の指定を受けている[9]．

過疎化によって人口は減っていく．その多くは農林業に従事することを生業とする家々の構成員といえる．自家所有林からは毎年収入が期待できないから，生計を立てるのはもっぱら農業と賃仕事であった[10]．一般的に，農家が農業から離脱したときに，経営耕地の流動化が進み，規模拡大指向農家に集積されることになるが，条件不利地域である山間農業地域では，その論理が当てはまらない．

表5-3には，1980・1990・2000年を比較して，10年ごとの現・芦北町の経営耕地面積の変化を示した．1980年に約2,315haあった耕地面積が，2000年には約1,388haに激減しており，減少面積で約927ha，減少率では40％にもなる．減少した面積の地目ごとの内訳をみると，水田約306ha，畑99ha，樹園地522haとなっている．水田と樹園地の面積が大きいが，樹園地や茶園の面積は変化が少なく，減少しているのは果樹園394ha，その他の樹園地37haである．果樹園ではミカン園が，その他の樹園地では桑園が主に減少したものと推定される．注目すべきことは，一戸当たりの経営耕地面積も，1980年の72.2aが2000年に65.1aとなり，増えるどころか，減少してい

表5-2 芦北町の耕地面積の推移

年次＼項目	総面積	田	畑	果樹園	茶園	その他	一戸当たり耕作面積
1980	2,315.2 (100)	967.4 (100)	188.6 (100)	1,096.7 (100)	11.6 (100)	50.9 (100)	0.72 (100)
1990	1,870.2 (80.8)	804.4 (83.2)	137.8 (73.1)	893.4 (81.5)	10.4 (89.7)	24.2 (47.5)	0.71 (98.6)
2000	1,388.2 (60.0)	661.9 (68.4)	89.7 (47.5)	612.4 (55.8)	11.3 (97.4)	13.0 (25.5)	0.65 (90.3)

単位：ha，（　）内は％，農林業センサス，町勢要覧による．

ることである．このことは，1980年以降も農業から離脱する農家が多く出現するなかで，これら農家の農地が，ほとんどの場合，残存農家の規模拡大に回っていないことを意味している．

それでは，前述の20年間に消滅した約927haもの耕地はどうなったのであろうか．前節の大岩地区で確認したように，地区のなかでもとりわけ条件の悪い棚田や段々畑・傾斜畑が，杉林に変わったり，耕作放棄されている事例が多かった．陽当たりが悪い，収量が少ない，区画が小さい，集落や自宅から遠い，農作業に手間がかかる，農業機械が入らないなどの理由で，植林されたり放棄されていた．残存農家が規模拡大をしないまでも，条件の悪い耕地の代わりに，離脱農家の条件のよい集落近くの田畑を借りて耕作しているケースが多くあった．樹園地でミカン園の場合も同様の理由で集落近くで，耕作条件のよいミカン園が維持されていることが予想される．この20年間に，温州ミカンの面積が147ha，夏ミカンの面積が518haほど減少し，付加価値の高いデコポン，パール柑等の面積が165haほど増えている．

表5-4には芦北町の農家数の推移を示した．20年間に農家数が激減している．20年間に1,000戸を超える農家が姿を消している．注目すべきは2000年の実態で，総農家数2,134戸の32.5％に当たる694戸もの農家が，販売をほとんどしない自給的農家として位置づけられることである．この背景には，少子高齢化の影響で，地域全体で高齢化した農家が多く存在し，年金暮らしのなかで自給的にしか農業を営んでいないことが推測できる．2000年の専

表5-4 芦北町の農家形態の推移

形態 年次	農家総数	専業農家	第一種 兼業農家	第二種 兼業農家	自給的 農家
1980	3,205 (100)	566 (17.7)	520 (16.2)	2,119 (66.1)	専・兼業農家 に含む
1990	2,621 (100)	414 (15.8)	291 (11.1)	1,916 (73.1)	
2000	2,134 (100)	320 (15.0)	190 (8.9)	930 (43.6)	694 (32.8)

単位：戸，（ ）内は％，農林業センサス，町勢要覧による．

業農家率15.0％，第一種兼業農家率8.9％と農業収入を主とする農家階層の割合の低さに驚かされる．その裏返しとして，さきの自給的農家率と第二種兼業農家率を合計すると76.4％の高率になる．

図5-9には芦北町の農家階層の変化を示した．階層変動が顕著にみられない．つまり，零細な農家階層だけでなく全階層的に農家数が減少している実態を示している．零細・小規模層が離脱は多くみとめられるものの，上位階層の規模拡大はほとんどみられない．

6．おわりに

以上のことから，芦北町の山間地集落の維持・再生を図ろうとするとき，生業としての農林業の衰退，住民の高齢化，担い手の不在等の実態[11]を考慮すると，再生よりも維持を重視した施策を模索せねばなるまい．具体的な集落の維持・再生の取り組みにあたっては，個々の集落における過疎化，少子高齢化の実態把握と，それにもとづく集落維持・再生のあり方と仕組みの構築を，地域住民との合意形成を前提に，岩岡[12]がすでに指摘したような「地域に生きる幸せ度を高める」方向で進める必要があろう．

芦北町は海岸に接しながら中山間地域として位置づけられ，多くの山間地集落が存在している．芦北町が中山間地域として位置づけられる要因は，九州山地の西の縁に位置し，海に山地が直接沈みこむ場所に当たるためである．このため耕地は，山地内を流れる河川が形成した狭い谷底平野，山地の

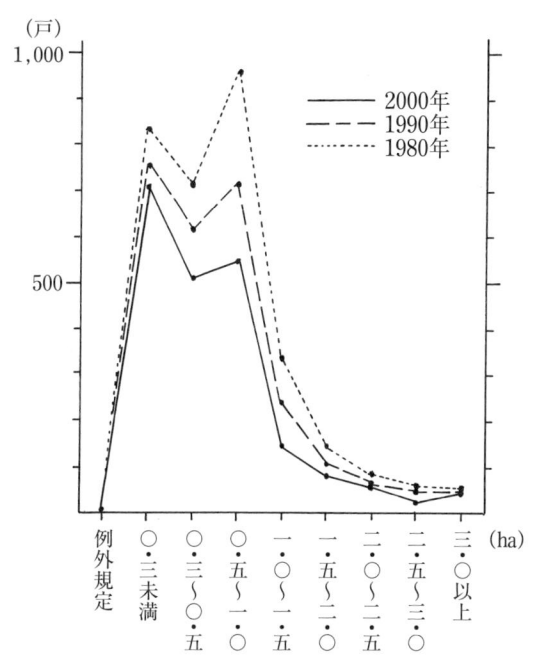

図 5-9　芦北町における農家階層の変化
（農林業センサスにより筆者作成）

緩やかな斜面，小河川の侵食谷などの地形面に拓かれ，後者ふたつの地形面には生産性に劣る棚田，段々畑が多く分布していた．多くの小規模な農業集落が，山地内の谷底平野の縁に，各所に分散する形で存在していた．山間地集落の維持と再生のあり方を検討しようとするとき，地形と土地利用おける互換的条件不利性が問題視されるが，この互換性が個々の山間地集落に地域農業の再生産を機能させない形態で反映していた．

　具体的には，個々の山間地集落は地形的立地条件によって，それぞれ微妙に異なる条件不利性を備えており，農業のみで生計を成り立たせることが極めて困難で，そのために農外収入に大きく依存する生業形態が古くから一般的であった．それに規定されて過疎化・少子高齢化が進行していた．平地農村なら離農・離村農家の増加によって，規模拡大農家が出現するが，山間地集落では条件不利な耕地が放棄されたり，植林されたりして耕地面積が減少

し，生業としての農林業の衰退現象のみが顕在化していた．

【付記】
　本稿は拙著『中山間地域の再編成』（2014年，成文堂）で述べたものに補筆したものである．

【注および参考文献】
（1）鈴木康夫 1995．「九州の農業地域」経済地理学会編『西南日本の経済地域』ミネルヴァ書房．198-216．
（2）鈴木康夫 2004．「山地地域の暮らし」山嵜謹哉・金井年編『新版・暮らしの地理学』古今書院．25-40．
（3）芦北町と田浦町は2005年1月1日に合併した．新設合併によるもので新町名が再び「芦北町」とされ，合併後の面積は23,354haである．2000年農林業センサスでは旧・芦北町は山間農業地域，旧・田浦町は中間農業地域として位置づけられている．2005年センサスでは新・芦北町の農業地域類型は示されていない．
（4）少数第二位を四捨五入した数値である．「その他」の土地利用は具体的には，工場，港湾施設，運動場などに当たる．2005年熊本県統計年鑑による．
（5）農林水産省統計情報部の基準によると，中間農業地域の定義は「耕地率が20％未満で，都市的地域および山間農業地域以外の市町村」，つまりは平地農業地域（耕地率20％以上），都市的農業地域（人口密度500人以上），山間農業地域のいずれにも当てはまらず，平地と山間地の「中間」として位置づけられている．
（6）山間のV字谷を流れる河川が，上流域で侵食・運搬してきた礫（岩石）や土砂を，中・下流地域に平坦に堆積させて形成された平野である．幅の狭い平野で，両側に山腹斜面が存在する．山と山の間の谷底にできたことから「谷底平野」と呼称される．
（7）谷底平野の地形面に段差が生じて，水田が卓越し，洪水時に水害を受けやすく，現在も平野が形成途中にある一番低い地形面が「沖積低地」と呼称される．台地・段丘はかつて河原であったところが隆起し，階段状もしくは台状の平坦地になった上位地形面で，もともと水はけがよいために畑であったが，1960年代に開田され水田になったところが多い．
（8）上野眞也 2005．「農業集落消失の危機と存続の条件」山中 進・上野眞也編著『山間地域の崩壊と存続』九州大学出版会．59-91．
（9）田村真一 2005．「行政と大学の新しい協働─水俣・芦北地域振興を事例として─」前掲（8）『山間地域の崩壊と存続』193-216．
（10）本田佳奈 2005．「地名の記憶─球磨川流域の資源と林産業─」前掲（8）『山間地域の崩壊と存続』153-189．
（11）山中 進 2005．「産業構造の変動と地域産業の消失」前掲（8）『山間地域の崩壊と存続』3-29．山中 進 2005．「家族構成の変化と高齢化世帯の課題」同前掲（8）31-57．
（12）岩岡中正 2005．「共同性の再構築」前掲（8）『山間地域の崩壊と存続』217-226．

第6章

熊本県の市町村合併

1．はじめに

　日本の市町村合併はおよそ50年ごとにめぐってきている．明治の市町村合併，昭和の市町村合併，平成の市町村合併がそれを証明している．市町村合併は時代の流れに対応して，生活圏や人口規模の適正な市町村への再編，市町村の行財政改革などのための手段として位置づけられる．いずれの合併によっても町村数が激減している．三度とも「大合併」といわれるゆえんはここにある．

　本章では，熊本県における市町村合併について，全国的な背景と熊本県の動向についてマクロな地域再編にみられる特色を探っていく．平成の大合併については，マクロな視点とともに郡・市町村レベルの視点を加え，検証事例として玉名郡市の市町村合併の経緯にみられる特色と地域再編プロセスを探っていくこととした．

　なお，熊本県の2015年時点での市町村数は45であるが，本章では2006年時点までの48を対象としている．すなわち，その後，熊本市と城南町・富合町・植木町が2008〜2010年に合併して45に至るが，そこには，熊本市が人口70万人超を果たし2012年に政令市になるプロセスがあり，さらに詳細な記述の必要が生じるために，本章ではあえて取り扱わなかった．

2．昭和の大合併と熊本県の動向

1）町村合併促進の気運とその背景

　最初の市町村合併である1889年（明治22）の大合併は，「市制・町村制」が施行され着手されている．当時は多くの村が全国にあった．市町村の各地

に「大字」のつく地区があるが，この大字が明治の大合併以前の「村」にあたる．明治の大合併の結果，日本全国に7万1,314あった町村が，1万5,859の市町村に再編成された．そのうち全国にできた市はわずか39であった．

つぎに，日本の市町村合併の背景と目的について，昭和の大合併を例に紹介しよう．昭和の大合併は，「町村合併促進法」(1953年9月1日公布・同年10月施行)によって促進されていった．明治の大合併の場合，時代の流れに対応した町村の範囲や人口規模の適正な市町村に再編成することに重点が置かれていたのに対して，昭和の大合併の場合は市町村の行財政改革のほうに重点が移っている．

昭和の大合併では，全国の都道府県で多くの町村が合併し，新しい「市」が多数誕生したことと，新しくできた市が隣接する町・村をあわせて成立したことに特色がある．新しくてきた市や町の中心部には繁華街ができ，その周辺部にはのどかな田園空間が広がるといった市や町の景観が形成された．いわゆる「田園都市」の成立である．

市街地は商業活動の拠点になり，その周辺部に住宅地や工業用地が開発され，外縁部に水田や畑と農業集落や山林が存在するようになり，土地利用の同心円的構造が形成された．昭和の大合併以降，全国の「市」域では宅地化による市街地の拡大と人口の増加が起こり，一方では，周辺「町村」域では過疎化が進展していくことになる．

2) 熊本県における昭和の市町村合併

熊本県でも国の「町村合併促進法」にもとづき，市町村合併が県主導で促進されていった．熊本県の市町村数は1950年10月時点で325市町村が存在した．市が5，町が41，村が279という構成である．これが，平成に入る直前の1989年時点では，市町村数は94となり激減している（図6-1，表6-1）．内訳として市が11，町が62，村が21に再編成される結果になった．

このような実績をあげた熊本県における昭和の市町村合併の背景を述べると，以下のようになる．まず，熊本県は1952年7月に「熊本県町村合併基準委員会議」を発足させ，ついで同年11月に「町村合併基準（参考試案）」を熊本県地方課がまとめ，合併促進をはかっていった．「町村合併基準（参

2. 昭和の大合併と熊本県の動向

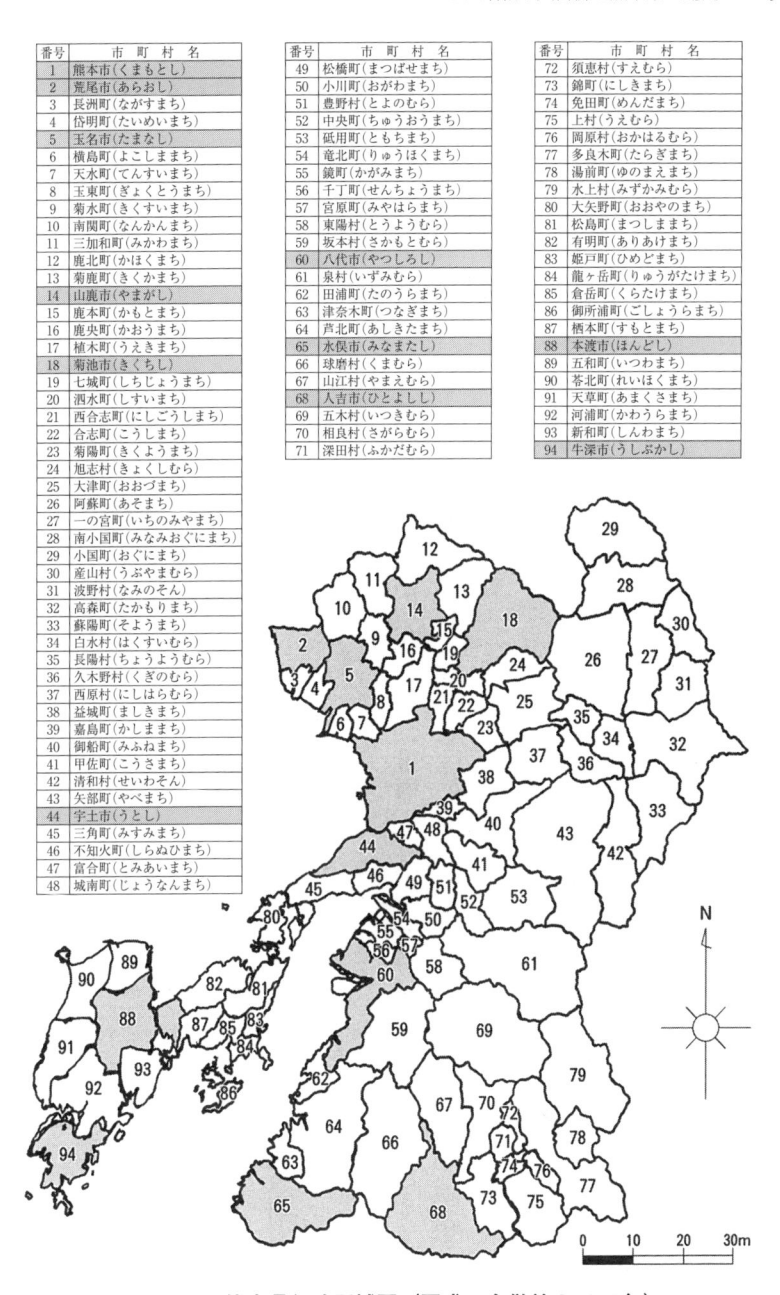

番号	市町村名
1	熊本市（くまもとし）
2	荒尾市（あらおし）
3	長洲町（ながすまち）
4	岱明町（たいめいまち）
5	玉名市（たまなし）
6	横島町（よこしままち）
7	天水町（てんすいまち）
8	玉東町（ぎょくとうまち）
9	菊水町（きくすいまち）
10	南関町（なんかんまち）
11	三加和町（みかわまち）
12	鹿北町（かほくまち）
13	菊鹿町（きくかまち）
14	山鹿市（やまがし）
15	鹿本町（かもとまち）
16	鹿央町（かおうまち）
17	植木町（うえきまち）
18	菊池市（きくちし）
19	七城町（しちじょうまち）
20	泗水町（しすいまち）
21	西合志町（にしごうしまち）
22	合志町（こうしまち）
23	菊陽町（きくようまち）
24	旭志村（きょくしむら）
25	大津町（おおづまち）
26	阿蘇町（あそまち）
27	一の宮町（いちのみやまち）
28	南小国町（みなみおぐにまち）
29	小国村（おぐにむら）
30	産山村（うぶやまむら）
31	波野村（なみのそん）
32	高森町（たかもりまち）
33	蘇陽町（そようまち）
34	白水村（はくすいむら）
35	長陽村（ちょうようむら）
36	久木野村（くぎのむら）
37	西原村（にしはらむら）
38	益城町（ましきまち）
39	嘉島町（かしままち）
40	御船町（みふねまち）
41	甲佐町（こうさまち）
42	清和村（せいわそん）
43	矢部町（やべまち）
44	宇土市（うとし）
45	三角町（みすみまち）
46	不知火町（しらぬひまち）
47	富合町（とみあいまち）
48	城南町（じょうなんまち）

番号	市町村名
49	松橋町（まつばせまち）
50	小川町（おがわまち）
51	豊野村（とよのむら）
52	中央町（ちゅうおうまち）
53	砥用町（ともちまち）
54	竜北町（りゅうほくまち）
55	鏡町（かがみまち）
56	千丁町（せんちょうまち）
57	宮原町（みやはらまち）
58	東陽町（とうようむら）
59	三加和町（さかもとむら）
60	八代市（やつしろし）
61	泉村（いずみむら）
62	田浦町（たのうらまち）
63	津奈木町（つなぎまち）
64	芦北町（あしきたまち）
65	水俣市（みなまたし）
66	球磨村（くまむら）
67	山江村（やまえむら）
68	人吉市（ひとよしし）
69	五木村（いつきむら）
70	相良村（さがらむら）
71	深田村（ふかだむら）

番号	市町村名
72	須恵村（すえむら）
73	錦町（にしきまち）
74	免田町（めんだまち）
75	上村（うえむら）
76	岡原村（おかはるむら）
77	多良木町（たらぎまち）
78	湯前町（ゆのまえまち）
79	水上村（みずかみむら）
80	大矢野町（おおやのまち）
81	松島町（まつしままち）
82	有明町（ありあけまち）
83	姫戸町（ひめどまち）
84	龍ヶ岳町（りゅうがたけまち）
85	倉岳町（くらたけまち）
86	御所浦町（ごしょうらまち）
87	栖本町（すもとまち）
88	本渡市（ほんどし）
89	五和町（いつわまち）
90	苓北町（れいほくまち）
91	天草町（あまくさまち）
92	河浦町（かわうらまち）
93	新和町（しんわまち）
94	牛深市（うしぶかし）

図6-1　熊本県行政区域図（平成の合併前の1989年）

表6-1　熊本県の市町村数の推移

年　　月　　日	市	町	村	計
明治12（1879）年1月20日	1（区）	41	1,245	1,287
明治22（1889）年4月1日	1	24	322	347
昭和28（1953）年9月30日	5	41	274	320
昭和31（1956）年9月30日	9	37	71	117
昭和36（1961）年4月1日	11	41	49	101
昭和40（1965）年4月1日	11	48	42	101
昭和44（1969）年4月1日	11	59	30	100
昭和45（1970）年11月1日	11	59	28	98
平成3（1991）年2月1日	11	62	21	94

（『熊本県市町村合併史』1995年による）

考試案）」のはじめの部分に，以下のような合併促進の趣旨が記されている．「町村における行財政能力を強化・拡充するためには，時勢に適した規模をまず実現することが必要である．特に，現今の地域は，概ね，明治初年町村制度の創設によって発足したものであって，産業，交通，通信機関の発達した今日，不合理であるとすることは大方の結論であると思う．（中略）人口，財政，産業規模等町村勢の概況を判断して，もって町村合併の必要性を検討するものである．」

　当時の熊本県の郡・市地域別人口は，「市」域が46万8,201人で，「郡」域が135万9,381人（1950年10月時点）で，5つある市の平均人口は9万3,640人で，総数で320あった町村の平均人口は4,248人で，いずれも全国平均より下回っていて，規模が零細で財政規模も脆弱な町村が多かった．とくに，郡部には5千人以下の町村数が287もあり，総数の約74％をも占めていた．

　このような当時の実態を背景に，熊本県は1953年1月に合併を促進させるつぎなるステップとして「町村合併指導指針」と「町村合併基準」を決定している．国の地方行政調査委員会議では，昭和の市町村合併に際して，人口7～8千人台を町村の適正規模であるとした．熊本県を含めて全国の都道府県では，各町村の実態調査や資料収集などを実施し，合併の枠組み・あり方と町村への行政的指導のための準備をしている．しかし，実際の町村合

併の進行過程をみると，熊本県内各地で，合併区域，町名，庁舎の位置，学校の統廃合などの問題をめぐって，町村間，地域住民間でさまざまな対立が発生している．そのために，県内各地で合併が難航したケースがみられた．

3．平成の大合併と市町村再編計画

1）平成の大合併の背景

平成の市町村合併では，政府は全国47都道府県の3千を越える市町村を3分の1の1千ほどに減らすことを政府は目指して取り組みが開始された．国が市町村合併を推し進める理由について，佐々木（2002）は以下の4点を指摘している．①足腰の強い市町村をつくり，各自治体の自治能力，とりわけ行財政能力を高める．②少子・高齢化社会への対応を市町村合併に求める．③次世代に向けた地域づくりに挑戦するための新しいチャンスとする．④市町村合併自体を行政改革と位置づけ，また行政改革の手法ともする．

また，佐々木は，前掲のなかで，平成の市町村合併の背景を，以下のように記している．「第1は，行政上つくられた行政圏と実際上成立している生活圏とが大きくずれてしまっていること．第2に，国，地方とも深刻な財政危機下にあり，効率的な財政運営への切り札が求められていること．そして第3に，中央集権から，地方分権へのシステム転換がおこなわれ，自治体自身の政策能力，経営能力の向上に向けスケールメリットを生む必要があること，である．」としている．これら3つの流れが合流した結果として平成の市町村合併があるとしている．

佐々木の前述のような論考の根拠は，熊本県や国（総務省）のホームページにおいても確認できる．国は「基礎的自治体である市町村の行財政基盤を強化する必要があるとし，その手段としての市町村合併」の背景として，①地方分権の推進，②少子高齢化の進展，③広域的な行政需要の増大，④行政改革の推進，⑤昭和の大合併から50年が経過し時代が変化している，ことの5点を明記している．

①については，自己決定・自己責任のルールにもとづく行政システムの

確立を目指すものであり，すでに1999年の「地方分権一括法」がすでに施行されている．都道府県や市町村の自主性にもとづく地域間競争を活発化させ，個性ある多様な行政施策を展開するために，市町村には一定の規模・能力が必要とする考えである．②については，今後において本格的な少子高齢化社会の到来は必然であるとし，市町村が提供するサービスの水準を確保するためには，ある程度の人口規模が必要であるとする考えである．③については，地域に暮らす人々の日常の生活圏が拡大するにしたがい，市町村の区域を超えたさまざまな行政需要が増大しており，あらたな市町村経営の単位が求められているとする考えである．④については，国，地方ともに厳しい財政状況にあるなかにあって，よりいっそう簡素で効率的な行財政運営が求められ，公務員の総人件費の削減や，さらなる行財政改革の推進が必要であるとする考えである．⑤については，50年の年月の流れが時代を変化させ，とくに交通・通信手段の飛躍的発展に対応して，いっそう拡大した市町村経営の単位が求められているとする考えである．

2）2001～2005年の時限特例法下における全国の合併市町村の状況

2001年4月から2005年3月までの5年間は，市町村合併特例法において多くの特例措置が盛り込まれ，国はあくまで市町村の自主性を尊重するとしながらも，現実にはさまざまな「アメ」を与え，合併を誘導してきた．

国による誘引結果の典型的事例として，熊本県玉名郡菊水町と三加和町の合併が成立したといっても過言ではない．新聞報道によると，菊水町議会も三加和町議会も，2つの理由を合併の理由にあげている．1つ目は，合併後10年間維持が保障される「地方交付税」によって，15年後に地方交付税が大幅減額されるまでの間に，足腰の強い地域づくりを目指すとした．合併しない場合，2005年度から地方交付税の削減がはじまり，5年間で大幅削減されることに危機感を感じたことは否めない．2つ目は，将来的に人口1万人未満の町村に対して国や県が主導する合併が実施されるのではないかという懸念と，1万人未満の町村の行政上の権限を県がかわって執りおこなう改革が将来において現実化するのではないかとする懸念である．

総務省ホームページにあるデータから表6-2を作成した．日本の市町村

表6-2 平成の合併による日本の市町村数の変化

	市町村減少率(%)	2001年市町村数(個)	2007年市町村数(個)
北海道	15.1	212	180
青森県	40.3	67	40
岩手県	40.7	59	35
宮城県	49.3	71	36
秋田県	63.8	69	25
山形県	20.5	44	35
福島県	32.2	90	61
茨城県	48.2	85	44
栃木県	32.7	49	33
群馬県	45.7	70	38
埼玉県	22.8	92	71
千葉県	30	80	56
東京都	2.5	40	39
神奈川県	8.1	37	34
新潟県	68.8	112	35
富山県	57.1	35	15
石川県	53.7	41	19
福井県	51.4	35	17
山梨県	56.3	64	28
長野県	32.5	120	81
岐阜県	57.6	99	42
静岡県	43.2	74	42
愛知県	28.4	88	63
三重県	58	69	29
滋賀県	48	50	26
京都府	40.9	44	26
大阪府	2.3	44	43
兵庫県	54.9	91	41
奈良県	17	47	39
和歌山県	40	50	30
鳥取県	51.3	39	19
島根県	64.4	59	21
岡山県	65.4	78	27
広島県	73.3	86	23
山口県	60.7	56	22
徳島県	52	50	24
香川県	60.5	43	17
愛媛県	71.4	70	20
高知県	34	53	35
福岡県	31.9	97	66
佐賀県	53.1	49	23
長崎県	70.9	79	23
熊本県	48.9	94	48
大分県	69	58	18
宮崎県	29.5	44	31
鹿児島県	49	96	49
沖縄県	22.6	53	41

2001年3月31日, 2007年3月12日時点の数字. (総務省データによる)

数は3,232（2001年3月31日）から1,810（2007年3月12日時点での確定数）と，数的にほぼ半減近くになっている．この減少率は約44%である．熊本県の場合，94市町村から48市町村になり，市町村の減少率は48.9%で，全国平均を上回る結果となっている．

　その中身を表6-2でみると，全国47都道府県では市町村合併への対応の差があることがわかる．例えば，前述の6年間に50%以上の減少率を示す県は20県ある一方で，40%未満は16都道府県ある．平均に近い40%以上50%未満は11府県となっている．

　加えて，6年間で最も減少率が高いのは広島県の約73.3%で，続いて愛媛県71.4%，長崎県70.9%，大分県69.0%，新潟県68.8%の順となっている．もっとも低いほうに属するのは大阪府の約2.3%，東京都の2.5%，神奈川県8.1%，北海道15.1%，奈良県17.0%，山形県20.5%，沖縄県の22.6%，埼玉県22.8%の順となっている．図6-2には県別の合併率を，図6-3には県別の市町村数の変化を日本地図に描いたものである．大まかではあるが，西日本の合併率が高いのに対して，東日本は総じて低い傾向にあることがわかる．

　このように全国各地で合併に対する温度差はあるものの，「今後の地域や自治体をどうするのか」という観点においては，明治，昭和の大合併と同じ構図にある．合併特例法の中身を読みとることによって，平成の市町村合併の目的がみえてくる．同時に，明治，昭和の市町村合併との相違点もうかがいしれる．

　ところで，政府は2004年の通常国会で，全国の市町村数を目標の1千にまで減らすことを推進するために「合併関連新三法」を提案し，可決している．2005年4月からの5年間の時限立法である「市町村合併特例新法」でさらなる合併促進をはかっている．「市町村合併特例新法」では5年間の期限を設けて，以下のような特例措置を設定している．旧法に比べて特例の内容と恩恵が薄くなっている．大きな変化は，これまでの各市町村の自主性を重んじた合併推進の姿勢から，知事を合併推進の要とする行政主導型の合併推進に変わったことである．

　新合併特例新法の要点を，佐々木（2004）は，以下のようにまとめてい

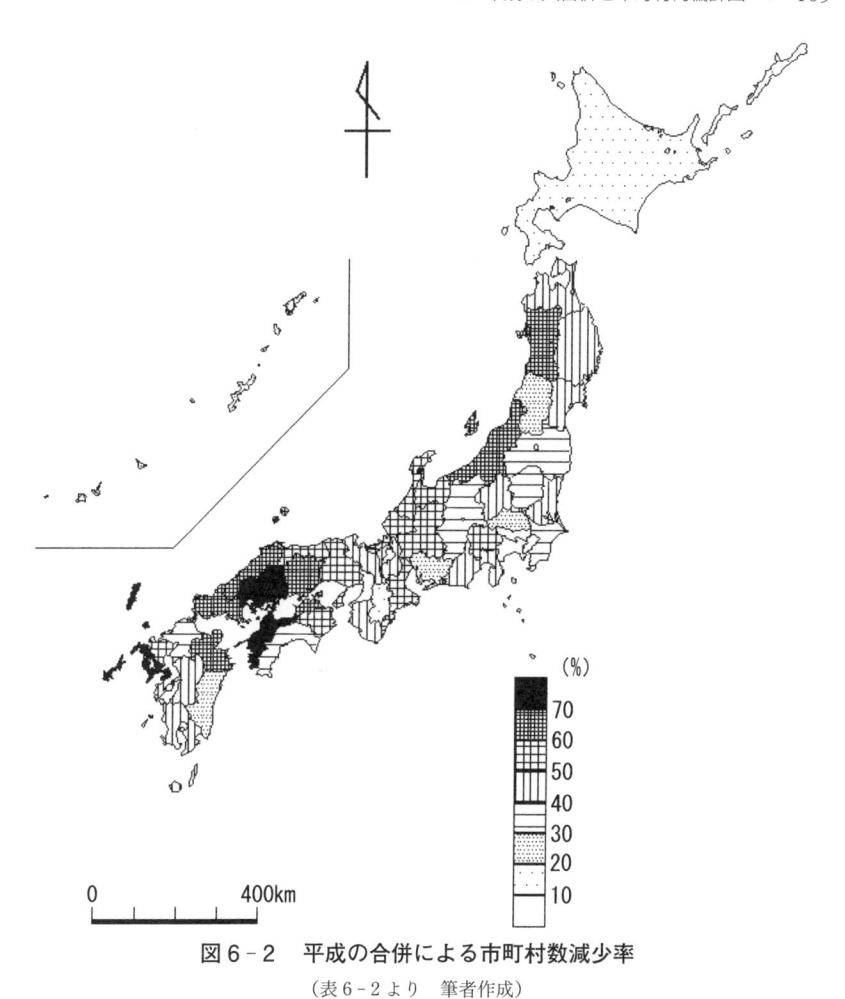

図6-2 平成の合併による市町村数減少率
（表6-2より　筆者作成）

る．①知事を合併推進の要としている，②総務大臣が合併指針を示す，③合併特例債を廃止する（さきの法律の合併特例債の7割を交付税で補填するという優遇措置を廃止する），④3万人市昇格の特例を廃止する，⑤地方自治組織を新設する，⑥その他の優遇措置を継続する，の6点に整理している．

熊本県も国の方針にならって，2006年5月に「熊本県町村合併推進構想（第1次）」を発表している．そのなかで，構想作成の趣旨として，前文に「本県において，平成12年3月に『熊本県市町村合併推進要綱』を制定し，

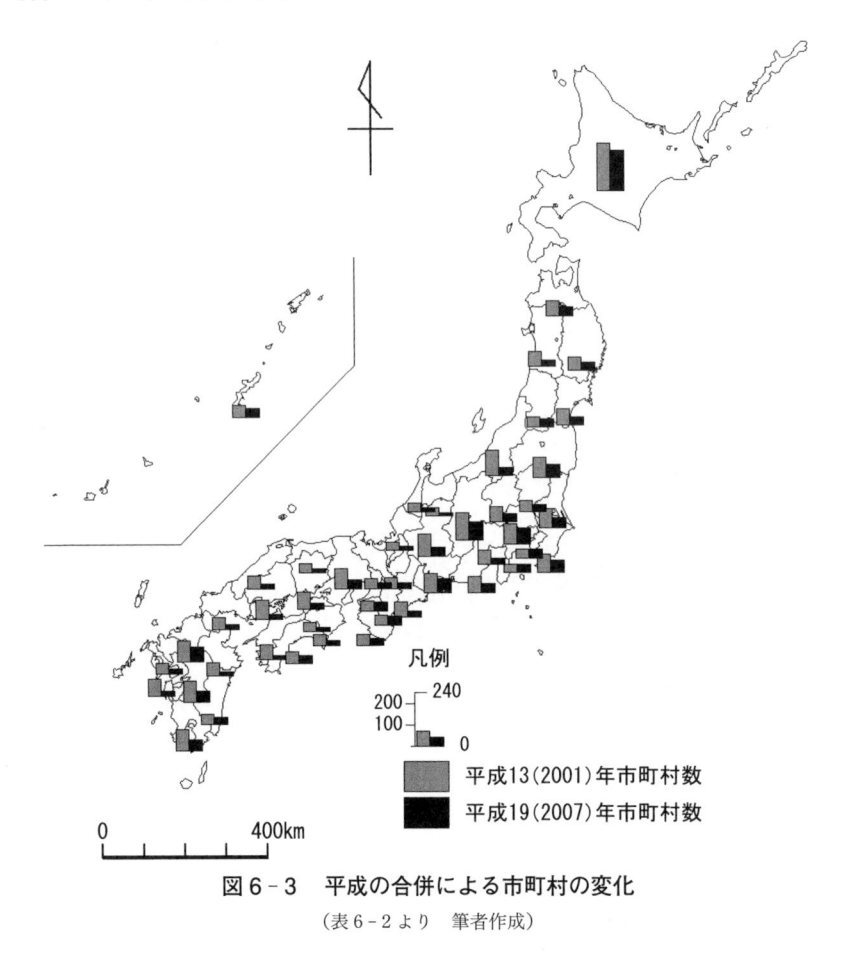

図6-3 平成の合併による市町村の変化

（表6-2より　筆者作成）

　自主的な市町村の合併を積極的に推進してきた．この結果，要綱策定当時に94あった市町村の数は，平成18年3月末には48になる等，市町村の真摯な努力等により，県内の市町村合併において着実な進展がみられた．一方において，さまざまな事情によって合併を選択しなかった市町村も32市町村あり，そのなかには小規模な町村も多い状況にある．現在，市町村を取り巻く環境は，地方分権の一層の進展，人口減少高齢化の進行，国，地方を通じた厳しい財政状況等，大きくかつ急激に変化してきている．このようななかで市町村においては，分権時代に対応した基礎的自治体としての行財政基盤の

強化がもとめられており，市町村合併はその有効な手段であることから，引き続き，自主的な市町村の合併を推進していく必要がある.」（原文のまま掲載）と述べている．

4．熊本県における市町村合併結果

1）合併の形態と枠組み

2001年から5年間の合併特例法下において，熊本県では市町村減少率が48.9％で，市町村数は94から48に減少したことは前述したとおりである．ここでは，より詳細に熊本県内の合併結果を提示し，合併の形態と枠組み，合併市町村の具体的組み合わせ，地域性の反映，合併後の新市町村の面積拡大や人口などについて検証してみよう．

表6-3で一目瞭然になっているが，熊本県では62の市町村が合併し，16の新しい市町村が誕生している．すべて新設合併であり，市町村名は新たに決められている．新市町村名の決まり方は，公募による審査によるところもあれば，合併協議会のなかで決められたところもある．16の新市町村は市が9つ，町が6つ，村が1つで，具体的には以下のとおりである．市は玉名市，山鹿市，菊地市，阿蘇市，合志市，宇城市，八代市，天草市，上天草市の9つである．玉名市，山鹿市，菊地市，八代市が新しい市名として，旧市名を再度採用している．新しい名称がつけられた市は，阿蘇市，合志市，宇城市，天草市，上天草市である

町については，菊水町が三加和町と合併した「和水町」のほかに，美里町，山都町，氷川町，芦北町，あさぎり町である．旧町名を再度採用したのは芦北町のみであり，そのほかは新しく名称がつけられた．なお，村として新しく誕生したのは南阿蘇村の一例のみである．

ちなみに市町村として名がつけられるうえでは，一定の人口要件を満たさねばならない．一般的には市が5万人以上で，町は全国の都道府県により異なり3千〜1万5千人の間に設定されており，村も上記の設定基準以下で都道府県によって異なる．熊本県の場合，町は人口5千人以上で，村はそれ未満である．長陽村，白水村，久木野村の3村が合併してできた南阿

表6-3　熊本県の市町村状況（2006年11月末日時点）

番号	市町村名	合併の可否と形態人口（人）		旧市町村名
1	荒尾市（あらおし）	×	55,699	
2	長洲町（ながすまち）	×	17,153	
3	玉名市（たまなし）	◎（新設）	71,392	玉名市, 横島町, 岱明町, 天水町
4	南関町（なんかんまち）	×	11,078	
5	和水町（なごみまち）	◎（新設）	11,805	菊水町, 三加和町
6	玉東町（ぎょくとうまち）	×	5,575	
7	山鹿市（やまがし）	◎（新設）	57,318	山鹿市, 鹿央町, 鹿北町, 菊鹿町, 鹿本町
8	植木町（うえきまち）	×	30,682	
9	菊池市（きくちし）	◎（新設）	51,677	菊池市, 旭志村, 泗水町, 七城町
10	合志市（こうしし）	◎（新設）	52,269	合志町, 西合志町
11	菊陽町（きくようまち）	×	33,272	
12	大津町（おおづまち）	×	29,311	
13	小国町（おぐにまち）	×	8,516	
14	南小国町（みなみおぐにまち）	×	4,586	
15	阿蘇市（あそし）	◎（新設）	29,425	阿蘇町, 一の宮町, 波野村
16	産山村（うぶやまむら）	×	1,680	
17	高森町（たかもりまち）	×	7,019	
18	南阿蘇村（みなみあそむら）	◎（新設）	12,210	長陽村, 久木野村, 白水村
19	西原村（にしはらむら）	×	6,405	
20	熊本市（くまもとし）	×	669,519	
21	嘉島町（かしままち）	×	8,521	
22	益城町（ましきまち）	×	32,762	
23	甲佐町（こうさまち）	×	11,514	
24	御船町（みふねまち）	×	18,071	
25	山都町（やまとちょう）	◎（新設）	18,366	矢部町, 蘇陽町, 清和村
26	富合町（とみあいまち）	×	7,892	
27	宇土市（うとし）	×	37,880	
28	城南町（じょうなんまち）	×	19,603	
29	宇城市（うきし）	◎（新設）	63,044	松橋町, 豊野町, 小川町, 三角町, 不知火町
30	美里町（みさとまち）	◎（新設）	12,161	中央町, 砥用町
31	氷川町（ひかわちょう）	◎（新設）	13,117	竜北町, 宮原町
32	八代市（やつしろし）	◎（新設）	135,877	八代市, 鏡町, 千丁町, 東陽村, 泉村, 坂本村
33	芦北町（あしきたまち）	◎（新設）	20,595	芦北町, 田浦町
34	津奈木町（つなぎまち）	×	5,314	
35	水俣市（みなまたし）	×	28,743	
36	球磨村（くまむら）	×	4,713	
37	人吉市（ひとよしし）	×	37,213	
38	五木村（いつきむら）	×	1,309	
39	山江村（やまえむら）	×	3,868	

40	錦町（にしきまち）	×	11,514	
41	相良村（さがらむら）	×	5,297	
42	あさぎり町（あさぎりちょう）	◎（新設）	17,103	上村，岡原村，免田町，須恵村，深田村
43	多良木町（たらぎまち）	×	11,248	
44	湯前町（ゆのまえまち）	×	4,624	
45	水上村（みずかみむら）	×	2,585	
46	上天草市（かみあまくさし）	◎（新設）	31,912	大矢野町，松島町，姫戸町，龍ヶ岳町
47	天草市（あまくさし）	◎（新設）	95,208	本渡市，牛深市，五和町，新和町，天草町，河浦町，有明町，栖本町，倉岳町，御所浦町
48	苓北町（れいほくまち）	×	8,879	

（人口は2006年7月1日現在．熊本県統計調査課調べの推計人口）

蘇村は人口1万2千人を超え，町になれたのだが，あえて村と名づけて全国的に有名になった．「（村のままにして）素朴なイメージを売り出したい」（菅沼2005）というのがその理由という．南阿蘇村と同じ選択をし，町にかえず村のままにしているところでもっとも人口が多いのは岩手県滝沢村がある．滝沢村の人口は5万人弱で，岩手県立大学があることが大きく影響している．南阿蘇村にも東海大学農学部があることにおいて滝沢村と共通している．平成の大合併で全国13県で村が消えている．

　岩手県の滝沢村は実は市になれる要件を満たしていた．平成の合併特例法では，市になる人口規模を特例的に3万人以上としていたからである．熊本県を含め全国で多くの市が誕生しているのはこのためである．熊本県で（旧市を含めた合併を除き）で町村が合併し市に昇格したのは，前述の阿蘇市，合志市，宇城市，上天草市の4つであるが，新市の人口が5万人を超えているのは合志市と宇城市の2市である．阿蘇市，上天草市については合併後かろうじてわずかに3万人を上回り市になっているが，特例措置によらなければ市に昇格できなかった事例である．

2）合併後の課題

　平成の市町村合併では，合併によって市町村の範囲をより広域とし人口規模を大きくし，行財政改革を成し遂げるという目的があることは前節で述べた．公務員や首長，議員の数を減らし大幅な歳出削減につなげるために市町

村数を削減する．市町村数が3分の1に減り，取り組み以前に比べてより広い領域をもつ市町村に生まれかわるというシナリオである．

　そんななかでの3つの課題が生じている．1つ目は中核都市づくりの課題，2つ目はまちづくりの課題，3つ目は未合併町村をどうするかについての課題である．

　1つ目の中核都市づくりにおいては，熊本県のような地方の県では，町村を合併し，人口規模10万人規模の新市「普通市」をつくること，旧市においては周辺町村を取り巻くかたちで合併し，20万人規模の地域の核となる「中核都市」をつくることを目指していた．しかし，熊本県においては，人口20万人を越える中核市は誕生していない．2006年度時点でまだ合併を果たせていなかった熊本市の人口が約67万人であるのに対して，県内11の県の出先機関である地域振興局が位置する地方拠点都市が合併できなかったり，合併によって面積は広がったものの人口は微増といった現象がみられた．合併後に10万人以上の人口規模になったのは新・八代市のみで，人口は約13万5千人で，熊本県内の14市のうち12が人口10万人に達していない状況がある．県内11の振興局があるそれぞれの地方に拠点性がより強化された都市が，少なくとも人口規模のうえからは誕生していないことになる．熊本市および熊本都市圏の一極集中が緩和されない状況にかわりはないようだ．

　2つ目の「まちづくり」の課題について述べると以下のようになる．国は平成の合併で人口規模1万人未満の町村をなくすことを目指していた．小規模町村の歳出面における非効率さと，多額の地方交付税の投入という歳入面での支援措置の重荷が，それぞれ解消できるとの考えが背景にある．また，1万人未満の人口規模の町村のなかにはかなり小規模な町村があって，それらは人口減少が激しい過疎地で，少子高齢化が進み，税金を納める企業や生産年齢人口比率も小さいところである．これらの町村が合併することによって，公務員等の数は削減できても，取り組み以前に比べてより広い領域をもつ町村が誕生するが，人が住まない山間地が多いために，自主財源の確保は合併後も困難で，地域づくりのビジョンさえ打ち出せないところが多い．そのために，平成の合併の当初5年間においては，これら条件不利

地域の小規模・零細町村の合併が思うように進んでいない.

3つ目の未合併問題の一例は,さきの2つ目の課題で指摘した.条件不利な中山間地域に位置する小規模・零細な町村が合併したくとも合併の相手をみつけられなかったり,単独の道を選択したりした結果がそこにある.また,条件不利地域ではなくても市町村によっては多くの財政赤字と負債を抱え,これまた,合併したくとも合併の相手をみつけられなかったり,単独の道を選択せざるをえなかったケースがある.一方では,すでに1万人以上の人口規模をもつ町や税収が豊かで財政的に支障のない町村は,合併せず当面の間は単独でいく意思決定をした対照的なケースもある.

5. 玉名地域における市町村合併論議の流れ

1) 県北地域の合併枠組み

表6-4に,玉名地域1市8町合併協議会の大まかな流れをまとめてみた.熊本県北西部は熊本県の出先機関のうちの玉名地域振興局の管轄地域で,荒尾市,玉名市,南関町,三加和町,菊水町,長洲町,岱明町,横島町,天水町,玉東町の2市8町が存在し,8町がまとまって玉名郡が構成されている.

表6-4の最初に2003年1月に,第1回1市5町決定協議会設置とあるが,玉名市と南関町,三加和町,菊水町,長洲町,岱明町の5町である.その後まもなく,横島町,天水町,玉東町の3町が加入し,1市8町の合併枠組みができあがった.2市8町からなる面的まとまりをもった地域の合併枠組みのなかに,荒尾市だけが加わらないことは特異な枠組みパターンと受けとれる.全国的にみても,熊本県内をみても,このように単一の市町村が離れ小島のように合併からとり残される,または自らの意思で加わらないケースはけっして珍しくないことは,すでに前節でも述べた.現に県内では阿蘇郡高森町のように阿蘇市,南阿蘇村,山都町という新設市町村のなかにすっぽり囲まれるかたちで単独の選択をせざるをえなかったケースもある.熊本県が2006年5月に「熊本県町村合併推進構想(第1次)」を発表した際の前文に「さまざまな事情によって合併を選択できなかった市町村も

表6-4　玉名地域1市8町合併協議会の主な経緯

年　月　日	概　　　要
2003年（平成15）1月9日	第1回1市5町法定協議会設置（会長に高嵜玉名市長就任）
同年2月1日	横島町，天水町，玉東町が参加し1市8町法定協議会に改組
同年2月12日	第2回1市8町法定協議会（1市8町としては初） ・合併の方式を「新設合併」に決定
同年3月11日	第3回1市8町法定協議会 ・合併の期日が平成17年1月17日（目標）に決定
同年7月8日	第7回1市8町法定協議会 ・事務所の位置を「当分の間，現玉名市役所」とすることを決定
同年9月12日	玉名市議会で電算関連議案の否決と1市8町離脱決議
同年10月27日	玉名市議会で電算関連議案の可決と1市8町合併の推進決議
同年11月7日	第11回1市8町法定協議会 ・名称が「玉名市」に決定
2004年（平成16）1月13日	第13回1市8町法定協議会（会長に吉田天水町長就任）
同年6月8日	第18回1市8町法定協議会 ・合併の期日を平成17年10月3日に変更
同年7月12日	第19回1市8町法定協議会 ・各市町の標準財政規模の20％相当額を新市の基金として確保することを承認
同年8月10日	第20回1市8町法定協議会 ・議会議員の定数及び任期について（特例適用せず）を承認 ※43協定項目中41項目を承認
同年9月14日	第21回1市8町法定協議会 ・「各団体の新市建設計画（普通建設事業費）の考え方に違いがありすぎるので協議会は解散せざるをえない」との動議が出される。
同年9月16日〜22日	玉名郡町村議会議長会等で菊水町の坂梨議長私案をもとに普通建設事業費の調整を模索
同年9月24日	第1回市町長・議長合同会議 ・普通建設事業費の調整案を作成し，市町長・議長合同会議で再協議することが決定
同年9月28日	第2回市町長・議長合同会議 ・調整案について各市町の調整がつかず，1市8町合併協議会は休止の方向で決定
同年10月7日	第22回1市8町法定協議会 ・1市8町合併協議会の休止が決定

32市町村あり」とするのはこうしたケースであり，「さまざまな事情」がどのようなものであるのか，結果的に「合併を選択できなかった」とは合併を望んでいたのにできなかったケースと，合併拒否・単独の道を自主的に選択したケースの詳しい分析が必要といえよう．

　話をもとに戻そう．表6-4では結局，1市8町の合併協議会は1年8か月後の2004年10月に正式に休止が決定し，破談になっている．合併協議会では合併が正式に決定するまで所定の数の合意形成項目，正確には「協定項目」について，法定協議会においてすべて承認されなければ合併にはいたらない．当該協議会では1年8か月の期間に43項目の協定項目のうちの41項目まですでに承認されていた．最終的に「財政計画」と「新市建設計画」の2つを残すのみであった．新聞報道によると，そのうちの財政計画の審議過程において問題が発生していた．各市町村が掲げた普通建設事業の事業費の総額と配分比率の審議で混乱が起こり，結果的に協議会が休止・解散にいたっている．

2）紆余曲折の合併プロセス

　新聞報道によると，表6-4のなかに示されているような，玉名市議会での電算関連議案における混乱が生じている．9つもの市町が参加する協議会であったことに加えて，各市町がそれぞれ財政状態に大なり小なり危機感や心配事をもっていたこと，合併後の地域づくりビジョンの相違，合併後の建設事業における重点事業，場所，金額配分などに温度差があった．地域振興局長や各市町の議長による調整が不調に終るのもそのあたりの事情によるところが大きかったと思われる．現に，2004年9月には玉名郡町議会議員会等で菊水町の坂梨議長私案にもとづく普通建設事業費の調整が模索され，その後に普通建設事業の調整案を地域振興局長の仲介で代替3案の提示があり，市町長・議長合同会議で再協議をおこなったが，結局，調整がつかなかった．2004年9月14日の第21回法定協議会において菊水町の前淵町長からだされた「各団体の新市建設計画中の財政計画に含まれる普通建設事業費の考え方に違いがありすぎるので，協議会は解散せざるをえない」とする動議に，合併の枠組みが根底からくずれることになった．一番大きな市のリー

ダーシップに賛同できない，いくつかの町が離脱しやすくするきっかけをつくった動議であった．

その後，これら1市8町はそれぞれ議会での報告と審議，地区説明会の開催と報告，地域住民からの意見聴取を経て，それぞれ合併か単独かの道を選択することになった．さきの表6-4と図6-4でみるように，最終的に玉名市と岱明町，横島町，天水町の1市3町が新設合併し「玉名市」が誕生した．菊水町は三加和町と新設合併し「和水町」が誕生した．荒尾市，南関町，長洲町，玉東町はそれぞれ合併せず「当面は単独の道を歩む」ことを宣言した．

国や都道府県は，任意協議会の展開過程において，「合併シミュレーション」を公開し，さまざまな合併パターン，合併市町村の数が異なる場合，財政規模や市町村の面積が異なる市町村が合併する場合などを配慮し，合併の

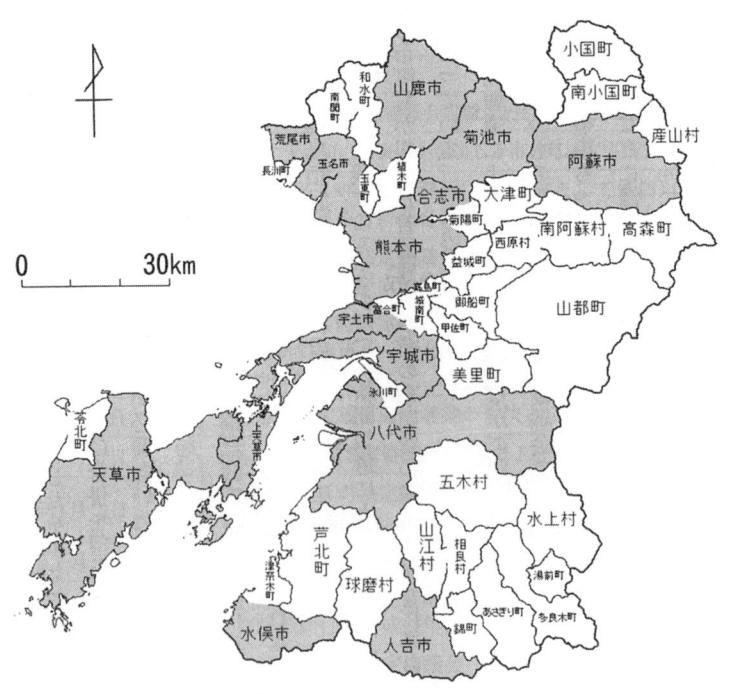

図6-4　平成の合併による熊本県内市町村の分布
(2006年11月末日時点)

枠組みによって合併の恩恵や財政について，前もってシミュレーションし，いわば「結婚相手」選択の判断材料なるものを提示し合併促進をはかってきた．2005年3月までの5年間は合併特例法下での合併促進時期であった．さまざまな特例措置が提示されながらも，合併にいたらなかった要因をそれぞれの地域事情，財政の実態把握，合併の枠組みにおける組み合わせの選択肢やその幅などを吟味・検討する必要があろう．あらたな地域づくりのために，どのような形態で合併を促進させるか，または小規模・零細町村の生き残り策を模索していくことも必要であろう．

6. おわりに

　2004年10月7日の第22回玉名地域1市8町法定協議会において，合併協議会の正式な休止が決定した．その翌月の11月に，菊水町の4会場で住民説明会が開催された．同様の説明会は三加和町でも開催されている．三加和町区長会は南関町を含めた3町合併をもとめたので，菊水町，三加和町議会と両町長は南関町に対して合併協議会への参加を申し入れている．南関町は玉名市との合併を模索していたが，最終的に菊水・三加和両町の申し入れを断り，玉名市との合併も断念し，単独を表明するにいたった．
　2006年3月1日に菊水町は三加和町（みかわ）と合併し，「和水町（なごみ）」が誕生した．編入合併ではなく「新設合併」として，対等の立場で新町を形成させ，あらたな町づくりがスタートした．
　両町ともに過疎地であり，中山間地域として似かよった地域性を有し，人口規模的にも大差なく，合併によって1万人を超える人口規模が確保できた．合併による特例措置を利用して，将来の地方分権時代の地域間競争，個性的な町づくりのための基盤づくりを，合併後の10年間に果たそうとした．
　合併（配置分合）を必要とした理由及び合併にいたる経緯が記されているが，そのうち，和水町誕生のために配置分合を必要とする理由については以下のように記されている．「現在，進められている三位一体改革や，今後さらに進められるであろう地方分権など，地方自治体を取り巻く環境は大きく変化しており，自治体はこのような社会の流れに対応できる体制を整備する

ことが急務である．これまで菊水町及び三加和町の両町においては，積極的な行財政改革をはかりながら，特色ある町づくりに取り組んできたところであるが，共に人口1万人未満と比較的小規模な両町は，今後さらに行財政基盤の強化と住民サービスの維持及び今後の自主的町づくりをはかる必要があることを確認した．」（原文のまま掲載）

　人口1万人を越える新しい町を合併によって誕生させることと，合併による特例措置によって財政支援が受けられる10年間のうちに，新町の将来のために行財政基盤を整える，とする2つの重要な合併理由がここで述べられている．

【付記】
　本稿は拙著「菊水町史・現代」（『菊水町史・通史編』所収，2007年，ぎょうせい）で述べたものに補筆したものである．

【参考文献】
石川真澄 1995．『戦後政治史』岩波新書
上野眞也 2005．『持続可能な地域社会の形成』熊本大学法学会全書6　成文堂
金子　勇 2006．『少子化する高齢社会』NHKブックス
菊鹿町 1996．『菊鹿町史　本編』
玉東町 1995．『玉東町史　通史編』
熊本県 2005．「熊本県過疎地域自立促進計画」
熊本県 1995．『熊本県市町村合併史』
熊本日日新聞社編集局 1989．『菊池川流域　新・地域学シリーズ④』
佐々木信夫 2002．『市町村合併』ちくま新書
佐々木信夫 2004．『地方は変われるか』ちくま新書
菅沼栄一郎 2005．『村が消えた－平成大合併とは何だったのか』祥伝社新書
橘木俊詔 2004．『家計からみる日本経済』岩波新書
中村政則 2005．『戦後史』岩波新書
半藤一利 2006．『昭和史・戦後篇　1945—1989』平凡社

第7章

菊水地域の家庭配置売薬業

1．はじめに

　現在，病気によって身体に起こるさまざまな症状をなおすために，人々は医者にかかり薬を投与されるか，薬局に出向き買い求める．西洋医学や医療保険制度が発達した昨今においては，前者によるケースが多くなった．病名・症状・病気の原因などによって注射，飲み薬，塗り薬等の処方が医者の判断によってくだされるためである．後者の場合は，すでに病名や症状がわかっていて，病院に出向く必要がなく，身近な薬屋にて薬を買い求めることですむケースである．

　今日において，色あせてしまって知名度を失いかけているが，一軒一軒の家庭に，さまざまな薬が入った薬箱を置いて使用した分の薬代を徴収する「配置売薬業」が江戸時代から現代の高度経済成長期が終わるころまで主流であった．富山県，奈良県，佐賀県，滋賀県などと同様に，熊本県も配置売薬業が盛んであった．熊本県の配置売薬業の拠点が玉名郡菊水地域（現在の和水町の一部）であり，目玉である薬が腹薬「肥後の赤玉」であった．赤玉は「越中富山の反魂丹」，「肥前（佐賀）・田代の奇応丸」と並んで九州地方では有名な漢方腹薬であった．富山の薬売りと「反魂丹」，佐賀県の田代の薬売りと「奇応丸」の存在は，江戸時代までさかのぼる歴史の古さがあるが，菊水地域の薬売りと赤玉のはじまりは富山や田代より後発の存在である．

　個人的な薬工場で，薬草を調剤し腹薬などさまざまな漢方薬をつくり，行商に出かける．一般家庭に薬箱ごと預け，年に一度か二度，訪ねては薬の入れ替え，補給，使った分の代金を徴収する．このような配置売薬業が菊水地域ではいつごろ誕生したのであろうか．本章では，熊本県菊水地域を事例と

し，配置売薬業の変遷を地誌的手法で探ってみることにしたい．

2．売薬業の発達史

1）売薬業の成り立ち

　菊水地域における配置売薬業の誕生時期ははっきりしていない．一説には，江戸時代の末期ごろとする説がある．漢方薬をつくる医学者が菊水とその周辺地域にいたこと，その製薬技術が民間に伝授され今日まで受け継がれてきたことが根拠である．また，民間伝授のきっかけに，熊本に行商にきていた田代売薬や富山売薬の業者が影響を及ぼしたとみる見方もある．軽くもち運びしやすいために，薬の行商は遠方まで出向くことが可能であり，売薬行商が菊水ではじまったころには，富山や田代の売薬業がすでに国内の広い範囲に展開されていたことは周知の事実であった（鎌田1984，長2001）．

　熊本県家庭薬株式会社と熊本県家庭薬配置商業協同組合は，『郷土の産業のおこり』を共同編集して1970年に出版している．そのなかに当地での売薬発祥の起源を推測する記述がある．概要を示せば以下のようになる．豊臣秀吉が加藤清正を朝鮮に出兵させた折，清正が朝鮮から伊某（なにがし）を伴い帰還し，典医として召し使った．その典医から赤玉復調丸の製法と処方を学び伝わったとする説である．それが江戸時代の終わりごろの文久年間に，京都の公家出身で勤皇の志士・漢方医だった松村大成（まつむらたいせい）が玉名郡梅林村下に居を構えて，赤玉復調丸ほか幾つかの薬をつくり庶民の病をなおしたとされる．松村大成の流れをくむ漢方医・文量に菊水の瀬川（せがわ）の3人がついて習い，売薬を業とするにいたったとしている．同様の記述が『熊本の名産・熊本の風土とこころシリーズ⑪』や『菊池川流域・新地域学シリーズ④』にも紹介されている．

　平田稔は，前掲の3つの参考文献を紹介するとともに，その著書『肥後の赤玉盛衰記―玉名の家庭薬配置業の歩み―』のなかで，松村大成との関連に絞って古い文献にあたりながら，以下のような推測をしている．菊水地域瀬川に住む五野保萬（1854年〈安政元〉生まれ，1931年没）の日記に，「薬業」の文字が1870年（明治3）12月29日に出てくるとし，兄の斎記がすでに薬関

係の仕事をしていることを見だしている．五野保萬の子・五野一之の日記でも，「齊記は明治初年，腹薬赤玉腹調丸を製造販売す．江田馬場に出て薬種商開業し多数の行商人を使用し，入薬をなす」いう1894年の日記の一文を見いだしている．また，1870年以降の「五野保萬日記」にも毎年のように「売薬」の文字が登場することも明らかにしている．平田はこのことから，明治のはじめにはすでに菊水で製薬・売薬がはじまっていたとしている．

2）県外に広がる売薬活動

　赤玉と菊水売薬の正確な発祥時期ははっきりしていないが，玉名・菊水地域でつくられた赤玉は，いずれにせよ明治時代には熊本県内や九州各県に行商されていることは事実のようである．平田は，前述の「五野保萬日記」には，1878・79年（明治11・12）には福岡県や長崎県まで売薬行商に出向いたこと，菊水地域にて赤玉腹調丸のつくり方講習がおこなわれていたことなどが，記録されているのを見いだしている．つくり方講習会では，材料，配合分量，作業工程などの統一した基準が示されるから，当該地域の赤玉が品質の規格化・平準化がはかられたことを意味する．どこの薬工場でつくられ県内外に行商されたとしても，同じ品質であり，効き目も同じになり，赤玉が「肥後ブランド」として確立していくことになった．

　前掲の『郷土の産業のおこり』には，明治期における本町の薬行商の拡大過程がおおまかに紹介されている．1876年（明治9）に天草大矢野島に渡り，1878年には肥前佐賀の約800戸の配置，1880年には鹿児島県の薩摩半島の南部地域に，1890年には四国地方に，1898年には山口県厚狭町で約6千戸に配置することに成功している．1891年に鉄道・鹿児島本線の高瀬（現在は玉名）駅の開通以降においては，それまでの徒歩による行商から鉄道を利用した行商にかわり売薬の範囲はさらに拡大している．このような拡大過程を背景に，明治末期には売薬業を生業とする従事者数は菊水地域で約200人にのぼっている．菊水地域は山がちな地形のため，耕地面積が少ない．それに対して人口が多かったために農業だけでは生活できない世帯が多かった．こうした地域事情を背景に，農家の次男・三男の就労対策として，薬の行商はうってつけの生業となったともしている．

菊水町の売薬業が盛んで好景気だった時期は，1950年代前半から1970年代前半にかけての約20年間である（写真7-1，7-2）．この時期の売薬行商の繁栄と行商範囲の拡大を支えたのは，明治期同様に，鉄道の利用による商人の移動と薬・土産などの送致である．それに加えて，現地での行商には1932年くらいから自転車を使うようになり，さらには1960年ごろにはバイク利用に，1970年ごろには自動車にかわっていく．菊水売薬の繁栄期である前期の約20年間は，地方の都市や農村部には，病院や医者の数は不足していたし，薬局の存在も稀だった．したがって，ちょっとした病気や怪我には，家庭に配置された薬一式がおさまった薬箱が威力を発揮していたわけである．ライバルは富山や佐賀県田代からの同業者であった．ライバルといっても，後述するように，各家庭や会社などが2社以上の薬箱を置くこともあったし，また富山や佐賀からの同業者と宿を同じくし，将棋を指すなど娯楽に興じていたとされる証言もあるから，し烈な競合関係ではなかったようである．

　現在も売薬行商は続いているが，生業として売薬行商の存立，つまりは「生き残り」をかけてのきわめてシビアなライバル関係がみられる．それについては後述するとして，ここでは，1950年代前半から1970年代前半にかけての菊水配置売薬業の繁栄期の状況を紹介するとしよう．

写真7-1　薬の種類
（熊本県家庭薬㈱蔵）
菊水町教育委員会撮影・提供

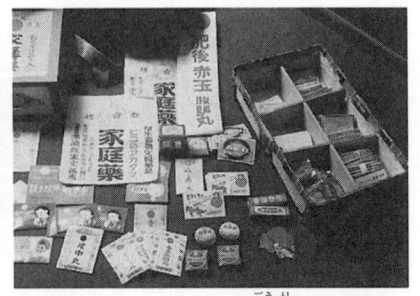

写真7-2　背負い柳行李と風呂敷
（熊本県家庭薬㈱蔵）
菊水町教育委員会撮影・提供

3. 菊水の配置売薬業の成立

1）生産会社の設立

　菊水の配置売薬業が盛んになるにつれ，家族経営的に製薬と売薬をおこなう経営形態は姿を消していく．1943年以降，菊水では製薬と売薬は分離され，前者は会社組織に，後者は協同組合組織に再編されることになった．第2次世界大戦下の国の統制（製造・販売）によって家庭製薬会社と商業組合が設立された．

　薬の製造を受けもつ企業体である「熊本県配置医薬品製造株式会社」は，それまで薬の製造にかかわっていた家内工業的製薬業の経営者たち（親方衆）を中心とし，ここに売薬のみの業者たちが加わりともに資本出資することによって誕生した．多くの人たちは正式名称でなく「生産会社」とよんでいる．生産会社の発足当時の1943年4月の名称は「熊本県配置医薬品製造株式会社」は，1944年5月に「熊本県家庭薬株式会社」に変更される．生産会設立以前においては，会社組織として工場が町内に2工場，玉名市梅林に1工場の3つあり，それ以外に自宅で製薬にあたる多くの個人製造業者が存在していた．それら経営体が解散・協同出資し，株式会社化した民間企業に生まれかわったことは注目すべきできごとでもあった．

　生産会社が1943年に設立されたときの株主は124人であった．その背景には，それだけ薬の行商における顧客数の増加，行商範囲の拡大，販売量の増大があったと考えられる．それまで，行商に出向いている間に親方の家で少ない人数で薬を製造していて，ときおり行商から帰ってきた人間が製造を助けるという体系では，薬の製造数量も限られていた．つまり，販売可能な数量をまかなうだけの製造能力をもたなくなっていた．親方の家で販売と製造を一緒にこなし続けるには限界が生じていたことを意味する．需要に応える製造能力の向上，製造よりも販売に力を入れ稼ぎたいという意識が底辺において共通しており，発展の方向性，発展に向けての課題，悩みの解消という側面で利害関係が一致したともいえる．その結果，親方衆をまとめさせ，協同で薬を製造する会社を立ちあげ，「売薬の里・菊水」の機能的再編成がは

写真7-3　製薬風景
（菊水町教育委員会提供）

かられた．

家庭薬会社の従業員は1949年5月時点で，正社員として男性7人，女性3人，工員13人の合計23人がおり，そのほかにパート従業員として女性7人がいた．彼らは4月から9月までは午前8時から午後5時まで，10月から3月までは午前8時から午後4時まで勤務していたことが，当時の就業規則からわかる（写真7-3）．平田はさきの著書のなかで，会社はこれら労働者に対して，当時としては相応の給料を支払っていたとし，役員（取締役社長，専務取締役，常務取締役各1名，取締役4名，監査役3名）に対して支払っていた報酬をあきらかにしたうえで，戦後のインフレにみまわれながらも順調な利益をあげていたと推測している．もちろん，それを支えていたのは商業組合で，製造した薬を商業組合に卸す量がかなりあったとされ，同時にそれだけ売薬人が仕入れ・販売していた事実を物語るものである．

2）配置売薬商業組合の設立

売薬業者やその親方衆が出資して組織し，運営したのが1942年10月に設立された「熊本県配置売薬商業組合」だった．さきの薬の生産会社である熊本県家庭薬株式会社から，商業組合が購入して，売薬人や業者は商業組合から薬を仕入れて販売するという形態に様がわりした．商業組合の組合員のほとんどは家庭薬会社の株主でもあった．それまで組合員のほとんどが自宅で

3. 菊水の配置売薬業の成立

個人経営として，薬の原材料を自己資金で仕入れ，家内労働で薬を調合し，こねたり炒ったりして薬をつくる，袋詰する，袋にラベルを貼るなどして，売りに出ていた．それが，薬の製造を止め，薬も組合から仕入れ，販売だけが仕事になるような分業体制が確立され経営が一変した．しかも製造する会社の株主になり，そこから協同で仕入れる組合の組合員になったわけである．

製薬と販売をともにこなす個人経営者たちは，大変手間がかかっていたものの，もっとも利益があがっていた製薬部門をなくす結果となった．彼らは，生産会社から仕入れた薬を売り歩くだけになった．製薬の利益は会社組織の家庭薬会社が独占することになったものの，株主には出資金に応じて配当されたから，親方衆の収入の目減りをいくらか補填していたことになる．

商業組合は，1942年の設立以来，生産部門を家庭薬会社にゆだね，商業組合が協同仕入れと販売を受けもってきた．設立時の組合員の資格をえた人は，売り歩く県から売薬免許を受け家庭配置業の行商にまわる人と，その懸場帳主である行商人の元締めの親方であった．薬の行商人や元締めは組合を通して，家庭薬会社から薬を仕入れることを義務づけられており，このことは商業組合の組合員にならないかぎり配置売薬業を続けることができなかったことを意味する．戦時下の販売統制が組合設立の目的であり，設立時の組合員は個人224人と法人2会社（肥後売薬と熊本売薬）であった．生産会社と同様に1県1組合であるため，天草や球磨地域を含め熊本県下全体に組合員がいて，その合計がさきの224人という数字である．そのうち，菊水地域と玉名市の範囲に住所をもつ組合員は179人（全体の約80％）をも占めており，いかに菊水・玉名地域に売薬人が多かったかがうかがえる．組合員224人のうち半数以上の124人が，玉名郡菊水町を構成していた当時の4村（江田，東郷（とうごう），花群（はなむれ），川沿（かわぞえ）の各村）に登録住所があった．84人の組合員が江田村にいて，江田地域が「売薬の里・菊水」のルーツでもあることがわかる．

商業組合は，終戦前の1944年9月に「県家庭薬配置統制組合」と変更され，懸場帳主である親方だけが組合員の資格をもつと限定されたかたちに組合が変質している．終戦後の1947年2月に商業協同組合法にもとづき「熊本県家庭薬配置商業協同組合」にかわっている（表7-1）．1950年2月に

表7-1 熊本県配置売薬商業組合設立時の個人組合員の所在地

現市町村名等	旧町村名	組合員数
菊水町	江田村	84
	東郷町	15
	花簇村	19
	川沿村	6
荒尾市		3
玉名市		57
玉名郡		3
鹿本郡		9
熊本市		9
八代市		1
八代郡		1
下益城郡		4
宇土郡		1
球磨郡		1
天草郡		11
総　計		224

(平田稔〈2005〉による)

は，中小企業等協同組合法の制定により，組合は法律上の位置づけにおいて中小企業協同組合となった．平田は，その実態を以下のように提示している．当時の組合員は約200人で，翌1951年の商業組合の実態調査によると，組合員の人数が正確には，204人いたとする．その内訳として使用人のいない組合員が173人，使用人が1～20人いる組合員（親方）が31人いたことが判明している．菊水・玉名地域だけに親方が31人いたことも判明している．なお1951年6月時点の組合事務所の従業員は男性1人，女性2人いた．

　商業組合のその後を，平田が提示した組合員数と出資口数（表7-2）の変遷から述べると以下のようになる．組合員数は1947年180人，1957年200人，1960年195人，1963年195人，1964年169人，1972年167人，1976年139人となっている．1948～1957年度までの10年間に20人増え，1964年度に26人が減少し，1973～76年度にかけて30人減少している．出資口数に関しては1947年1,000口，1957年2,644口，1960年2,594口，1963年2,594口，1964年2,335口，1972年2,335口，1976年2,335口となっている．1948年度から1957年度までの10年間に1,644口増え，その後6年間に50口ほど減少し，1964年

表7-2　出資口数別組合員の推移

	1947年度末		1957年度末		1960年度末		1963年度末		1964年度末		1972年度末		1976年度末	
	員数	口数	員数	口数	員数	口数	員数	口数	員数	口数	員数	口数	員数	口数
5口以下	—	—	32	89	32	89	32	89	28	8	27	79	11	35
10口以下	—	—	91	887	86	837	86	837	72	707	71	697	56	557
20口以下	12	176	49	747	47	723	47	723	39	603	39	603	44	769
30口以下	2	60	18	443	19	467	19	467	19	467	18	443	15	405
50口以下	0	0	8	365	8	305	8	305	8	305	9	340	10	395
50口以上	0	0	2	113	3	173	3	173	3	173	3	173	3	174
計	180	1000	200	2644	195	2594	195	2594	169	2335	167	2335	139	2335

注）—はデータ不明．1960年の30口以下の口数を497から467に修正した．（平田稔〈2005〉による）

度に259口減少し，1965年～1976年度にかけて変化はない．

　組合員数と出資口数ともにもっとも変化があったのが1964年であるが，この年は東京オリンピックが開催された年で高度経済成長期の真っただなかであった．日本中から東京・大阪・名古屋の大都市圏へ人口流出が進んだのがこのころである．1976年には商業組合は実質的に解散するが，そのきっかけをもたらしたのが，出資口数10口以下の小さな組合員の離脱であり，1957年の123人から1976年の67人となり20年間に56人の離脱が出資口数10口以下で発生している．

　前述のことは，熊本県への売薬業の配置登録者数においても確認できる．1964年度の熊本県への登録者は配置販売業者（県が発行する家庭薬販売の免許を持った「親方」を意味する）は56人，配置従事者（配置販売業者である親方に配置地区を割り振ってもらって配置にまわったり，作業を手伝う従事者）は79人であった．それが，1972年には親方54人に対して従事者は22人まで激減している．1977年には親方46人に対して，従事者19人にいたっている．高度経済成長期に売薬業より割のよい収入がえられる賃仕事に多くの売薬従事者が転職していることが推測される．そして，1985年以降は親方も従事者もほとんど姿を消すことになる．

4．証言・売薬行商

　1950年代後半が菊水町の売薬行商の最盛期であった．このころの行商の足は自転車からバイクへのかわりめの時期でもあった．遠方に出向くときは最初は自転車やバイクで現地に行き，次回の行商のために留め置き，汽車で帰ってくることが通常であった．自転車の場合，薬や土産物が入った柳行季（やなぎごうり）と一緒に汽車で送ることもあった．菊水地域から鹿児島までバイクで行き来する者もいたという．自転車とバイクは，薬を配置し代金を回収するのに現地で貴重な足になった（写真7-4）．

　菊水町で長年，配置売薬の仕事をしてきたMA氏は，「薬売り行脚の思い出」と題して，以下のようなコラムを「菊水町史」に寄稿している．

　私が初めて，売薬業に従事するようになったのは昭和二十九年一月からである．先代から引き継いだ古い得意先が記された帳面・売薬帳を持って宮崎県北部の地域に行った．戦争末期の企業整備という国策のもと，一戸一箱に限るという配置売薬業の再編成により，やむなく引上げた得意先を，再び自由取引になった戦後に，私が先代に替わって巡り，再取引をお願いしてま

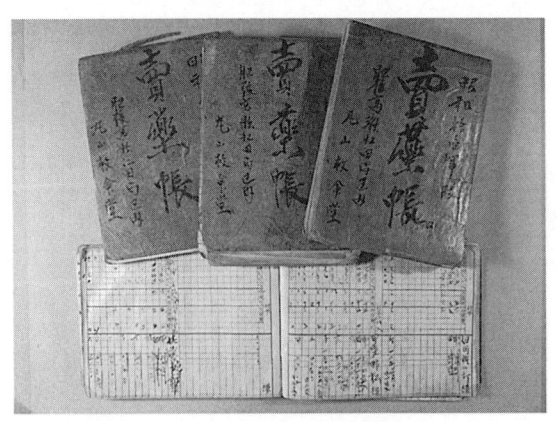

写真7-4　丸山救命堂の売薬帳（個人蔵）
（菊水町教育委員会撮影・提供）

わった．

　配置場所は五ヶ瀬川上流から下流までの広い範囲で，高千穂町・延岡市・北川町一帯を中心に，二千戸ほどを一年に一〜二度巡り，薬箱の新規配置先の開拓と，お得意さんが使用した薬の代金回収と薬の補充に駆け回った．当時は道路も悪く砂利道を自転車で巡った．私は汽車やバスを乗り継いで現地に出向くが，自転車と薬は荷造りして現地に送ってもらっていた．一度，菊水町を離れると二ヶ月間ほどは帰れない．正月とお盆，それに田植えと稲刈りの時期だけは，しばしの休息．自宅に滞在できた．それ以外は一年間に五〜六回の旅の連続である．私の行商行脚生活は四十五年間つづいた．

　最も難渋した思い出は，昭和二十九年九月に行商中に台風に遭遇したことである．私は当時，五ヶ瀬川流域でもっとも山あいの地で地形的に急峻な日ノ影町を巡っていた．激しい雨が幹線道路の路肩を崩し，橋が流されたり，国鉄日ノ影線の鉄橋が落ちたりした甚大な被害を与えた台風だった．台風一過，私は山付の細い歩道や旧道を歩いてまわるはめになった．五ヶ瀬川沿いの低い地域の家は水に浸り薬箱が流されていたので，また入れてまわった．

　楽しみもあった．宿へ帰ると風呂に入り夕食後明日の準備を終えて，同宿の仲間や客たちと碁や将棋を指し，たまには映画を見に行った．また師走に高千穂で，夜神楽に酒一本提げて神楽見物に行くと，皆さん顔なじみで，「上がれ，上がれ」と言って正面座に据えられ，夜神楽を堪能させていただいたなつかしい思い出もある．（以上，原文のまま掲載）

　MA氏は，売薬の最盛期に宮崎県北部地域で売薬行商に長年あたってきた．玉名駅から阿蘇の高森駅までは汽車で，そこから高千穂町まではバスで移動した．荷物や自転車はあらかじめ高千穂町まで送っておいた．高千穂町では2か所の定宿を拠点にして村々を売り歩いた．高千穂町は村や集落ごとに伝統的な夜神楽が夜を徹しておこなわれる．農閑期である冬場に毎年各家々もちまわりで神楽が開催されるところとして有名である．MA氏は配置先の家へ酒を手土産に夜神楽見物に出向くと，「上がれ，上がれ」と歓待された懐かしい思い出をしたためている．つぎにMA氏が自転車で移動するのは隣町の日之影町である．高千穂町同様に，九州山地の奥，五ヶ瀬川の上

流地域に位置する険しい地形のところである．山奥まで町内の広い範囲に集落が点在し，町の中心部との標高差がかなりあり移動の難所であった．MA氏は，自転車にのってまわるというより，細い歩道のような山道を自転車を押して歩いて行商にあたっている．高千穂町にしても日の影町にしても，山奥まで多くの集落が点在するのは，スギやクヌギの林業地域であり，しいたけの栽培，子牛の生産，お茶の葉の生産が生業を成立させていたためである．

　その後，MA氏は五ヶ瀬川沿いに延岡まで移動しながら，薬の行商をおこなっている．延岡に近づくにつれ，集落は川沿いにある段々の地形（河岸段丘）に位置するようになるので，自転車での行商も楽になる．延岡市内は平野の街中なのでいっそう行商は楽になる．街中の安価な旅館を定宿にして，薬を売り歩き，休みには映画館で映画を観て楽しんでいる．

　延岡市のつぎは海岸部の平野を北に移動し，北川町で行商にあたっている．北川町は「北川」と「小川」沿いに狭い平野が続き，集落がまとまって存在するところである．これら２つの河川の上流域にある集落を除けば，

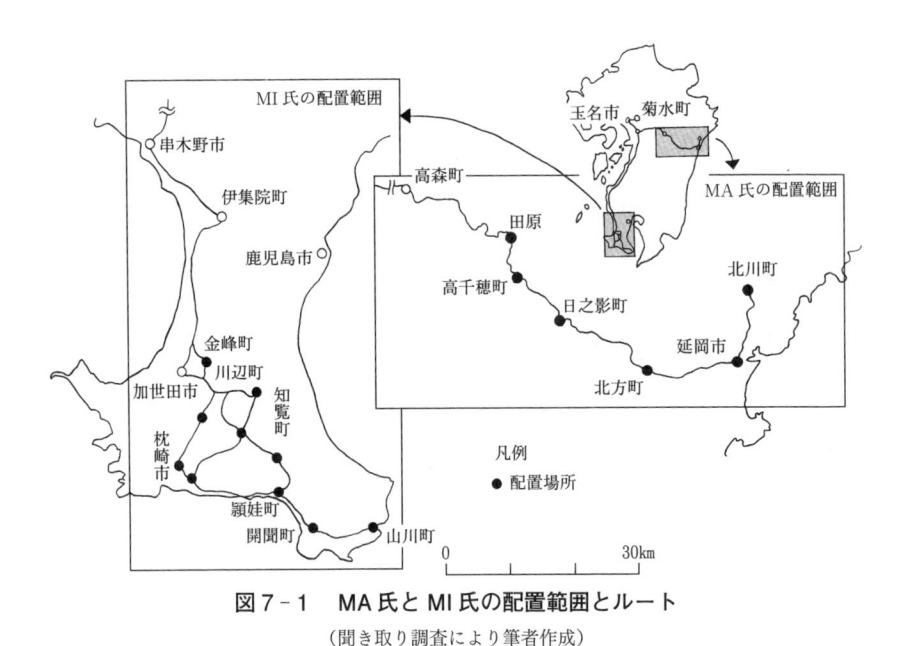

図7-1　MA氏とMI氏の配置範囲とルート
（聞き取り調査により筆者作成）

自転車での移動は楽であったと MA 氏は語る．清流・菊池川に育った MA 氏が，同じ清い流れの五ヶ瀬川，北川，小川沿いに薬を売り歩く姿を目に浮かぶ．2～3 か月にも及ぶ行商の後，MA 氏は菊水町に帰ってくるが，行商の途中で，MA 氏は自宅に手紙を書き，不足する薬や物品を知らせ，滞在先の宿まで送ってもらっている．

熊本県家庭薬株式会社の MI 氏は，最盛期に鹿児島薩摩半島の南部地域を対象にして，長年，売薬行商にあたっている．MI 氏も MA 氏同様に，前もって自転車や荷物を汽車で送っている．自身は汽車で鹿児島本線で串木野まで移動し，それから現在は廃線になった薩南鉄道に乗り継ぎ，薩摩半島の南部の知覧町にたどり着く．知覧町，川辺町，頴娃町の3つの町にそれぞれ定宿をもち，薬を行商している．薩摩半島南部はお茶やサツマイモの産地で，地形的に平坦な畑作地域である．したがって，自転車での移動に苦労することはあまりなかった．MA 氏と違うのは，2～3 人で菊水を出発し，配置にあたる担当集落を分担しあって行商していることである．

MA 氏と MI 氏らは定宿で，他県からの同業者と同宿している．食事の折に情報を交わしたり，世間話をしたり，将棋に興じたりしている．商売上のライバルどうしが，「呉越同舟」しているなつかしい時代である（図7-1）．配置先の家々やお店，会社などが複数の売薬業者から薬箱を預かっていたことが，同業者どうしが敵対関係を起こさずにすんだ大きな理由であった．

5．生産会社の歩み

さきの平田の著書から，生産会社の全盛期のようすを簡単に紹介する．1950年4月の役員会で，家庭薬会社がつくった薬の全量を商業組合が共同購入することが承認されている．組合員は組合を通して薬を仕入れることになった．翌年の役員会では，販売が好調で商品の品切れが発生し，得意先に迷惑をかけているので工場の増産体制をはかる決定がなされている．一方，その翌年の役員会では売れてはいるものの売掛金（代金の後払い，付け払いを意味する）が多く，その回収がうまくいかず，生産会社の資金繰りが困難に

なり，急きょ，52万円の緊急増資と，国民金融公庫からの50万円の融資（5年ローン・割賦支払い）を受けている．

　生産会社の従業員は1949年に，工員14人，製丸師3人，職人6人の合計23人がいた．製丸師は赤玉をつくる専門の従業員で原料を調合し，ばら籠で赤玉を丸く一定の大きさにし赤色に調剤する専門の技術をもつ工員である．これら23人の従業員への給料と役員報酬を払えるだけ，赤玉や他の薬の売れ行きがよかった時代である．当時の小さな村でこれだけの会社が存在するのは稀なことだった．その後は，1950〜1960年代をとおして，家庭薬会社の常時雇用の正社員は事務員5〜6人，製丸師5人以内で10人程度であった．製薬の多忙期には袋詰めなどの作業で，臨時雇用者が15〜30人いた（写真7-5）．

　表7-3の左には，家庭薬会社が製造していた薬を示している．会社設立当初からつくれる薬は自前でつくるとしてきた．1946年度には21品目を製造していることになる．この数は2年前の1944年には35あったとされる．1949年の配置用薬入れ紙袋の裏面には，薬品名として表7-3の1946年の薬がほとんど記入されている．表7-3中には，1966年度の売り上げベスト12の薬の名称を記している．赤玉復調丸がトップにあるが，そのほかの多くの薬品は他者から仕入れて販売している薬である．表7-3の右には，生産会社

写真7-5　薬箱と薬の一部　(熊本県家庭薬㈱蔵)
(菊水町教育委員会撮影・提供)

表7-3　家庭薬会社の生産・扱い薬一覧

	1946年	1966年	1968年
赤玉腹調丸	◎	◎	◎
熊本胃散	◎		◎
敬丹	◎		◎
熊本メンソレー	◎		◎
牛馬ねら薬	◎		◎
万病感応丸	◎	◎	◎
白膏薬	◎		◎
頓服ヒット	◎		
せき止薬	◎		
下痢止め散	◎		
頓服ピラチン	◎		
カミナリ散	◎		
奇応丸	◎		◎
健中丸	◎		◎
安産湯	◎	◎	◎
虫下し	◎		
ノーチン	◎		
ノーミン	◎		
光明水	◎		
煎じ虫下し	◎		
奇妙丸	◎		
チンツー		○	
ラクミンケロリーS		○	
肥後せき止め散		○	○
ラビット		○	○
ピロリ		○	
トップ		○	
ヒゴパス		○	
ピラチン		○	○
神風散		○	
スロン風散			○
マーキュロ液			○
セロゲン			○
新ラクミン			○
新チンツー			○

◎が製造薬　○が仕入薬.（平田稔〈2005〉による）

が1968年に販売していた主要薬18種類について示している．これら薬はその後も生産されるものの，売れない事態に陥っていく．1966年以降におい

て赤玉以外の薬の販売が低迷し，経営状態が悪化していく過程がうかがえる．表にあらわれないものの，家庭薬会社が自ら1976年までつくっていた薬は18種あった．ちなみに，1944年には実に35種にのぼった．

売薬人にとって，生産会社でつくらない薬は仕入れ値が高く，売値との利幅が小さく儲からなかった．このことが，配置業そのものの不振を招く要因になったともいえる．こうして菊水地域の売薬人の数が1976年以降において激減していく．生産会社は不振状態が続くが，同年以前には自社で製造した薬を組合に卸し，つくらない薬やドリンク剤は他メーカーから仕入れて組合に卸した．工場が閉鎖される1976年以降も，他メーカーから仕入れた薬などを組合に卸すことで，不振ながらも生産会社を運営していくことはできた．商業組合は1996年に解散している．家庭薬会社は存続できたが，1976年以降，配置売薬業は衰退著しく，「売薬の里・菊水」は過去の代名詞になっていく．

6．配置売薬の斜陽化

2005年時点も菊水地域の売薬業は続いている．交通手段はもちろん自家用自動車である．かつて，鉄道やバスを乗り継いで現地に向かい，現地に置いてある自転車で一軒一軒まわったものが，1950年代にバイクに，1960年代には自動車にかわった．自家用車利用になると，一年のうちで年末年始，田植時期，稲刈り時期の3度くらいにしか帰ってこれなかった長期間の行商スタイルはなくなるようになり，比較的短期の日程で1年間で数多く出かけるパターンにかわっていった．

車による現地への往復と行商の時代になると，柳行季で送っていた荷物は，皮製のリックサックになり，その後はアルミ製のトランクになった．お得意さんの家々に配置する薬箱も厚紙製から木箱に，現在はプラスチック製にかわった．薬の包みも油紙製の素手による包み作業から，機械による真空パックにかわり，湿気対策も行き届くようになった．行商スタイルもアツシ（厚手の半纏）を着るハンティングスタイル（写真7-6）から背広姿にかわった．筆で書いていた和紙の帳面も，ボールペンで書く伝票やノートにか

写真7-6　ハンティングスタイルの行商姿（個人蔵）
（菊水町教育委員会提供）

わった．

　ところで，自動車が一般家庭に普及するのと機を同じくして，病気や怪我による病院への通院が多くなり，あわせて市販薬を売る薬局が多くなった．1970年代前半以降の家庭配置売薬業のライバルはこれら病院と薬局・薬屋である．この背景には，1951年4月以降における国民皆保険（健康保険）の実施と全国への浸透・普及がある．病院にかかる費用も，病院から処方される薬代も健康保険に加入していれば，全額支払わずにすみ，およそ1～3割の負担ですむことになった．都市の住民でも田舎の住民でも，ちょっとした病気や怪我でも病院にかかるようになった．

　また，都市から田舎まで，多くの薬局・薬屋が店を構えるようになり，営業時間も遅くまで設定された．人々は病気や怪我をしたときに，病院にかかれない曜日・時間帯だったり，病院にかかる必要がなく薬の購入・施用ですませると判断したときは，薬局・薬屋に出向くようになった．

　現在では，大手製薬会社，JA（農協）も家庭配置売薬業にのりだし，強力

なライバルになっている．わずかな薬箱需要に対して，個人営業から企業までの多くの配置売薬業者が顧客獲得競争をしている．それに加えて，薬屋のスーパーチェーン化と農村部への進出が目立っており，民間の中小・零細企業形態で営まれてきた菊水地域のような配置売薬業者の数を激減させ衰退を招いている．以上のように，医療と薬を求める患者側が，常に家庭に薬箱を置いておく必要性を感じなくなったことが，配置売薬業の衰退に拍車をかけたともいえる．したがって，現在では，緊急のときを考えて薬箱を置く家庭はわずかで，学校，役場，会社など多くの生徒・従業員をかかえる団体・組織が薬箱を常置しているにすぎない．

　菊水地域で赤玉が製造されなくなり，「赤玉の里」でなくなるのは，1976年であることはさきにも記した生産会社が赤玉の製造を県外のメーカーに委託したことによる．県外のメーカーとは奈良県橿原市の佐藤薬品株式会社で，もともと生産会社と取引関係があった中堅薬品メーカーである．生産会社が工場閉鎖に踏み切った大きな理由は2点あり，1つは薬事法の改定であり，もう1つは個別訪問売薬業そのものの不振である．

　新薬事法の施行は1976年におこなわれた．薬事法により製薬会社は製造設備の近代化と衛生上の管理強化がもとめられた．戦後，薬事法は数回改定されている．そのたびに生産会社は大変な対応をしてきた．同年の改定では，「医薬品の製造及び品質管理に関する基準」が示され，決定的な打撃を生産会社に与えることになる．薬を工場内でよい品質で，衛生的に製造するための機械化とその工程管理を求めた新基準は，そのために多額の投資をして自ら薬の製造を続けるか否かの決断を，熊本県家庭薬株式会社のような零細・小規模な製薬会社が決断を迫られることになったためである．1976年の薬事法は，その数年前に法律が改定され，施行時期が1976年であることが事前にわかっていた．したがって，全国の零細・小製薬会社は自社内で数年間，協議を続けてきている．生産会社の結論は，多額の投資をして，自ら製造を続けるよりも製造を止めて，他の製薬会社に「赤玉」だけは製造を依頼し，他の薬は仕入れすることだった．結果的に，生産会社は仕入れた薬を売る「卸販売会社」に変質を遂げることになった．

　個別訪問売薬業そのものの不振は，1970年以降に顕在化し，現在も衰退

の途中にある．さきの薬事法の改定では，赤玉をつくるための設備投資と衛生管理に多額の資金投入が必要になったわけだが，赤玉をつくり続けるのには，それなりの販路と販売量があり，設備投資資金の回収が可能かどうかが，工場閉鎖か否かの分岐点になった．生産会社は，1970年ごろから，薬の販売量だけでなく配置販売業の親方や従業員が減り続けていること，赤玉以外の数種類の売れ筋の薬は他のメーカーから仕入れしていることなどの状況をかんがみて，近代的な工場の建設と製造部門の維持は資金的・経営的に困難とみて，前述のような工場閉鎖・赤玉の製造依頼，販売業のみを存続させる意思決定をしている．

7．おわりに

こうして，生産会社は1976年以降「生産会社」でなくなり，卸販売の熊本県家庭薬株式会社（以後，家庭薬会社と略す）にかわった．同社のMI氏によると，2005年4月時点の株主数は165人で，株券は創業当時とかわらない100円であるという．毎年3月末に開催される株主総会に出席する株主は，平成に入ってから30人台という．

かつて薬を売るために株主になっていた人たちの家々で，代々株券が引き継がれていて譲渡されないために，160人台が続いているという．役員は8名で，その内訳は取締役6人と監査2人であり，営業利益が少ないため会社の運営経費にほとんどまわされ，役員報酬と株主への配当はほとんどないのが最近の状況であるという．

2006年3月時点の家庭薬会社の従業員数は3人で，薬剤師1人と事務員2人である．薬の卸業だけでなく，さきに述べたようにMI氏自らが若い時代から行商にあたってきた鹿児島県内薩摩半島南部地域に，年数回，自ら車を運転し，行商にあたっている．家庭薬会社から薬を仕入れ，行商にあたっている株主は31人で，菊水町内20人，熊本県内10人，配置先の宮崎県に居住し購入している一人である．

2005年時点でも肥後赤玉は売れ筋商品で，過去の実績でもここ数年の実績でも同社の販売薬品のトップである．取り扱う薬の品目は，40〜50品目

で，一般の薬局のその品目数約450に比べてかなり少ない．薬のほとんどは大手・中堅製薬メーカーから仕入れた薬であるという．さきの薬を仕入れにきて行商にあたっている株主の配置先は熊本県内30人，鹿児島県内約10人，宮崎県内約20人，長崎・福岡県内あわせて約5～6人となっており，すべてが九州内を領域として配置売薬を続けている．これらの人たちは代々家々で引き継いできたお得意さんが存在する地域を行商にあたっている．会社，役場の団体・組織や僻地の一般家庭が多いという．昨今において「肥後の赤玉」が世のなかから消えないのは，こうして細々と行商を続ける人たちの存在と，赤玉が入っている薬箱を置いてくれる顧客がいるからにほかならない．

【付記】
　本稿は拙著「菊水町史・現代」（『菊水町史・通史編』所収，2007年，ぎょうせい）で述べたものに補筆したものである．

【参考文献】
鎌田元一 1984．『イラストでつづる富山売薬の歴史』薬日新聞社
菊水町「菊水町合併史」（発行年不詳）
熊本県家庭売薬業配置商業組合 1970．『郷土の産業のおこり』
熊本県 1995．『熊本県市町村合併史』
熊本日日新聞社編集局 1989．『菊池川流域　新・地域学シリーズ④』
五野保萬『五野保萬日記』菊水町教育委員会蔵（発行年不詳）
橘木俊詔 2004．『家計からみる日本経済』岩波新書
長　忠生 2001．『田代の入れ薬―藩政時代の田代売薬―』中冨記念くすり博物館
野田知佑 2004．『少年期』文春文庫
平田　稔 2005．『肥後の赤玉盛衰記』熊本日日新聞情報文化センター
平山謙二郎編 1974．『熊本の名産・熊本の風土とこころシリーズ⑪』熊本日日新聞社
松井壽一 1991．『薬の文化誌』丸善ライブラリー

第 8 章

熊本県工業の地域的性格

―工業発展の過程と地域差の拡大―

1. はじめに

　熊本県は一般的に農業県の印象が強いが，高度経済成長期以降は工業の比重を高めてきた．2012年度の熊本県県民経済計算によれば，熊本県の県内総生産に占める製造業の割合は17.4％を占め，産業大分類別にみればサービス業に続く第2位に位置している．また2012年の熊本県工業は工場数2,234，従業者数9万1,189人，製造品出荷額2兆4,904億円，対全国比はそれぞれ1.03％，1.23％，0.86％であり，その比率は近年上昇傾向にある．熊本県工業の量的地位は相対的に高まる傾向にあるものの，工業の海外展開の更なる進展や国内での人材不足などを背景に，近年では九州各県で工場閉鎖が相次ぐなど，地方工業の置かれる状況は厳しさを増している．

　本章では，熊本県工業の発展過程と近年の展開に着目し，その地域的性格がいかなるものかを論じる．その際に，工業振興政策や工業立地の動向をふまえ，工業の地域差に接近することを試みる．

　具体的な検討に先立って，熊本県工業の変化を概観しよう．表8－1は1960年，1990年，2012年における工業の業種構成を示す．1960年は，第2次世界大戦に伴う工業生産の減少と戦後の復興を経て，高度成長が本格化した時期である．地方圏では工業化が相対的には遅かったが，大都市圏からの分散による工業立地が徐々に増加していた．1960年の熊本県は食料品，木材・木製品，窯業・土石など，地域資源型の業種が事業所数や従業者数で卓越していた．出荷額をみると化学工業やパルプ・紙，繊維など，大企業が生産の中心となっている業種が上位にある．この時期には地元資源を活用した軽工業が主な工業であり，機械工業や鉄鋼・石油化学等の重化学工業は少な

表8-1　熊本県工業の業種構成の変化

(1) 事業所数

年	1960年			1990年			2012年		
順位	業種	件	%	業種	件	%	業種	件	%
1位	食料品	787	36.0	食料品	862	22.8	食料品	567	25.4
2位	木材・木製品	484	22.2	繊維	530	14.0	金属製品	202	9.0
3位	窯業・土石	245	11.2	衣服	364	9.6	窯業・土石	164	7.3
4位	出版・印刷	122	5.6	木材・木製品	361	9.5	木材・木製品	154	6.9
5位	機械	91	4.2	窯業・土石製	343	9.1	繊維	152	6.8
製造業計		2,184	100.0		3,789	100.0		2,234	100.0

(2) 従業者数

年	1960年			1990年			2012年		
順位	業種	人	%	業種	人	%	業種	人	%
1位	食料品	11,979	24.2	電気機器	23,642	20.2	食料品	18,051	19.8
2位	木材・木製品	7,895	15.9	繊維	20,745	17.7	電子部品	10,827	11.9
3位	化学	7,270	14.7	食料品	17,587	15.0	輸送用機器	9,808	10.8
4位	窯業・土石	4,258	8.6	衣服	13,530	11.5	生産用機器	8,844	9.7
5位	繊維	3,417	6.9	輸送用機器	7,490	6.4	金属製品	6,632	7.3
製造業計		49,528	100.0		117,212	100.0		91,189	100.0

(3) 製造品出荷額等

年	1960年			1990年			2012年		
順位	業種	百万円	%	業種	百万円	%	業種	百万円	%
1位	化学	20,898	26.7	電気機器	506,657	22.3	電子部品	460,949	18.5
2位	食料品	20,137	25.7	輸送用機器	283,747	12.5	輸送用機器	346,677	13.9
3位	パルプ・紙	9,975	12.7	食料品	272,195	12.0	食料品	316,396	12.7
4位	木材・木製品	9,098	11.6	飲料飼料たばこ	182,224	8.0	生産用機器	239,050	9.6
5位	繊維	5,520	7.1	金属製品	149,406	6.6	化学	152,719	6.1
製造業計		78,245	100.0		2,273,102	100.0		2,490,354	100.0

注：2002年と2008年に産業分類の大幅な改訂がなされたため、1990年と2012年では業種の分類が大きく変わっている。2012年の「電子部品」は1990年には「電気機器」に含まれている。また2012年の「生産用機器」は1990年には「一般機器」（表中にはなし）に含まれている。（工業統計表により作成）

かったことがわかる．

その後，1960年代から70年代初めにかけての高度成長期には県下にも多くの工業が立地した．その代表的な業種は半導体産業などの電気機械工業であり，また造船業などの臨海型の工業もいくつか立地した．1980年代にはテクノポリス政策などもあり工業立地がさらに進展した．1960年と1990年を比べると熊本県工業の成長ぶりが理解できる．すなわち，事業所数では1.7倍，従業者数では2.4倍，出荷額では実に29.1倍にも達した．

1990年の業種構成をみると，事業所数では食料品や繊維・衣服等の軽工業が中心であるが，従業者数や出荷額では半導体などの電気機器の比重が高まっており，輸送用機器も上位に登場している．30年の間に機械工業の比重が高まったが，特に半導体等の電子部品産業がそれを牽引したといえる．

1990年代以降は，円高の進行や新興国の台頭などによる国際競争が激化し，日本企業はその対応として海外生産体制の構築を進めた．この過程で全国の工業従業者数は1991年をピークとして減少基調に転じた．2000年代には自動車や情報家電などを中心に国内生産の若干の回復がみられたものの，2008年のリーマンショック後に再び大きな減少を記録した．その結果，1990年と2012年を比べると，事業所数では0.6倍，従業者数では0.8倍，出荷額では1.1倍となり，県内では事業所数と従業者数での減少幅が大きい．

2012年の業種構成をみると，電子部品は1990年よりもシェアを減じたがなお従業者数で2位，出荷額で1位を占めている．加えて輸送用機器が比重を高めるとともに，生産用機器が成長している．つまり，半導体産業と自動車産業が熊本県の二大産業となり，それらを支える産業として生産用機器の成長が認められ，機械金属工業の集積度が以前よりも高まってきているといえる．

2．熊本県工業の発展過程

熊本県の在来工業には，荒尾市などの小代焼（小岱焼）等の陶磁器業，人吉・川尻の鍛冶業，八代の和紙，来民の団扇，球磨焼酎などがある．しかし幕末に薩摩や肥前が西洋技術をいち早く導入して産業近代化を試みたのと

は対照的に，県内では1870年（明治3）になってようやく殖産工業政策が開始され，綿紡績業と製糸業を中心とした工業化がなされた[1]．一方，八代や水俣では，球磨川等の水力発電や水資源，近隣の木材や農産物を原材料として，明治中期から近代工業化が始まった．

以下では第二次世界大戦後から1980年代までの熊本県工業の発展について，新産業都市における重化学工業化，内陸部農村への工業導入，そしてテクノポリスによる先端技術産業の発展に注目して検討する．

1）不知火・有明・大牟田新産業都市の建設

1950年代半ばから高度経済成長が始まり，大都市工業地帯への工業集積が急速に進む反面，工業用地・用水の不足，地価の上昇，人件費の高騰と労働者の獲得難，交通条件の悪化，公害問題など，過度の集積に伴う不利益が深刻化した．他方，地方圏では産業の近代化が立ち後れ，労働者の流出が顕著であった．そのため経済成長と地域間格差の解消を目指し，工業の地方分散政策が導入された．1962年策定の全国総合開発計画は，大都市圏以外の地域に重化学工業を中心とした開発拠点を設けるという拠点開発方式を提唱し，その具体化のため同年に新産業都市建設促進法が制定された．新産業都市（以下，新産都）は「産業の立地条件及び都市施設を整備することにより，その地方の開発発展の中核となるべき」（同法第1条）ものである．新産都の指定をめぐり地域間競争が白熱した結果，全国15地域が指定され，熊本・福岡両県にまたがる9市40町村からなる不知火・有明・大牟田地区もその1つとなった．

当地区の新産都建設基本計画（1964年11月決定）では，八代および大牟田，荒尾，長洲の臨海部，熊本，宇土市周辺の内陸部を中心に当面，石炭関連工業，化学工業，機械金属工業，食料品工業の開発を図るとともに，併せて関連産業その他資源立地型の各種工業の開発を促進するとされている（楊 2007）．

新産都の成否は，重化学工業の立地がなされるかどうかが鍵を握る．このうち有明地区は，新産都以前に構想されていた住友石炭鉱業の玉名炭田開発計画が頓挫した後，八幡製鉄が有明海底の砂鉄を原料とする有明製鉄所の建

設を1962年に決めるも1966年に建設中止となるなど紆余曲折を経た．1970年にようやく日立造船（現ジャパンマリンユナイテッド）が長洲町に進出することが決定することで中核企業が定まり，有明地区の産業基盤整備がようやく実施段階に入った（伊東1992）．しかし，計画が地域の財政規模からみてあまりにも過大であり，計画の目標値を達成することはできなかった．1980年代になると県の工業開発はテクノポリス建設が中心となった．新産都建設促進法はその役割を終え2001年廃止された．

2）農村地域の工業化

高度経済成長期の半ばである1964年頃から，県内内陸部への工業立地が活発化した．1964年から68年頃までは繊維・衣服工場が多数立地した．新規労働力の取得難，人件費の高騰，地価上昇による工場設備の拡張難等から，県内の農村部に進出したものである．やや遅れて，電気機械工場の進出も開始された．1967年に三菱電機（半導体）が熊本市に，1968年に九州松下電器（テレビ用電子部品）が岱明町（現玉名市）に，1970年には九州日本電気（半導体）が熊本市に立地した．これら大手メーカーの拠点工場は主に熊本市周辺などの県北部に立地し，さらに地元下請企業群を創出した．地元下請企業群は労働力の競合を避けるために広範囲に分散して立地する傾向にあった（山口1982，山中1986）．たとえば1972年に山鹿市に進出した立石電気（現オムロンリレーアンドデバイス）は生産子会社を人吉市，阿蘇市，上天草市に配置した．こうして1960年代から70年代にかけて，従来工業の少なかった農村地域に企業が進出し，県内スケールでみると工業立地の分散傾向が強まった．

農村地域への工場進出は，企業，労働者，地元自治体のそれぞれの思惑が一致した結果でもある．企業は大都市では獲得が困難となった低廉労働力を求めた．労働者は主に兼業農家から供給されたが，減反政策が始まり農外収入が必要であった．1970年代当時，農家の主婦層は運転免許を保有しない人が多かったので通勤可能な農外就業先は限られており，工場は貴重な兼業先とみなされたのである．加えて，人口流出に悩む地元自治体は工場進出による雇用機会の創出を期待して企業誘致に注力した．1971年に制定された

農村地域工業等導入促進法などの国の政策も，地元自治体の企業誘致を促した．

3）テクノポリスの建設

　1973年の第一次石油危機により日本経済は低成長期に入った．基幹産業であった重厚長大型産業が軒並み構造不況業種となり，産業構造の高度化，知識集約化が求められる中，低成長期にあっても活況を呈していた半導体，コンピュータ，情報通信，バイオ等の先端技術産業の成長への期待が高まっていた．こうした背景から，1980年に通商産業省がテクノポリス構想を提唱すると大きな反響を呼び，1983年4月，高度技術工業集積地域開発促進法（テクノポリス法）が成立した．テクノポリスとは通産省によれば，「産」（先端技術産業群），「学」（学術研究機関，試験研究機関），「住」（潤いのある快適な生活環境）が調和したまちづくりを実現しようとするものである．

　1984年3月には熊本テクノポリス開発計画が他の8地域とともに国の第一次承認を受けた．県は，停滞する経済の起爆剤として，先端技術産業を新たな基幹産業に育成することを意図していた．指定された圏域は熊本市，菊池市を含む熊本都市圏16市町村であり，応用機械，バイオテクノロジー，電子機器，情報システムの4つの先端技術産業を中心にした産業開発を進めることにした．具体的な方策はやはり企業誘致が中心に据えられ，立地基盤整備として熊本空港に近接する益城町にテクノ・リサーチパークが84年に着工され，その中核施設であるテクノポリスセンターは86年に開所した．西原村に鳥子工業団地，大津町に熊本中核工業団地などが整備され，立地の受け皿となった．ソフト面では，県が1982年に企業誘致推進本部と企業誘致対策室を設置するとともに，83年度以降，立地企業に対する融資制度や税制上の優遇制度などを創設した．一方で，内発的な産業開発のための施策も進められた．電子応用機械技術研究所，熊本大学地域共同研究センター，県工業技術センターなどの研究開発および開発支援機能が整備されるとともに，テクノポリス技術開発基金とテクノポリス財団の設立を通じた金融支援，人材育成，情報提供等の事業が行われ，地域企業の技術高度化が図られた．こうした取り組みの結果，熊本テクノポリス圏域の工業成長率は県

内全体の工業成長率を上回り，また九州内の6テクノポリスの平均成長率をも上回った．目標到達度も相対的に良好ではあった．しかしすべての項目にわたって計画目標値を達成することはできなかった[2]．

　テクノポリスに関連して工業団地や産業支援施設が多数整備されたが，それらは熊本都市圏内に集中していたこともあり，1980年代の工業立地は熊本都市圏において活発であった．1970年代には農村部への分散傾向が顕著であったが，熊本都市圏への集中傾向を示すようになったといえよう．

3．1990年代以降の工業の展開

1）工業立地の動向

　図8-1は熊本県の工業立地動向を全国動向と対比している．1990年代初頭のバブル経済の崩壊は企業の設備投資意欲を減退させ，県内立地件数は全国と同様に下落した．ただ，全国的趨勢と異なり県内では96〜98年に一時大きく回復した．この期間には金属製品，一般機械等がやや増加したことに加え，食料品，窯業土石製品，木材等の地方資源型業種の立地の活発化が寄与している．

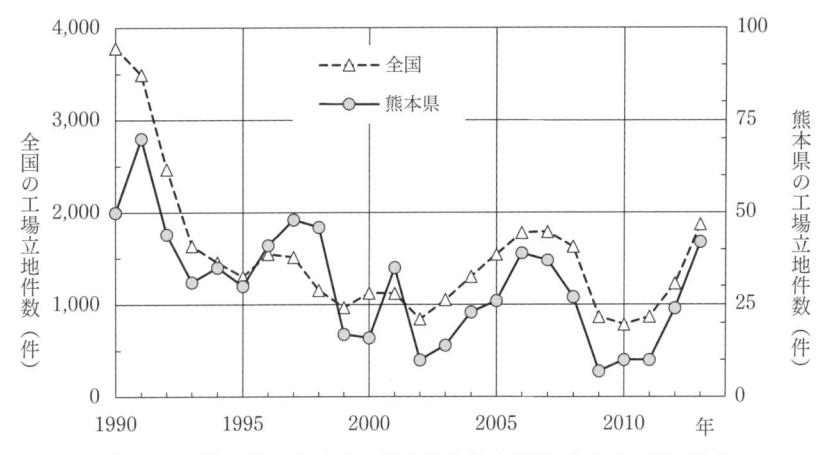

図8-1　熊本県における工場立地件数の推移（1990〜2013年）
（工場立地動向調査により作成）

表8-2 熊本県における業種別の工場立地動向（1990〜2013年）

業種	1990	91	92	93	94	95	96	97	98	99	2000	01	02	03	04	05	06	07	08	09	10	11	12	13	累計	%
地方資源型	14	13	8	11	15	9	14	23	13	6	2	6	2	4	5	11	7	2	5	2	6	4	5	4	191	26.0
食料品	8	4	2	4	8	3	7	14	7	2	2	3	1	2	2	4	5	2	2	2	3	1	2		88	12.0
飲料たばこ飼料		1			3	1	1	1	2	1		1		2	2	3	1				1	2	1	2	23	3.1
繊維工業								1								1			1						3	0.4
窯業・土石製品	3	4	2	4	1		4	1		1		2		1	1	2					1	1	1		29	3.9
パルプ・紙加工品		1	1			1			2										2		1				9	1.2
木材・木製品	3	4	2	3	3	4	2	6	1	2			1	1		1	1		1		1		3	2	39	5.3
雑貨型	14	10	10	6	4	3	5	6	10	4	4	4	3	3	2	1	5	9	4	1	0	2	2	1	113	15.4
（衣服・その他）	6	3	4	2		2	2	2	3	1	1	2													26	3.5
家具・装備品	1	2	2	1		1			2			1						1							10	1.4
印刷・同関連	2				2			2	2		2					1			1						11	1.5
プラスチック製品	3	3	4	3	2	1	3	2		3	4	1	2			1	3	8	4	1		1		1	49	6.7
ゴム製品	1	1				1							1				1						1		7	1.0
皮革・同製品									1														1		2	0.3
その他の製造業	1	1				1			2						2					1		1			8	1.1
基礎素材型	1	5	5	4	4	3	3	1	4	1	0	5	0	2	3	2	2	3	4	2	2	0	0	1	57	7.7
化学工業		3	1	3		1	2		2	1		4		2		2	1	1	2	1	2				29	3.9
石油・石炭製品		1			1	1		1																	4	0.5
鉄鋼業	1	1	3	1	1	2	1		2						1				1	1				1	15	2.0
非鉄金属			1		2						1							2	1				1		9	1.2

3. 1990年代以降の工業の展開 ● 145

	21	41	21	10	10	15	19	18	19	6	10	20	5	5	12	12	25	23	13	2	2	3	4	2	318	43.2
加工組立型																										
金属製品	6	14	4	4	3	4	14	8	6		2	4			1	2	7	9	4				1		93	12.6
(一般機械器具)	5	3	2	1	2	5	4	4	10	2	1	14	3	2	8	5	12								83	11.3
はん用機械器具																			1			2			3	0.4
生産用機械器具																		4	4			1	2	1	13	1.8
業務用機械器具																					1		1		2	0.3
電気機械器具	7	14	10	2	4	6	1	4	1	4	7	1		2	1	1	1	3	3	1				1	74	10.1
情報通信機械器具																									0	0.0
電子部品・デバイス													1			3	2	3							9	1.2
輸送用機械器具	3	10	5	3	1			2	2			1	1	1	2		3	4	1	1					40	5.4
(精密機械器具)																1									1	0.1
製造業計	50	69	44	31	33	30	41	48	46	17	16	35	10	14	22	26	39	37	26	7	10	9	11	8	679	92.3
その他		1			2				1						1				1		0	1	13	34	54	7.3
電気業					1										1							1	13	34	51	6.9
ガス業		1			1				1																3	0.4
熱供給業																									0	0.0
製造業等計	50	70	44	31	35	30	41	49	46	17	16	35	10	14	23	26	39	37	27	7	10	10	24	42	733	99.6
研究所															2									1	3	0.4
合計	50	70	44	31	35	30	41	49	46	17	16	35	10	14	25	26	39	37	27	7	10	10	24	43	736	100.0

(工場立地動向調査により作成)

2000年代の景気回復期には県内立地件数は再び増加し，2004〜2008年は立地件数が毎年20件を超える水準となった．業種別には一般機械，金属製品，電気機械，輸送用機械等の加工組立型業種の立地が相次いだ．大規模な立地としては，菊陽町のソニーセミコンダクタ（半導体）と富士フイルム九州（液晶材料），南関町の富士電機（太陽電池）と荏原製作所（半導体製造装置），嘉島町のサントリー（ビール等）などがあり，県北部に偏っている．

　2008年秋のリーマンショック後，新規立地は過去最低水準にまで下落した．東日本大震災後の2012年と2013年は立地件数が大幅に増加したが，その多くは電気業（太陽光発電施設等）によって占められている．2012年に固定価格買取制度が導入されたためであるが，同制度の見直しが議論されており，今後も電気業の新規立地が続くとは考えにくい．製造業自体の立地は2009年以降年間10件前後にとどまっており，工業立地の回復の兆候は認められない．

　業種別の特徴（表8-2）の第1は，加工組立型の多さである．1990年以降の立地件数全体の4割以上を占め，金属製品，一般機械，電気機械，輸送用機械など幅広い業種で立地が進展した．1980年代の立地が半導体などの電気機械に偏っていたこととは対照的であり，産業構造の多様化をみることができる．

　第2は，加工組立型の立地は年変動が激しく，全体の立地動向を大きく左右する点である．当業種は地域外，あるいは海外の需要に依存する傾向が強く，経済環境の影響を受けやすい．リーマンショック後は加工組立型の立地は低水準にとどまっている．2014年後半からの円安の急進により，国内大手メーカーでは生産を海外から国内に切り替える動きが生じてきているが，加工組立型業種の県内への立地がかつてほど増大することはあまり期待できそうにない．

　第3は，地方資源型が全体の立地件数の4分の1を占めており，加工組立型に比べると年変動が少なく安定していることである．この業種の立地要因としては，県内の原材料の利用や，地元需要を指向することなどがある．

　熊本県は企業誘致を推進力として工業化を進めてきた．誘致企業の分布を見ると（図8-2），概して県北部に集中している．最大の集積地は熊本市東

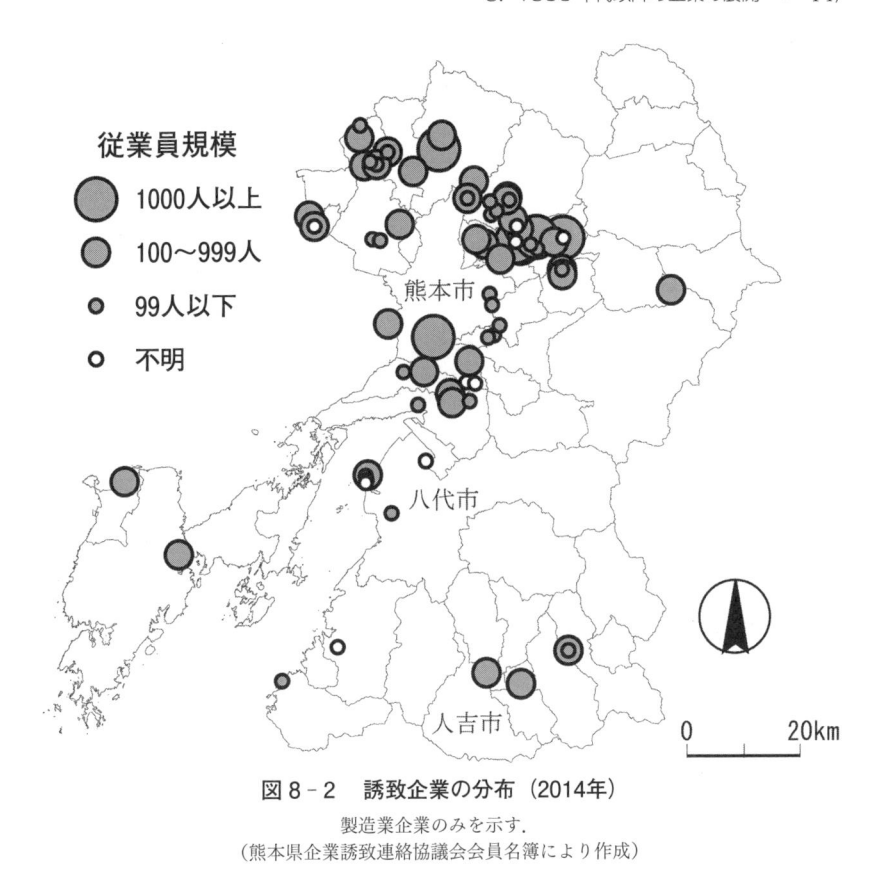

3. 1990年代以降の工業の展開 ● 147

図8-2 誘致企業の分布（2014年）
製造業企業のみを示す．
（熊本県企業誘致連絡協議会会員名簿により作成）

郊の大津町，菊陽町，合志市，菊池市にかけての一帯である．この地域は1960年代後半以降からの農村工業化の舞台となり，さらにテクノポリスの立地基盤整備の対象にもなった場所で，2000年代以降も立地が相次いでいる．加えて県北部の南関町，和水町，山鹿市，さらには熊本市南区から宇土市，宇城市にかけての地域にも誘致企業が多い．県北部に共通する立地要因として，空港や高速道路の利便性，安く広い用地が取得しやすいこと，熊本都市圏に近接し労働力の確保が比較的容易であることなどがある．その他では八代市の臨海部にいくつかの企業が立地する程度であり，球磨，天草，阿蘇地方では若干の分散的立地があるに過ぎない．このような誘致企業の分布が，後述する工業の地域差を大枠において形作っていると考えられる．

２）「カーアイランド」九州と熊本県

　九州の自動車産業は，1976年に本田技研工業（ホンダ）（大津町）と日産自動車九州（福岡県苅田町）が進出したことに端を発する．その後，1992年にトヨタ自動車九州（福岡県宮若市），2004年にダイハツ九州（大分県中津市），2009年に日産車体九州（福岡県苅田町）が立地し，それらの完成車組立工場に部品を供給する一次・二次部品工場も立地展開し，九州北部を中心に新たな自動車産業集積が形成されたため，「カーアイランド」とも称されている（伊東2013）．熊本県内では，ホンダの二輪車組立工場が大津町に立地したのに伴い1970年代にホンダ系列企業が進出した．1990年代前半にはトヨタ自動車九州の立地に伴ってトヨタ系部品メーカーなどが進出した．代表的なものはアイシン九州（現熊本市南区）である．2000年代にはダイハツの立地やトヨタ九州の増産がさらに部品産業の進出を活発化させた．

　自動車関連産業の分布をみよう．九州自動車・二輪車産業振興会議が作成した「九州自動車関連企業データベース[3]」（2014年）によれば，九州内で自動車関連企業は854社あり，うち福岡県380社（44.5％），大分県172社（20.1％），熊本県73社（8.5％）など，組立工場の立地する北部九州に集中している．熊本県内では菊池市に12，大津町に10，熊本市に8，八代市に5，合志市と宇城市に4などとなっており，県北部に多く分布する．

　自動車産業の地域的生産システムを概観してみよう．ホンダ熊本の立地について報告した中島（1985）によれば，ホンダの進出に伴って一次下請企業は1983年の時点で県内に19社あり，それらが有する二次下請企業は237社，うち県内だけで89社を数えていた．一次下請企業は大津町を含む菊池郡を中心に主に県北部に立地するが，一部は立地の分散化を意図した県の政策を反映して阿蘇郡や球磨郡にも立地した．さらに二次下請として地元企業や既存の進出工場を巻き込んでホンダを中核とする生産システムが形作られたが，その空間的範囲は県内にとどまらず，福岡，佐賀，大分県にも及んでおり，北部九州の工業集積の一端を構成するとしている．

　九州の自動車生産台数は2013年で134万台，対全国比13.9％を占める規模に成長している．しかし，自動車関連部品の域内調達率は九州全体で51％にとどまる（高木2010）．この理由は，九州の自動車産業が多くの部品を東

海や関東といった伝統的集積地からの調達に依存しているためである（藤川2012）．

完成車メーカーには域内調達率を高める方針の企業がある一方で，コスト面などからグローバル調達（つまり部品の輸入）を増加する方針の企業もあるため，自動車部品企業は受注先の多角化，広域化を進める傾向にある．自動車産業に限った研究ではないが，県内の中小機械金属工業を調査した渡辺(2004)によると，大企業の進出を契機として形成された地元機械金属工場群が，当初は特定大企業の下請的性格を強く有していたが，それら工場群の技術蓄積の深化，大企業側の外注戦略の変更，高速道路網の整備などを背景として，九州広域機械工業圏とも呼べる広域的な受注圏の中で存立しているとしている．

近年の県内自動車産業の特徴的な動きを2点述べる．第1は，マザー工場化の進展である．ホンダ熊本製作所は1990年代前半には約100万台の二輪完成車を生産したが，二輪車生産の海外展開に伴い減産を続け，2006年には33万台にとどまった．しかし同製作所が海外二輪車工場の立ち上げに数多く携わった実績により，同製作所が「マザー工場」として位置づけられた（高木2010）．二輪車生産を浜松製作所から移管し，国内生産を集約化する一方で，二輪R＆Dセンター（埼玉県朝霞市）から技術者約230人を熊本製作所に異動させ，開発から生産までの一体化を図った．

第2は半導体産業と自動車産業の融合化，すなわちカーエレクトロニクス化である．九州には半導体産業も集積しており，その技術的基盤は一部で重なっている．県内では三菱電機熊本工場（合志市）が大電力のパワー半導体を生産し，ハイブリッド車用のパワーデバイスなど車載用製品が成長している．また半導体製造装置関連の地元企業や進出企業も県内に少なからず立地しており，いくつかは自動車工場向けの製造装置を扱う企業が出てきた．その背景には2000年代以降の国内半導体メーカーの縮小・閉鎖により，半導体関連企業が多角化を進めたことがある．逆に，自動車部品企業の中でも半導体製造装置の組立を始めるものが現れている（伊東2013）．こうした動きは県内産業集積の充実，強化に資するものと考えられる．

3）産業集積の形成に向けた取り組み

　熊本県の産業政策は長年にわたり域外企業の誘致を基調としてきたが，国の政策が産業クラスターの育成に力点を移してきたことなどを背景に，2000年代に入ると新産業の創造と産業集積の形成に舵を切った．2000年11月に策定された「熊本県産業振興ビジョン」では重点5分野（新製造技術，情報通信，環境，バイオテクノロジー，医療福祉）を設定した．その後2005年には集積形成を主眼として3つのフォレスト構想（セミコンダクタ，バイオ，ものづくり）を策定し，2006年から2010年にかけて，ソーラー，自動車関連，情報サービス，健康サービスの各産業振興戦略を策定した．これら一連の政策について県は，①半導体，自動車，ソーラー関連等の集積の進行を評価する一方で，リーマンショック後の景気後退の影響を懸念し，②バイオ，環境，医療関連分野では，半導体や自動車に比べ集積を形成するには至っていない，と総括した．

　これを受けて，2010年12月に見直された「熊本県産業振興ビジョン2011」[4]では，新たなイノベーションの創出を図り，フォレストのシナジー（創造的融合）を誘発させ競争力のあるリーディング産業群を形成していくことが重要として，オープンイノベーションによる新たなビジネスモデルの構築や，成長分野への重点的な産業振興を進めるとした．重点成長分野としては，旧ビジョン5分野を再編し，セミコンダクタ，モビリティ，クリーン，フード＆ライフ，社会・システムの5分野が設定された．このビジョンに基づいて様々な施策が行われているが，注目されるのはリーディング企業育成支援事業である．この事業は重点成長5分野に属する県内中小企業の成長を促すものであり，イノベーションに対する補助金の交付や各種産業支援の提供などがなされている．これまでリーディング育成企業34社が認定され県から重点的な支援を受けている．こうした取り組みは中小企業の脱下請化や新事業の創出に寄与している．

4．拡大する工業の地域差

　次に，熊本県工業の地域差を検討しよう．そのために，経済産業省が毎年

実施している工業統計調査で用いられている「工業地区[5]」に基づいて県内5地区を取り上げる．表8-3は工業地区別の出荷額上位5位までの業種（産業細分類ベース）である．県北部の有明・菊鹿地区は合志市の三菱電機

表8-3　熊本県の工業地区別にみた産業細分類別製造品出荷額の上位業種（2012年）

工業地区	順位	産業分類	事業所数件	製造品出荷額等 百万円	特化係数（出荷額に基づく）
有明・菊鹿地区	1位	集積回路製造業	10	337,295	21.71
	2位	自動車製造業（二輪自動車を含む）	1	x	x
	3位	半導体製造装置製造業	29	152,348	20.69
	4位	自動車部分品・附属品製造業	30	63,978	0.48
	5位	葉たばこ処理業	1	x	x
		製造業計	612	1,272,234	
熊本中央地区	1位	集積回路製造業	3	44,051	5.36
	2位	自動車部分品・附属品製造業	10	41,096	0.59
	3位	生物学的製剤製造業	1	x	x
	4位	パン製造業	9	38,577	10.52
	5位	仕上用・皮膚用化粧品製造業	1	x	x
		製造業計	820	673,573	
八代・芦北地区	1位	洋紙・機械すき和紙製造業	1	x	x
	2位	金属製サッシ・ドア製造業	4	29,853	34.30
	3位	環式中間物・合成染料・有機顔料製造業	1	x	x
	4位	舶用機関製造業	4	23,557	30.15
	5位	プラスチックフィルム製造業	3	16,408	7.75
		製造業計	272	312,322	
人吉・球磨地区	1位	自動車部分品・附属品製造業	5	17,758	2.20
	2位	蒸留酒・混成酒製造業	23	15,038	64.49
	3位	集積回路製造業	1	x	x
	4位	一般製材業	28	5,359	37.08
	5位	部分肉・冷凍肉製造業	1	x	x
		製造業計	192	77,410	
天草地区	1位	その他の水産食料品製造業	31	9,543	74.22
	2位	舟艇製造・修理業	13	3,427	690.49
	3位	内燃機関電装品製造業	2	x	x
	4位	野菜缶詰・果実缶詰・農産保存食料品製造業	2	x	x
	5位	一般製材業	10	1,925	27.30
		製造業計	214	37,777	

注1：工業地区の範囲は図8-3の通り．
注2：「x」は秘匿（原則として事業所数2以下）を示す．（工業統計表により作成）

（集積回路）と大津町のホンダ（オートバイ）が立地し，それらに関連する半導体製造装置および自動車部品が卓越している．熊本中央地区も熊本市のルネサスエレクトロニクス（集積回路）やアイシン九州（自動車部品）等があり，半導体関連と自動車部品が上位を占めるほか，化血研（ワクチン等），再春館製薬所（化粧品・医薬品等）など，数は少ないが特徴的な大企業の存在によって業種構成に多様性がみられる．八代・芦北地区は，八代市の日本製紙（洋紙等），YKK AP（アルミ建材），ヤマハ熊本（船外機），興人フィルム＆ケミカルズ（プラスチックフィルム）等の誘致大企業や，水俣市のJNC（旧チッソ）（各種化学製品）などの大企業が立地している．人吉・球磨地区は自動車部品や集積回路の誘致企業がいくつか存在しているが，特徴的なものは球磨焼酎，製材業などの地域資源を活用した工業の存在である．天草地域は工業生産があまり活発とは言えないが，水産加工や缶詰等の食品関連，造船関連や製材業などがあり，人吉・球磨地区以上に地域資源への依存の度合いが強いと言える．

　これらをまとめると，大まかにいって県の北部と南部での地域差が明瞭である．すなわち県北部の有明・菊鹿地区と熊本中央地区は半導体や自動車関連の誘致企業が多く進出して工業化が進んでいる．一方，県南部では八代市内を除けばきわめて散発的に誘致企業が進出しているに過ぎず，人吉・球磨地区や天草地区では地域資源を活用した工業がその主体となっている．

　このような地域差（すなわち南北格差）はすでに1970年代には顕在化していた（伊東1992）が，近年さらに拡大する傾向にある．このことを1990年と2012年の間の市町村別の工業従業者数の変化から検討しよう（図8-3）．この間県全体では22.2％の雇用減であったが，地域的には大きな違いがある．50％以上の増加を記録したのは合志市，大津町，菊陽町，西原村といった熊本市東郊と，県北の南関町である．熊本市東郊は熊本テクノポリスの中核地域として立地企業の受け皿となった地域であり，1990年代以降も新規立地が活発で，半導体，液晶，半導体・液晶製造装置，自動車部品等の企業の新増設が相次いだ．県北の南関町は福岡県境に位置して高速道路の利便性も高く，2006年に富士電機の太陽電池工場が立地するなどしている．一方，大きく減少した市町村は人吉・球磨地域や天草地域を中心に広く分布し，な

4. 拡大する工業の地域差 ● 153

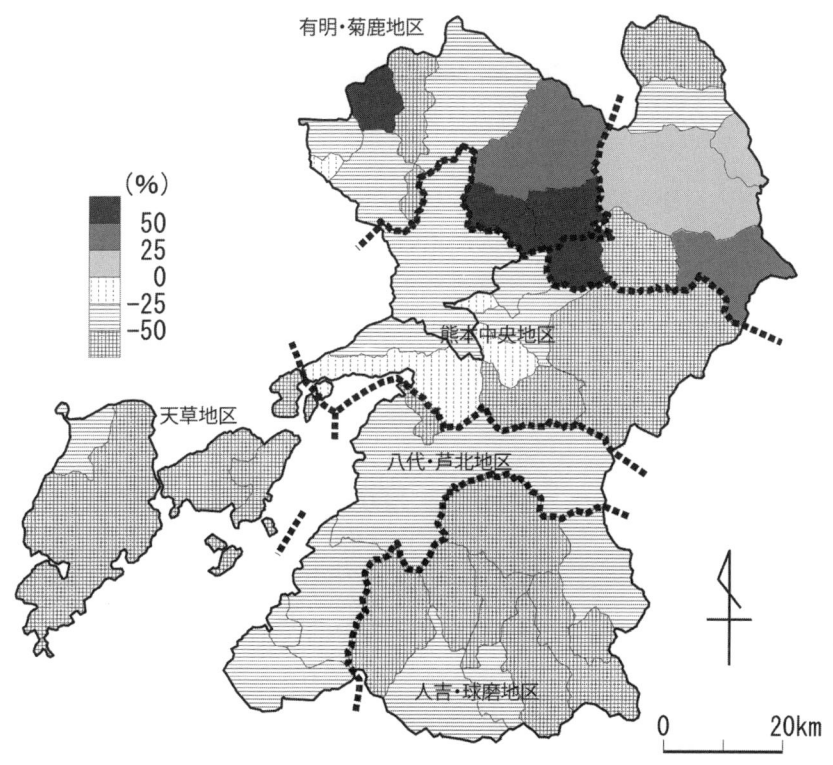

図8-3 製造業従業者数の変化（1990〜2012年）
（工業統計表により作成）

かでも球磨村や相良村は8割以上の減少を記録した．県南部や山間地域で工業雇用が大きく減少し，対照的に県北部，とりわけ熊本都市圏東部で増加するという地域差が明瞭である．

南北格差が拡大する要因は複合的であるが，さしあたり次の3点を指摘したい．第1に，1980年代以降のテクノポリスや県による誘致政策を通じて県北部への企業立地が進んだこと，第2に，公設試等の産業支援機関が熊本都市圏に集中立地することにより，企業のイノベーション活動において熊本都市圏が有利なことである．第3に，労働力構造の変化である．1970年代の農村部への分散は単純労働力を指向したものであったが，その後の賃金水準の上昇による省力化・自動化の推進，生産設備のマイクロエレクトロ

ニクス化などにより工場労働者に求められる技術水準が高度した．端的に言えば，農家の主婦層よりも，工業高校や理工系大学・高専出身者のニーズが高まったため，教育機関が多く人材獲得が容易な熊本都市圏が立地上有利になった．

　グローバル競争の激化とともに，日本工業は一層の高付加価値化，知識経済化を推し進めていく必要があり，県内の製造業においても，高度な知識・技術を有する人材の獲得と，多種多様な主体の接触・交流に基づくイノベーションの創出が求められている．このことは，県内スケールにおいては，熊本都市圏へのさらなる集積と，県内周辺地域の工業衰退をもたらすことになるであろう．

5．おわりに

　本章では熊本県工業の地域的性格を論じた．主導産業の変遷とその都度の産業政策の影響を受けて立地傾向は変化しており，全国スケールでの分布変化と同様に，熊本県域スケールにおいても，分散から集積へという傾向が認められた．また自動車産業と半導体産業の融合化や地元中小企業のイノベーション促進など，産業集積の充実・強化の兆候も看取された．熊本県工業は県域を越えた結びつきを強めて存立しており，北部九州の広域的集積の一角を占めるとみることができよう．その中にあって県内周辺地域では工業の縮小が鮮明であり，その対策を早急に進める必要がある．

【付記】
　本章の執筆に当たり科学研究費補助金基盤研究C（課題番号25370915，研究代表者：鹿嶋洋）の一部を使用した．

【注】
（1）熊本県製糸業の動向については，山中（2013）に詳しい．
（2）熊本テクノポリスの実態と問題点は伊東（1998）に詳しい．
（3）http://www.pref.fukuoka.lg.jp/uploaded/life/144609_50646570_misc.xls
（4）https://www.pref.kumamoto.jp/soshiki/57/vision2011.html

（5）工業統計調査における工業地区は，経済産業省が2002年に実施した工場適地調査の対象地区を基に，全国で主要233地区が選定されており，熊本県内は表8-3に示す5地区がある．なお県内では阿蘇市郡だけが工業地区に含まれていない．

【参考文献】
伊東維年 1992．『戦後地方工業の展開―熊本県工業の研究―』ミネルヴァ書房．
伊東維年 1998．『テクノポリス政策の研究』日本評論社．
伊東維年 2013．九州の自動車関連産業の企業集積の拡大と自動車部品1次サプライヤー（Tier 1）の自動車関連産業への参入．産業経営研究（熊本学園大学付属産業経営研究所）32：1-18．
高木直人 2010．自動車産業．九州経済調査協会編『九州産業読本 改訂版』100-112．西日本新聞社．
中島　茂 1985．企業立地と地域の工業化―本田技研工業㈱熊本製作所の立地を中心に―．関西大学経済・政治研究所編『九州地方における地域経済（調査と資料第58号）』256-295．
藤川昇悟 2012．新興集積地における自動車部品の域内調達とグローバル調達．伊東維年・柳井雅也編著『産業集積の変貌と地域政策―グローカル時代の地域産業研究―』41-66．ミネルヴァ書房．
山口不二雄 1982．電気機械工場の地方分散と地域的生産体系―宮城県・熊本県の実態調査事例の分析を中心に―．経済地理学年報 28：38-59．
山中　進 1986．熊本の電子部品工業．井出策夫・竹内淳彦・北村嘉行編『地方工業地域の展開』297-309．大明堂．
山中　進 2013．『熊本の地域産業』成文堂．
楊　穎 2007．戦後日本産業政策の展開と新産業都市について―不知火・有明・大牟田地区を事例として―．熊本大学社会文化研究 5：213-230．
渡辺幸男 2004．誘致工場と機械金属産業集積の新たな形成―熊本県の事例を中心に―．三田学会雑誌97（2）：257-279．

第9章

熊本県の半導体産業

1. はじめに

　日本の半導体産業・半導体メーカーは，1986年の「日米半導体協定」締結後の1988年・89年頃をピークに以後，凋落の一途をたどってきた．世界の半導体市場をめぐる競争からみると，敗戦を重ね，後退を続けながら今日に至っている．もちろん，日本の主要半導体メーカーは失地回復のための対応策を講じている．

　本章のテーマは，日本の半導体産業・半導体メーカーの凋落下における熊本県の半導体産業の状況を説示するものであるが，とくに日本の主要半導体メーカーが失地回復のために注力している車載用半導体に焦点を当てることにしたい．初めに日本の半導体産業・半導体メーカーの凋落の実態とその要因に触れるとともに，日本の主要半導体メーカーが失地回復のための対応策の一つとして車載用半導体に注力していることを論じる．次いで2000年以降の熊本県の半導体産業の推移を概観し，そのうえで熊本県内の一貫工場・前工程工場の動向と車載用半導体への取り組み状況について説くことにしたい．

2. 日本の半導体産業・半導体メーカーの凋落

1) 日本の半導体産業の凋落

　経済産業省の「工業統計表　産業編」（従業者4人以上の事業所に関する統計表）により，全国の半導体産業の製造品出荷額等について，2000年から2012年までの推移をたどると，図9-1のようになっている．なお，本章においては，2007年までは半導体素子製造業と集積回路製造業を合わせたも

158 ● 第9章 熊本県の半導体産業

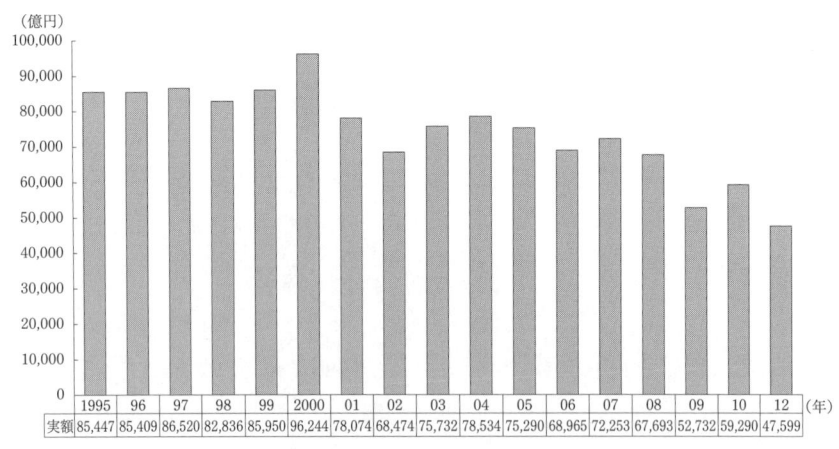

図9-1 全国の半導体産業の製造品出荷額等の推移

年	実額
1995	85,447
96	85,409
97	86,520
98	82,836
99	85,950
2000	96,244
01	78,074
02	68,474
03	75,732
04	78,534
05	75,290
06	68,965
07	72,253
08	67,693
09	52,732
10	59,290
12	47,599

(注) 1. 数値は，従業者4人以上の事業所について集計したものである．
2. 2008年の「工業統計調査用産業分類及び商品分類の改訂」により，2007年までの半導体素子製造業は2008年から光電変換素子製造業と半導体素子製造業（光電変換素子を除く）とに分割されている．
3. 2007年までは半導体素子製造業と集積回路製造業を合わせたものを，2008年からは光電変換素子製造業，半導体素子製造業（光電変換素子を除く），集積回路製造業を合わせたものを，半導体産業とした．
4. 2011年の数値は，2012年2月1日現在で「経済センサス―活動調査」が実施されたことに伴い，2011年の「工業統計調査」が実施されなかったため，掲載していない．
(経済産業省「工業統計表　産業編」より作成)

のを半導体産業とし，「工業統計調査用産業分類及び商品分類の改訂」が行われた2008年以降は光電変換素子製造業，半導体素子製造業（光電変換素子を除く），集積回路製造業を合わせたものを半導体産業とする．

図9-1に見るように，全国の半導体産業の製造品出荷額等は，ITバブル期に当たる2000年に9兆6,244億円と過去最高額に達し，以後はそれを下回って推移し，リーマン・ショック後の世界同時不況によって半導体市場が縮小した2009年には5兆2,732億円と1988年の5兆6,830億円を下回るほどに落ち込んだ．翌2010年には5兆9,290億円と持ち直したものの，2012年には2009年の製造品出荷額等より5,100億円余り少ない4兆7,599億円へ再び下落し，2000年の出荷額に比べ半減している．

2000年以降，世界の半導体市場は2回の不況を経験しながらも拡大基調

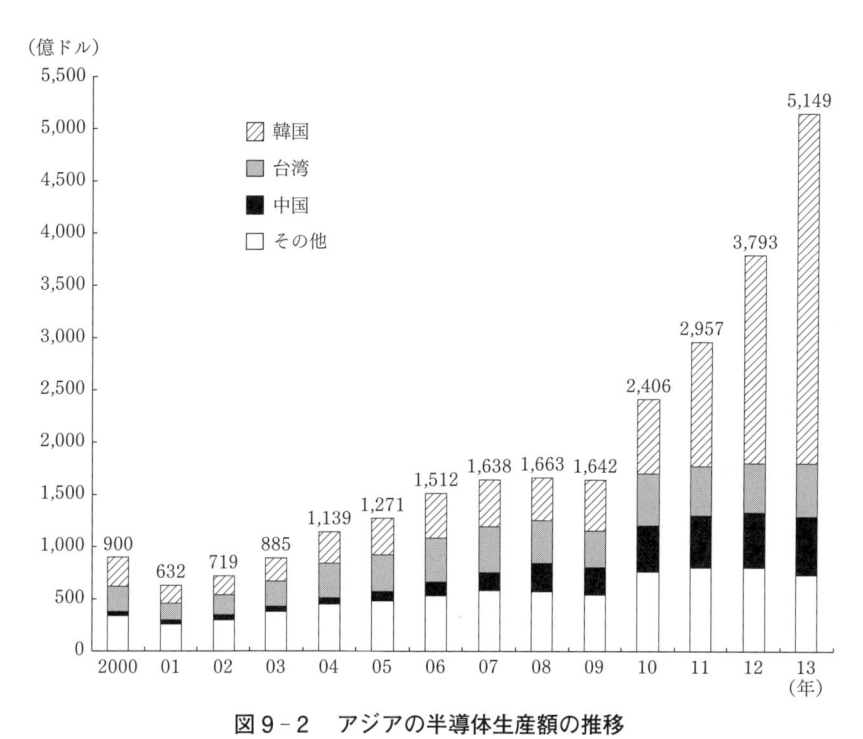

図9-2　アジアの半導体生産額の推移

(注) その他は，香港，シンガポール，マレーシア，タイ，インドネシア，フィリピン，インドの7の国・地域である．
(『半導体データブック（2003〜2014）』電子ジャーナル，2003年〜2014年より作成)

をたどり，2013年には過去最高額（3,056億ドル，WSTSに依る）に達するなかで，韓国，台湾，中国などのアジアの半導体産業が伸長し（図9-2），存在感を高める一方で，日本の半導体産業は，活況を呈した2000年ののち精彩を欠き，リーマン・ショック後の不況を契機に完全に失速し，予想すらされなかった事態に陥ったのである．

2）日本の半導体メーカーの凋落

前述のような状況は，半導体メーカーの国籍別売上高シェアの推移からも見ることができる．半導体メーカーを国籍別に4地域（日本，米州，欧州，アジア・パシフィック）に分け，それぞれの売上高シェアの推移を示したの

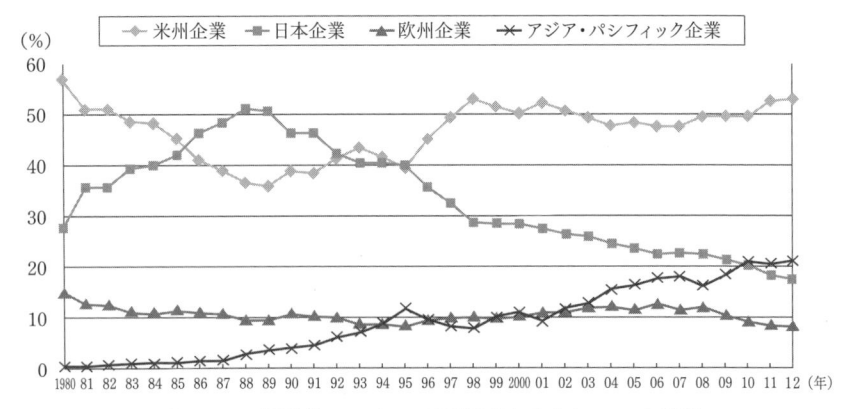

図9-3　半導体メーカーの国籍別売上高シェアの推移

(『国際競争力強化を目指す次世代半導体戦略』産業競争力懇談会，2013年，12ページの「図2-1-1　地域別半導体売上高シェアの推移」より作成．原出典はGartnerによる)

が図9-3である．

　1980年代に需要量の大きなDRAM（Dynamic Random Access Memory：記憶保持動作が必要な随時書き込み読み出しメモリ）分野への集中的な投資によって売上高を伸ばし，1988年・89年のピーク時には世界の半導体売上高の50％余りのシェアを占めていた日本の半導体メーカーは，その後，一貫してシェア低下を招き，93年には米州メーカーのシェア逆転を許した．1990年代半ばからは韓国メーカーや台湾メーカーがDRAMやファウンドリ（foundry：半導体デバイスの前工程受託企業）分野などに経営資源を集中的に投入し，シェアを徐々に高め，2000年代に入りアジア・パシフィック地域の半導体メーカーのシェアは急上昇を遂げ，2010年以降には20％を上回るほどになっている．他方，日本の半導体メーカーのシェア低下に歯止めがかからず，2000年には30％を下回る水準に，その後も低下を続け，2011年以降は遂に20％を下回るまでに凋落している．

3）日本の半導体産業・半導体メーカーの凋落の要因

　日本の半導体産業・半導体メーカーの凋落の要因については，諸説が論じられているが，筆者は，次に挙げる諸要因が複合的に作用したことによっ

て，日本の半導体産業・半導体メーカーが凋落の一途をたどることになったと考量している．

　第1は，日本製半導体の対米輸出を抑制するとともに，日本市場で外国製半導体のシェアが拡大することを意図して締結された「日米半導体協定」（第1次：1986年9月〜91年7月，第2次：1991年8月〜96年7月）が日本の半導体産業・半導体メーカーの高成長のサイクルに歯止めを掛け，衰退の端緒を築いたことである[1]．

　第2は，日本の主要半導体メーカーが，東芝，富士通，パナソニック，ソニーのように総合電機メーカーの1つの事業部門であること，あるいはルネサスエレクトロニクスのごとく日立製作所・三菱電機・NECといった電機メーカーの半導体事業部門を統合して設立されたことに由来するもので，1つは，経営のスピードが遅く，時代の変化に迅速に対応してこなかったことである[2]．2つは，総合電機メーカーの1事業部門である場合，総合電機メーカーの製品戦略に左右されて，半導体専業メーカーのような独自の製品戦略を打ち出しえなかったことである．3つは，日本の半導体メーカーが国内市場に過剰に依存し[3]，かつ世界の半導体市場をリードするスマートフォンのような携帯電話やパソコンなどの通信・情報関連機器，さらにはテレビなどの家電製品においても日本の電機メーカーが世界市場においてそのプレゼンスを喪失しており，関連してこれらの有力な半導体市場において日本の半導体メーカーがグローバルに市場シェアを確保しえていないことである．四つに，ルネサスエレクトロニクスはシステムLSIのような不採算部門を抱えたまま設立された合併企業であって，経営の不安定要因を内包したままの船出であったことである．

　第3は，1990年代以降，欧米におけるファブレスメーカー（fabless maker）と台湾メーカーを中心としたファウンドリとの国際分業，いわゆる半導体業界における水平分業化が進展し，ファブレスメーカーやファウンドリが台頭するなかで，IDM（Integrated Device Manufacturer：垂直統合型半導体メーカー）をベースとする日本の半導体メーカーが明確な対応策を講じえなかったことである．これが，90年代後半以降，日本の半導体メーカーの一層のシェア低下を招く一因となった．

第4は，かつて日本の半導体メーカーが席巻していたDRAM市場において，需要の大きなDRAM事業に特化し，巨額の資金を集中的に投資して業績を拡大した韓国メーカーなどとの競争に破れ，撤退を余儀なくされ，しかも最先端分野の量産技術力においても韓国・台湾メーカーに追い抜かれてしまったことである．

　第5は，DRAM事業で韓国メーカーに敗れた日本の半導体メーカーは多品種で顧客志向のシステムLSI事業への方向転換を図ったものの，システムLSIの分野では欧米メーカーが強く，システム構築力に劣った日本メーカーは苦戦を強いられ[4]，巨額な設備投資や，システムの複雑化による設計開発費の増大に見合ったリターンが得られず，システムLSIが不採算事業となったことである．

　第6は，日本の半導体メーカーがマーケティング力や製品の企画・開発力で韓国メーカーや欧米メーカーに遅れをとっていることである．さらに，高い人件費，電力などのインフラコストの高さ，持続的な円高傾向が日本の半導体メーカーの高コスト体質と国際競争力の低下を惹起させた一因となったことも紛れもない事実である[5]．

3．失地回復のための日本の半導体メーカーの対応策―車載用半導体への注力―

　日本の半導体産業・半導体メーカーの凋落のなかで，日本の主要半導体メーカーは，失地回復のため，①分社化，企業の合併と買収（M&A），②事業の選択と集中，③アセットライト（Asset-Lite）化・ファブライト（Fab-Lite）化の推進，④早期退職優遇制度の実施による従業員の削減，⑤最先端プロセス製品の生産撤退・外部生産委託などを行ってきている[6]．加えて，各メーカーとも車載用半導体に注力している．ここでは，熊本県内に半導体の一貫工場，前工程（ウェハプロセス）工場を配置している三菱電機，ルネサスエレクトロニクス，ソニーの例を挙げて具体的に説明する．

　三菱電機はかつて各種の半導体を製造していたが，2003年3月にDRAM事業をエルピーダメモリに，同年4月に同社の半導体事業と日立製作所の半導体事業を経営統合してルネサステクノロジを設立する際にロジックLSI

等を移管したため，現在では半導体事業としてはパワーデバイス（power device：電力用半導体素子）と高周波デバイス・光デバイスに特化している．

　三菱電機は，従来の内燃エンジン自動車（Internal Combustion Engine Vehicle）の時代から諸種の車載用半導体を製造・販売していた．この三菱電機を車載用半導体メーカーとして一躍名を馳せたのが1997年における世界初のハイブリッド車（Hybrid Electric Vehicle：HEV）向けインテリジェントパワーモジュール（Intelligent Power Module：IPM）[7]の開発であった．これ以来，三菱電機はこの分野で世界をリードしてきた．

　長年の実績を活かして2011年にはハイブリッド車・電気自動車（Electric Vehicle：EV）用モーターの駆動に用いる自動車用パワー半導体モジュール「Jシリーズ」を開発，テストサンプル出荷を開始し，翌2012年には「Jシリーズ　T-PM（Transfer molded-Power Module）」2品種，駆動／保護回路を持つ「Jシリーズ　IPM」4品種から成る「Jシリーズ」を量産化した．

　近年，目覚ましい進化を遂げているHEV・EVでは，キーパーツであるパワー半導体モジュールにおいても小型・軽量化・低消費電力化・高信頼性が求められている．このため，三菱電機では"小型・軽量化・低消費電力化・高信頼性"をコンセプトとしたHEV・EV向け新小型パッケージパワー半導体モジュール「J1シリーズ」を2013年に開発，サンプル提供を開始し，2015年度に量産化する予定である[8]．

　三菱電機は，2014年5月に提示した『三菱電機の経営戦略』において，成長を牽引する事業群の一つにパワーデバイスを掲げ，強い事業をより強くするため，HEV・EV向け小型パワー半導体モジュール「J1シリーズ」に力を入れる方向性を打ち出している．

　ルネサスエレクトロニクスは，2003年4月に日立製作所と三菱電機の両社が半導体事業（電力用半導体素子等を除く）を統合して設立したルネサステクノロジと，2002年11月にNECが社内の半導体事業を分社化して設立したNECエレクトロニクスとが2010年4月に経営統合して設立された半導体メーカーである．同社は，合併契約締結時に掲げていた目標，すなわち「両社を統合することによって，統合による相乗効果を引き出し，収益力を高めて半導体市況の変動に耐えうる『強い半導体専業企業』を目指」[9]すという

目標に反して，統合新会社設立以来，赤字続きで会社存続の危機に陥った．このため，2013年9月に第三者割当による募集株式発行の形で政府系ファンドの産業革新機構とトヨタ自動車など国内主要取引先8社の共同出資（総額1,500億円）を受入れ，約1,383億5,000万円を出資した産業革新機構が議決権ベースで69.16％を保有する筆頭株主となり，「実質国有化」のもとで会社再建が図られることとなった．

　このような状況下で2013年10月30日に，ルネサスエレクトロニクスは，2017年3月期に営業利益率2桁を達成する変革プラン『ルネサスを変革する』を発表した．本プランでは，従来のMCU，アナログ＆パワー半導体，SoCといった事業ドメインから，アプリケーション軸へ事業ドメインをシフトし，デバイス単体だけでなく，製品ミックスの改善によってキットやプラットフォームとして提供することで価値の増大・顧客の拡大を目指すとし，自動車，産業・家電，OA（Office Automation）・ICT（Information and Communication Technology），汎用という新事業ドメインへの転換と集中を掲げ，新興国・中間層の拡大に伴うエネルギー需要増や制御とITの融合による高機能化進展に対応するソリューションをドメイン別に強化していくこととした．

　さらに，翌2014年8月6日に同社が発表した『さらなる利益成長に向けた取り組み』においては，事業の選択と集中を進め，参入障壁が高く，利益成長の見込める「自動車」「産業・家電」「OA・ICT」の3領域に注力するとともに，同社が世界トップシェアを有するマイコンと自動車向け半導体（車載アナログ＆パワー半導体，SoC）の売上比率を2013年3月期の55％から，変革プランのターゲットとなる2017年3月期には70％へ引き上げることを掲げている．

　ソニーは，イメージセンサーが半導体売上高のおよそ7割（2013年度68％）を占める半導体メーカーである．主力のイメージセンサーでは，従来，業務用・民生用デジタルカメラやスマートフォンなどのイメージセンサーの開発に専心してきたが，2014年10月16日に世界最高感度の車載カメラ向けCMOSイメージセンサー「IMX224MQV」を商品化することを発表した．

IMX224MQVは，イメージサイズ1/3型（対角6.09mm）で有効画素数127万画素の車載カメラ向けCMOSイメージセンサーである．その主な特徴は，1つに闇夜に相当する明るさ0.005ルクスでも高画質なカラー映像の撮影を可能にしたこと，2つに従来に比べて露光時間を拡張可能なWDR（Wide Dynamic Range）方式に対応しており，対応ISP（Image Signal Processor）との組み合わせにより低照度領域の画質を改善することができること，3つに目に見えない近赤外領域の光に対する感度を向上した画素構造を採用したことで，近赤外用LEDを照射しながら撮影するシステムで使用した場合に，被写体の認識精度を高めることが可能となったことである．2014年11月にサンプル出荷を開始し，2015年12月に量産出荷を予定している．

ソニーは，2013年7月に自動車業界向けの品質マネジメントシステム規格「ISO/TS 16949」の認証を取得した．またIMX224MQVは，同社のイメージセンサーで初めて自動車向け電子部品の信頼性試験基準「AEC-Q100」に対応する予定である．ソニーでは，このIMX224MQVを皮切りに，将来の自動運転車に向けて市場の拡大が見込まれる車載用途のCMOSイメージセンサーの開発を積極的に進めていくことを表明している[10]．

このように，日本の半導体メーカーが車載用半導体に注力するようになった背景には，自動車のエレクトロニクス化の進展がある．自動車のエレクトロニクス化の進展に伴い多種多様な半導体が自動車に搭載されるようになっている．自動車における各種の電子制御システムの基軸要素を構成するECU（Electronic Control Unit：電子制御ユニット）部，センサー部，アクチュエータ部のみならず，カーAV，カーナビ，ドライブレコーダー，車載カメラ，ETC車載機などの車載機器にも数多くの半導体が組み込まれており，自動車は「走る半導体」[11]「動く電子機器」[12]とも称されている．

「すでに乗用車1台に搭載されるMCUやセンサーは，それぞれ数十個にもおよび，高級車では100個を超える例もある．これだけの半導体が使われている機器は他にはない」[13]．しかも，自動車にとって喫緊の課題となっている低燃費化・低騒音化・排気ガス削減を目的に開発され，普及しているHEVやPHEV（Plug-in Hybrid Electric Vehicle：プラグインハイブリッド車），

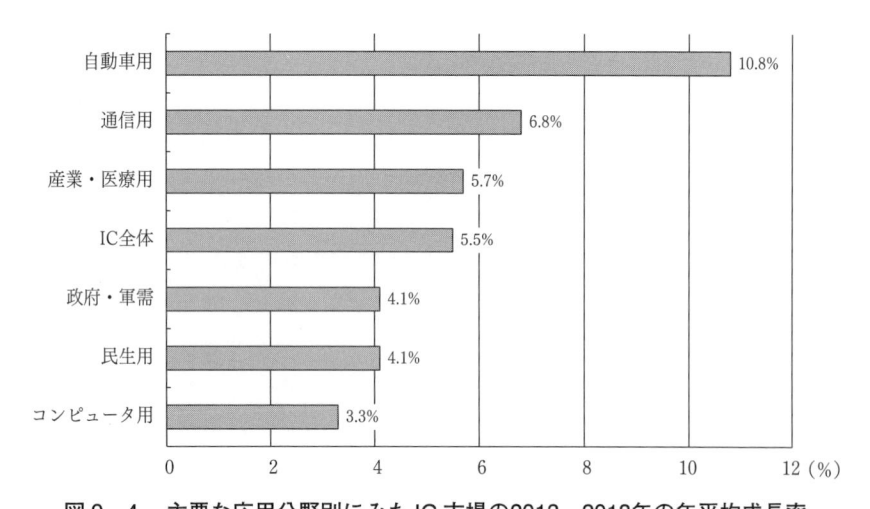

```
自動車用      10.8%
通信用         6.8%
産業・医療用   5.7%
IC全体        5.5%
政府・軍需    4.1%
民生用        4.1%
コンピュータ用 3.3%
```

図9-4　主要な応用分野別にみたIC市場の2013～2018年の年平均成長率

(米IC Insightsの研究速報 "Automotive IC Market to Display Strongest Growth Through 2018" November 18, 2014の図1より作成)

　また今後普及していくであろうEVやFCV（Fuel Cell Vehicle：燃料電池自動車）のように，「これらモーターを動力源として使用する自動車では，モーターの駆動や制御のインバータ回路や昇圧回路にパワー半導体を使う．これにより，従来のガソリン自動車で搭載されていた情報系・制御系の車載半導体に加えて，新たな半導体市場が見込まれる」[14]．このように車載用半導体市場については高成長が予測されるため（図9-4），各半導体メーカーとも車載用半導体の研究開発・生産・販売に注力しているのである．

4．熊本県の半導体産業の推移

　さて，日本の半導体産業の凋落下で，熊本県の半導体産業はどのような推移をたどっているのであろうか．本節では，熊本県の半導体産業について，2000年以降の事業所数，従業者数，製造品出荷額等の推移を概観する．

1）事業所数の推移

　熊本県の半導体産業の事業所数は，ITバブルの絶頂期に当る2000年には

21事業所を数えた．ITバブルの崩壊によって日本および世界の半導体市場が大きく落ち込んだ2001年，2002年には20事業所，18事業所へと2年連続して減少した．その後，半導体市場の回復に伴って2003年，2004年の両年には22事業所と2000年を1事業所上回った．2005年は，国内のセットメーカーによる生産拠点の中国シフトが主因となって日本の半導体市場が縮小したことの影響を受け，再び21事業所に回帰した（表9-1）．

　2006年から2007年にかけてはパソコンの買い替え需要やデジタル民生機器の市場拡大によって半導体市場も回復・拡大し，熊本県の半導体産業の事業所数も増加に転じ，2006年には24事業所，2007年には27事業所へ増加した．しかし，リーマン・ショックを契機とする世界同時不況が発生した2008年以降は，日本の半導体メーカーがファブライト化を加速したことや，原精機産業（2008年5月1日，熊本地裁に破産手続開始申請）のように半導体後工程（組立・検査工程）メーカーが倒産したことにより，熊本県の半導体産業の事業所数は累減し，2012年には16事業所へ減少した．2000年に比べると2012年には5事業所減少し，率にするとこの12年間に23.8％減少したことになる．同じ12年間に，全国の半導体産業の事業所数は，実数で170事業所の減少，率にすると38.7％の減少と3分の2以下にまで縮減している．熊本県の事業所数は全国より低い減少率に留まったことから，その対全国シェアは2000年の4.8％から2012年には5.9％へ1.1ポイント上昇している．

2）従業者数の推移

　熊本県の半導体産業の従業者数も事業所数の推移とほぼ同じような推移を示している．2000年に1万347人を数えた従業者数は，2001年，2002年には9,394人，8,274人へと2年連続して減少した．その後は回復・増加傾向に転じ，2003年から2005年にかけては8,800人台で推移し，2006年には1万164人と1万人台に乗り，2007年には1万781人へ増加し，2000年の従業者数を430人余り上回るに至った．

　しかしながら，世界同時不況が発生した2008年以降は，半導体産業の事業所数の減少に加えて，半導体メーカーによる早期退職者優遇制度の実施な

表9-1　全国および熊本県の半導体産業の推移

年	事業所数（単位：事業所，%）			従業者数（単位：人，%）		
	全国	熊本県		全国	熊本県	
	実数	実数	対全国シェア	実数	実数	対全国シェア
2000	439	21	4.8	190,254	10,347	5.4
2001	413	20	4.8	175,046	9,394	5.4
2002	389	18	4.6	159,630	8,274	5.2
2003	394	22	5.6	157,789	8,818	5.6
2004	385	22	5.7	151,850	8,805	5.8
2005	369	21	5.7	148,561	8,888	6.0
2006	364	24	6.6	145,622	10,164	7.0
2007	377	27	7.2	149,693	10,781	7.2
2008	359	23	6.4	142,280	10,410	7.3
2009	333	19	5.7	130,210	9,435	7.2
2010	315	17	5.4	128,871	9,429	7.3
2012	269	16	5.9	105,727	8,237	7.8

年	製造品出荷額等（単位：億円，%）			付加価値額（単位：億円，%）		
	全国	熊本県		全国	熊本県	
	実数	実数	対全国シェア	実数	実数	対全国シェア
2000	96,244	5,537	5.8	36,167	1,742	4.8
2001	78,074	4,412	5.7	24,166	1,166	4.8
2002	68,474	3,177	4.6	22,069	685	3.1
2003	75,732	3,672	4.8	27,985	1,128	4.0
2004	78,534	3,600	4.6	32,514	1,343	4.1
2005	75,290	3,392	4.5	29,471	1,305	4.4
2006	68,965	3,818	5.5	27,275	1,633	6.0
2007	72,253	3,754	5.2	25,682	1,511	5.9
2008	67,693	3,547	5.2	22,162	1,483	6.7
2009	52,732	x	x	15,892	x	x
2010	59,290	x	x	23,111	x	x
2012	47,599	x	x	16,692	x	x

（注）1．本表は従業者4人以上の事業所の統計表である．
　　　2．付加価値額について，従業者29人以下は粗付加価値額である．
　　　3．2008年の「工業統計調査用産業分類及び商品分類の改訂」により，2007年までの半導体素子製造業は2008年から光電変換素子製造業と半導体素子製造業（光電変換素子を除く）に分割されている．
　　　4．2007年までは半導体素子製造業と集積回路製造業を合わせたものを，2008年からは光電変換素子製造業，半導体素子製造業（光電変換素子を除く），集積回路製造業を合わせたものを，半導体産業とした．
　　　5．2009年～2012年の熊本県の半導体産業の製造品出荷額等と付加価値額については，半導体素子製造業（光電変換素子を除く）の製造品出荷額等と付加価値額が秘匿数値（x）となっているため，xとした．
　　　6．2011年の数値は，2012年2月1日現在で「経済センサス―活動調査」が実施されたことに伴い，「工業統計調査」が実施されなかったため，掲載していない．

（経済産業省「工業統計調査　産業細分類別統計表（経済産業局別・都道府県別表）」より作成）

ど人員削減策が講じられたことにより，従業者数は減少を続け，2012年には2000年以降最少の8,237人となっている．2000年と比較すると2012年には実数で2,110人の減少，率にするとこの12年間に20.4％減少したことになる．

全国の半導体産業の従業者数は，2000年から2012年までに実数で8万4,527人減少し，率にすると44.4％の減少と，熊本県の従業者数の減少率の2倍以上に及んでいる．熊本県における半導体産業の従業者数の減少率が全国に比べ相対的に低いのは，ソニーセミコンダクタ熊本テクノロジーセンター（2011年10月まではソニーセミコンダクタ九州・熊本テクノロジーセンター，同年11月から現工場名へ変更）が2001年10月に竣工，400人の従業員で操業を開始し，その後の相次ぐ増産投資によって2000年代後半には2,000人を超える従業員数を抱え，2014年には約2,300人の従業員を擁するほどに従業員数を増加させていることが最大の要因である．

3）製造品出荷額等の推移

熊本県の半導体産業の製造品出荷額等については，2009年から半導体素子製造業（光電変換素子を除く）が秘匿数値（x）となっているため，2009年以降の推移を捉えることができない．従って，ここでは，2000年から2008年までの推移をたどることにする．なお，全国における半導体産業の製造品出荷額等の推移に関しては，本章第2節に述べた通りである．

熊本県の半導体産業の製造品出荷額等は，ITバブルによって半導体市場が拡大した2000年には5,537億円を記録した．その後は，全国の推移と同じように，2000年の製造品出荷額等を下回って推移している．ITバブルの崩壊によって半導体市場が2001年，2002年と2年連続して縮小したことによって，熊本県の半導体産業の製造品出荷額等も2年連続して減額し，2002年には3,177億円に落ち込んだ．

その後，半導体市場の回復によって2003年には3,672億円と前年に比べ500億円近く増額した．しかしながら，続く2004年，2005年と再び2年連続して減額し，2005年には3,392億円と2003年の出荷額を280億円下回ることとなった．2004年は，アテネオリンピック終了後，デジタル家電向けのIC（集積回路）需要の急激な落ち込みの影響を受けて製造品出荷額等が下落し

たことに，2005年は既述のように国内のセットメーカーによる生産拠点の中国シフトが主因となって日本の半導体市場が縮小したことに因るものであった．

　2006年には，円ベースで日本の半導体市場が前年比11.3％増の二桁成長を遂げたことによって，熊本県の半導体産業の製造品出荷額等は3,818億円と前年に比べ426億円増額した．

　それも束の間，翌2007年3,754億円，2008年3,547億円とまたもや2年連続して減額した．2007年は半導体素子製造業（光電変換素子を除く）の製造品出荷額等が65億円減少したことに，2008年はリーマン・ショックを契機とした世界同時不況の発生により半導体市場が縮小し，半導体産業の事業所数が減少したことや，半導体製造業，とりわけ集積回路製造業の生産額や製造品出荷額等が減少したことに因るものであった．

　熊本県の半導体産業の製造品出荷額等は，2000年に比べると，2008年には実額で1,990億円減少し，率にすると35.9％減少している．同期間に全国の半導体産業の製造品出荷額等は29.7％の減少と熊本県の減少率を下回っている．従って，熊本県の半導体産業の製造品出荷額等の対全国シェアは2000年の5.8％から2008年には5.2％へ低下している．これは，熊本県の半導体産業の事業所数，従業者数の対全国シェアが上昇しているのとは対照的な現象である．

　これに関連して，半導体産業を半導体素子製造業（光電変換素子を含む）と集積回路製造業に大別すると，集積回路製造業の場合，熊本県においては既述のようにソニーセミコンダクタ熊本テクノロジーセンターが2001年に竣工し，翌2002年から製造品の本格出荷を開始し，その後も増産投資を続けたため，製造品出荷額等は2000年に比べ2008年には全国の減少率37.7％より低い33.1％の減少に留まっているのに対して，半導体素子製造業（光電変換素子を含む）の場合，全国の製造品出荷額等は2000年に比べ2008年には6.0％増加しているのに反して，熊本県の製造品出荷額等は53.5％の減少と半額以下に落ち込んでいる（図9-5）．このように半導体素子製造業の製造品出荷額の大幅な落ち込みが熊本県における半導体産業の製造品出荷額等の対全国シェアの低下を招来しているのである．なお，熊本県における半導体

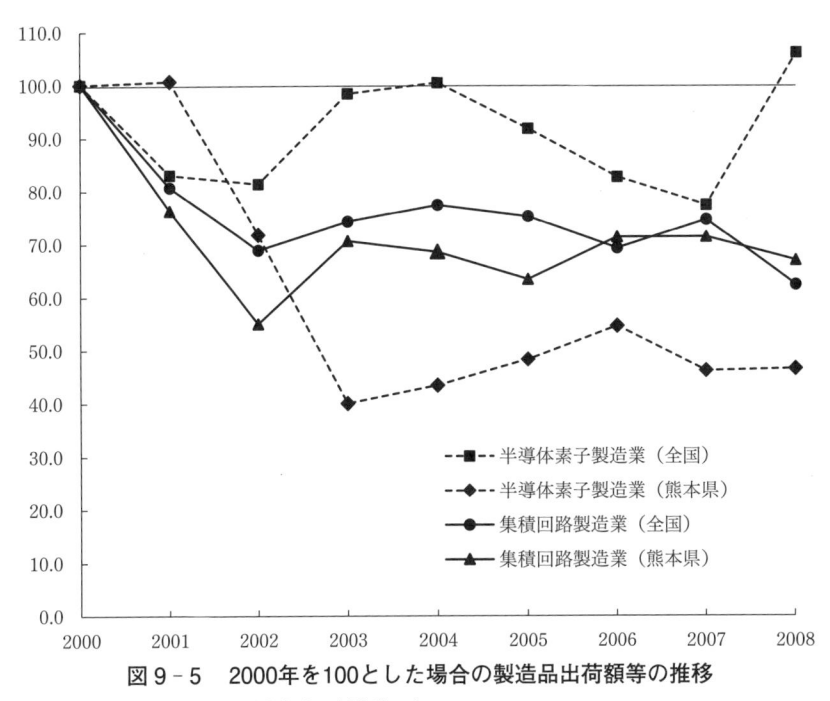

5．車載用半導体の生産に注力する熊本県の半導体一貫工場・前工程工場 ● 171

図9-5 2000年を100とした場合の製造品出荷額等の推移

凡例：
- 半導体素子製造業（全国）
- 半導体素子製造業（熊本県）
- 集積回路製造業（全国）
- 集積回路製造業（熊本県）

(注) 半導体素子製造業は光電変換素子製造業を含んでいる．
（経済産業省「工業統計調査　産業細分類別統計表（経済産業局別・都道府県別表）」より作成）

産業の付加価値額およびその対全国シェアの推移についても表9-1に掲載しているので参照されたい．

5．車載用半導体の生産に注力する熊本県の半導体一貫工場・前工程工場

　筆者は，本章第3節において，日本の半導体産業・半導体メーカーの凋落のなかで，日本の主要半導体メーカーが失地回復のための1つの対応策として将来性の見込める車載用半導体に注力しているとして，熊本県に半導体の一貫工場，前工程工場を配置している三菱電機，ルネサスエレクトロニクス，ソニーの例を挙げて具体的に説明した．本節においては，これら3社の半導体メーカーが熊本県内に配置している三菱電機パワーデバイス製作

所熊本工場，ルネサスセミコンダクタマニュファクチュアリング川尻工場，ソニーセミコンダクタ熊本テクノロジーセンターの3工場を取り上げ，2000年以降の動向と車載用半導体への取り組みについて説くことにしたい．

1）三菱電機パワーデバイス製作所熊本工場

　熊本県合志市に所在する三菱電機パワーデバイス製作所熊本工場は，シリコンアイランド九州の草分けである三菱電機北伊丹製作所熊本工場（熊本県熊本市，1967年設立）の第2工場として1970年に設立されたIC工場を起源とする．設立当初は後工程工場であったが，前工程ラインを整備して75年からMOSLSIの一貫工場として稼働している．84年に三菱電機がIC量産拠点の独立を柱とした機構改革を実施したのに伴い，北伊丹製作所熊本工場第2工場を熊本製作所とし，従来の北伊丹製作所熊本工場を熊本製作所管轄の分工場とした．その後，95年に熊本製作所は熊本工場に改称された．

　2000年代初頭，三菱電機熊本工場はフラッシュメモリとDRAMを中心に，eRAM，マイコン，ASIC，パワーデバイス（パワートランジスター，MOSFET，IGBT等）を生産していた．2003年4月に，日立製作所と三菱電機の半導体事業部門（電力用半導体素子等を除く）を分社・統合して，ルネサステクノロジが設立されて以降，三菱電機熊本工場はルネサステクノロジ熊本工場と三菱電機パワーデバイス製作所熊本工場に分割された．2008年4月に三菱電機がルネサステクノロジ熊本工場を買収し，両工場は三菱電機パワーデバイス製作所熊本工場として再統合されることとなった．この当時の三菱電機パワーデバイス製作所の生産体制は，出荷額ベースで，産業用が全体の約4割，家電用が約3割，自動車用が約2割，電力用や鉄道用が約1割という構成であった．

　ルネサステクノロジ熊本工場買収後，三菱電機パワーデバイス製作所熊本工場では，ルネサステクノロジから取得した8インチウェハラインをパワー半導体向けに改修してパワーデバイスの生産能力を引き上げるとともに，2010年度には家電用やハイブリッド車など環境対応車用のパワーデバイスの需要拡大が見込まれることから，65億円を投入して8インチウェハラインを増設し，ウェハ処理能力を2009年度比2.5倍に増強した．

ところで，三菱電機のパワーデバイスの設計・開発は，1989年に北伊丹製作所よりパワーデバイス事業を移管された三菱電機パワーデバイス製作所（福岡県福岡市）において行われており，三菱電機は同製作所内に約25億円を投じて地上6階建の新設計技術棟「パワーデバイスイノベーションセンター」を2014年3月に建設し，同製作所内に分散していた営業・開発・設計技術部門を集約することによって，各部門の連携強化を図り，新技術・新製品開発を加速することとした．

三菱電機パワーデバイス製作所熊本工場は，福岡市の同社パワーデバイス製作所で設計・開発されたパワーデバイスの前工程を担っており，前工程を終えたウェハはパワーデバイス製作所やメルコパワーデバイス（本社：兵庫県丹波市），中国の捷敏電子（上海）有限公司との合弁会社である三菱電機捷敏功率半導体（合肥）有限公司などにおいてパワーモジュールなどに組み立てられている．

既述のように，三菱電機では，車載用半導体として，2011年にはHEV・EV用パワー半導体モジュール「Jシリーズ」のテストサンプル出荷を開始し，翌2012年には「Jシリーズ」を量産化した．また，"小型・軽量化・低消費電力化・高信頼性"をコンセプトとしたHEV・EV向け新小型パッケージパワー半導体モジュール「J1シリーズ」を2013年に開発，サンプル提供を開始し，2015年度に量産化する予定である．三菱電機は，この「J1シリーズ」をパワーデバイス事業の戦略製品の一つに掲げており，パワーデバイス製作所熊本工場においては，今後，HEV・EV向けパワー半導体が増産されるものと考えられる．

2）ルネサスセミコンダクタマニュファクチュアリング川尻工場

ルネサスエレクトロニクスの前工程製造子会社であるルネサスセミコンダクタマニュファクチュアリングの川尻工場（熊本県熊本市）は，NECの全額出資子会社として1969年9月に設立された九州日本電気（NEC九州）を起源としている．

九州日本電気は，ITバブルの絶頂期に当る2000年にはDRAMなどのメモリ，マイコン，ASICを三本柱としてフル生産を行い，翌2001年1月には第

8工場1階に第9生産ラインの建設を終え，操業を開始した．2001年から2002年にかけて半導体市場が縮小したのを受け，2002年3月に6インチウェハラインの一部（第7生産ライン）を閉鎖した．同じ2002年11月に，NECは半導体事業を会社分割により分社化し，NECエレクトロニクスを設立したため，九州日本電気はNECからNECエレクトロニクスの全額出資子会社へ所属を変更した．

　翌2003年に入って半導体市場が回復したことから，九州日本電気では約50億円を投じてDVDなどのデジタル家電や携帯電話，自動車に搭載するシステムLSI用8インチウェハラインとマイコン用6インチウェハラインの設備改良を実施し，8インチウェハラインの生産能力を月産3万8,000枚から4万2,000枚に，6インチウェハラインの生産能力を月産3万3,500枚から3万6,000枚に引き上げ，7月から増産態勢に入った．翌2004年も同社敷地内の第8工場1階の空きスペースにシステムLSIの生産ラインを増設し，7月から生産を開始した．

　2005年当時には，九州日本電気は，自動車やデジタル家電向けなどの用途別多品種のシステムLSIの生産が中心となっていた．また同時に，国内外で自動車増産の動きが広まっているのに対応して，NECエレクトロニクスが全社的に車載用半導体の強化に乗り出したのを受け，同社内の国内生産拠点のうち，先頭を走っていた九州日本電気は最先端の車載用半導体の量産を開始するなど車載用半導体の生産強化策を講じた．こうしてNECエレクトロニクスグループ内の車載用半導体の拠点と位置づけられた九州日本電気は，2006年9月に約40億円をかけて車載用マイコン，デジタル家電向けシステムLSI，パワートランジスターなどの設備増強を図った．このような車載用半導体の設備増強によって，車載用マイコンとモーター制御用のパワー半導体などを合わせると，同社の車載用半導体の生産比率は2003年度の約1割から約2割へと上昇した．さらに，車載用半導体を増産するため，4億円を投入して2007年3月に8インチウェハラインの生産能力を月産6万枚に引き上げた．

　NECエレクトロニクスは，NECから分社化した後，2005年度（2006年3月期）から連結決算において赤字（純損失）続きで厳しい経営状況に陥り，

2008年4月に九州日本電気は山口日本電気およびNECセミコンパッケージ・ソリューションズと統合され，NECセミコンダクターズ九州・山口と改称し，同社の本社および熊本川尻工場となった．この2008年から2009年にかけてはリーマン・ショック後の世界同時不況下で，自動車の生産・販売の低迷の影響を受け，同工場においては主力製品である車載用半導体の減産を余儀なくされた．

また，NECエレクトロニクスグループの業績悪化を踏まえて提示された，業績改善に向けた施策の一環として，同工場の旧式設備である6インチウェハ生産ラインを2009年12月に閉鎖した．

翌2010年4月にNECエレクトロニクスとルネサステクノロジが合併し，ルネサスエレクトロニクスが設立されたのに伴い，NECセミコンダクターズ九州・山口の本社および熊本川尻工場は同年4月からルネサスセミコンダクタ九州・山口の本社および熊本川尻工場に改称された．

既述のように，ルネサスエレクトロニクスは，統合新会社設立以降，2013年度（2014年3月期）まで毎年度連結決算にて赤字を計上する有様で，ルネサスセミコンダクタ九州・山口の熊本川尻工場においては，早期退職者優遇制度の実施は繰り返されたものの，設備増強を行うという状況ではなかった．

2014年4月にルネサスエレクトロニクスが，国内グループ（製造関連）の再編により，製造関連の事業所および子会社を，前工程製造子会社のルネサスセミコンダクタマニュファクチュアリングと後工程製造子会社のルネサスセミコンダクタパッケージ＆テストソリューションズに分割したことにより，ルネサスセミコンダクタ九州・山口の熊本川尻工場は現在のルネサスセミコンダクタマニュファクチュアリング川尻工場となった．

同工場で主力製品として製造している車載用半導体は150nm世代の車載用フラッシュマイコン（フラッシュメモリを内蔵したマイコン）であり，130nmプロセスも整備されていることから回路線幅130nmの車載用フラッシュマイコンも製造されている．ルネサスエレクトロニクスが自動車向け半導体への集中，その売上比率の上昇を打ち出したことから，同工場では2014年にようやく車載マイコンの生産能力を増強するため，8インチウェ

ハ月産4,000～5,000枚分の生産設備を追加導入している．

3）ソニーセミコンダクタ熊本テクノロジーセンター

熊本県菊陽町に所在するソニーセミコンダクタ熊本テクノロジーセンターは，ソニーの半導体事業部門を担うソニーセミコンダクタの本社工場であり，同社が得意とするCCDイメージセンサー（image sensor：撮像素子），CMOSイメージセンサーやH-LCDなど映像デバイスの量産戦略を支える最大拠点として，設計・開発・製造・サービスまでの一貫体制を有している．

本工場は，福岡市に本社を置くソニーセミコンダクタ九州の熊本テクノロジーセンターとして2001年10月に設立された．設立当初はプロジェクター用のH-LCD（HTPS：高温ポリシリコン薄膜トランジスタ型液晶パネル）の試作を行い，翌2002年4月から12インチウェハ月産3,000枚規模で量産・出荷を開始した．同年5月からは12インチウェハラインで月産50万個規模のCCD（Charge Coupled Device：電荷結合素子）イメージセンサーの生産をも開始した．また，デジタルカメラ・デジタルビデオカメラ用CCDの需要急増に対応して，設備投資の前倒しで生産能力を増強し，2002年度末までに累計約700億円を投資してCCDの生産能力を拡充した．

さらに，2003年度には350億円を投入してCCDの製造設備を増強し，それに合わせてカメラ付携帯電話用のCCDの生産・出荷をも行い，2004年度初頭には月産500万個のCCD少品種大量生産体制が構築された．

熊本テクノロジーセンターではかねてより計画されていたCMOS（Complementary Metal Oxide Semiconductor：相補型金属酸化膜半導体）イメージセンサーの量産工場である2号棟の建設に2005年5月から着工し，翌2006年5月に地上7階建の2号棟建屋が竣工した．続いて製造ラインを導入し，2007年4月にハイビジョンカメラやデジタル一眼レフなど高級映像機器に不可欠なCMOSイメージセンサーの一貫生産がスタートした．この総事業費にソニーは約500億円を投じた．さらに，2007年度から2009年度にかけて約600億円を投資してCMOSイメージセンサーの生産能力を増強し，外販も拡大した．

2009年に入り，ソニーは，開発から量産化までの業務効率を上げるために，6月末までに厚木テクノロジーセンター（神奈川県厚木市）を拠点にしていたイメージセンサーの研究開発機能の一部を熊本テクノロジーセンターに移管し，画像センサーの製品化を担う技術者約170名を移動させた．

世界同時不況下で2008年・2009年と後退していたイメージセンサーの市場が2010年に移り回復・拡大に転じたことから，熊本テクノロジーセンターでは，2010年度に入り2007年度の月産500万個の倍に当る月産1,000万個体制でCMOSイメージセンサーの生産を開始した．加えて，同年度下期から2011年度にかけて約400億円を投資して製造ラインを増設し，従来型のCMOSイメージセンサー，裏面照射型CMOSイメージセンサーの生産能力を引き上げ，イメージセンサー全体の処理能力を従前の12インチウェハ月産1万6,000枚から月産2万2,500万枚へ4割余り増強した．

ソニーセミコンダクタ九州は，2011年11月1日付でソニー白石セミコンダクタを吸収合併し，ソニーセミコンダクタに社名を変更した．これに伴い，本工場もソニーセミコンダクタ熊本テクノロジーセンターと改称された．続いて2013年4月1日に，ソニーセミコンダクタは，本社を，実質的な本社機能を有していた熊本テクノロジーセンターに移転した．

2014年度に入り，熊本テクノロジーセンターでは，約60億円を投資して積層型CMOSイメージセンサーのマスター工程（フォトダイオード製造や配線工程など）を行うための製造設備の増強を行っている．

また，熊本テクノロジーセンターにおいては，ソニーが2014年10月16日に発表した世界最高感度の車載カメラ向けCMOSイメージセンサー「IMX-224MQV」を同年11月にサンプル出荷を行い，2015年12月に量産出荷を予定している．既述のように，ソニーは，このIMX224MQVを皮切りに，将来の自動運転車に向けて市場の拡大が見込まれる車載用途のCMOSイメージセンサーの開発を積極的に進めていくことを表明していることから，熊本テクノロジーセンターにおいては，このIMX224MQVを端緒にドライバー支援および自動走行車用CMOSイメージセンサーなど車載用のCMOSイメージセンサーの生産品種・生産量ともに増加していくことが予測される．

6．結びに代えて

　日本の半導体産業・半導体メーカーの凋落下において熊本県の半導体産業も厳しい状況下に置かれていること，また失地回復のための対応策の一つとして，日本の主要半導体メーカーが車載用半導体に注力しており，熊本県に立地展開しているそれらの半導体メーカーの一貫工場・前工程工場においても車載用半導体に力を入れていることを述べてきた．

　車載用半導体の市場は今後とも拡大基調が継続するものと予測されている．九州においては，トヨタ自動車九州，日産自動車九州，日産車体九州，ダイハツ九州の完成車組立工場が展開しており，2012年には146万台の四輪自動車が生産されている．熊本県の半導体工場がこれらの完成車組立工場および自動車部品サプライヤーと相互に緊密な連携を図りながら車載用半導体の開発・増産を続け，熊本県の半導体産業が着実に発展することを期待したい．

【注】
（1）「日米半導体協定」とその影響については，さしあたり吉田（2008），東壯（2015）を参照されたい．
（2）白石・戸川は，日本の半導体産業の凋落の原因を，端的に環境変化への迅速な対応力の欠如に求めている．白石・戸川（2012）11ページ．
（3）BrownとLindenは，日本の半導体産業の凋落の要因の一つに，国内市場への過剰な依存を挙げている．Brown, C. and Linden, G.（2009）PP.28-30．
（4）佐野は，「システム構築力で劣っていることが，日本メーカがSOCで苦戦している最大の理由である」と述べている．佐野（2009）11ページ．
（5）筆者は，日本の半導体産業・半導体メーカーの凋落の要因について，伊東（2014）9〜13ページにおいて詳細に論じているので，参照されたい．
（6）失地回復のための日本の半導体メーカーの対応策として挙げた5項目についての詳細は，伊東（2014）14〜23ページを参照されたい．
（7）インテリジェントパワーモジュール（Intelligent Power Module：IPM）とは，電力を制御するパワー半導体チップと駆動・保護回路を一つのパッケージに収めた電力用半導体素子のことである．
（8）三菱電機のHEV・EV向け新小型パッケージパワー半導体モジュール「J1シリーズ」に

ついては，三菱電機のニュースリリース「自動車用パワー半導体モジュール『J1シリーズ』サンプル提供開始」2013年5月13日，および石原三紀夫，日山一明，川瀬達也ほか著（2014）321-324ページを参照した．
(9) NECエレクトロニクス株式会社・株式会社ルネサステクノロジ『NECエレクトロニクス株式会社と株式会社ルネサステクノロジの合併契約締結について』2009年12月15日，2ページ．
(10) ソニーの車載用イメージセンサーへの参入については，ソニーのニュースリリース「世界最高感度の車載カメラ向けCMOSイメージセンサーを商品化～闇夜に相当する低照度0.005ルクスでも高画質なカラー映像の撮影を実現～」2014年10月16日に基づいて書き表した．
(11) 電子情報技術産業協会のホームページ「自動車は走る半導体」（http://semicon.jeita.or.jp/future/future_A09.html，2014年11月11日アクセス）．
(12) 電子情報技術産業協会ICガイドブック編集委員会（2012）183ページ．
(13) 同前．
(14) 同前，188ページ．

【参考文献】

石原三紀夫，日山一明，川瀬達也ほか著 2014．次世代自動車用パワー半導体モジュール"J1シリーズ"．三菱電機技報88-5：321-324
伊東維年 2014．日本の半導体産業・半導体メーカーの凋落と再生のための方策．産業経営研究（熊本学園大学付属産業経営研究所）33：1-28．
伊東維年 2015．『シリコンアイランド九州の半導体産業 リバイタリゼーションへのアプローチ』日本評論社．
佐野 昌 2009．『岐路に立つ半導体産業』日刊工業新聞社．
白石武志・戸川尚樹 2012．国内LSIの「失われた10年」．日経ビジネス1629：10-11．
電子情報技術産業協会ICガイドブック編集委員会 2012．『ICガイドブック よくわかる！半導体（2012年版）』産業タイムズ社．
東壯一郎 2015．半導体企業の設備投資に関する実証研究—日米半導体協定の影響について—．関西学院商学研究69：37-56．
吉田秀明 2008．半導体60年と日本の半導体産業．経済史研究11：37-58．
Brown, C. and Linden, G. 2009. *Chips and Change: How Crisis Reshapes the Semiconductor Industry*. Cambridge: MIT Press.
Langlois R.N. and Steinmueller W.E. 2000. Strategy and Circumstance: the Response of American Firms to Japanese Competition in Semiconductors,

1980-1995. *Strategic Management Journal* 21:1163-1173.

第10章

熊本の本格焼酎産業

1．はじめに

　熊本の人吉・球磨地域では古くから米による本格焼酎が造られてきた．歴史的にみれば，沖縄琉球の泡盛，鹿児島・宮崎のイモ焼酎，壱岐の麦焼酎と並ぶ産地として知られてきた．近年，地域産業から近代的産業への発展をたどる過程で，大分の麦焼酎や宮崎のそば焼酎など九州全域へと本格焼酎業は拡がった．そしてついに本格焼酎は，2000年代に入って日本の蒸留酒としての地位を獲得する．ただ，日本全国にブームが訪れると，大手ビールメーカーや甲類メーカーなどの参入が起こる一方，甲類焼酎と本格焼酎を混和させた「混和焼酎」が市場に出回るといった現象も生まれた．多様な競争時代に入った．

　ブームが安定化した現在，本格焼酎は未来に向けて新たな品質向上が求められている．他方，社会構造の変化による新たな嗜好への対応やアジアにおける日本の蒸留酒としての存在感が問われる時代にもなった．熊本，特に人吉・球磨地域の本格焼酎業界は新たな時代に向けてどのような挑戦をしているのか，歴史的過程を振り返りながらまとめてみたい．

2．熊本の本格焼酎産業・球磨焼酎

1）本格焼酎産地・球磨焼酎

　熊本県内で本格焼酎を造っているメーカーは38社ある（図10-1，2）．ただ，人吉税務署管内で製造している28社を除けば，清酒を専業として本格焼酎を造っているメーカーが多い．八代市の「白水」は唯一の甲類焼酎である．2012年度の熊本県における本格焼酎の課税移出数量1万8,146.8klのう

182 ● 第10章 熊本の本格焼酎産業

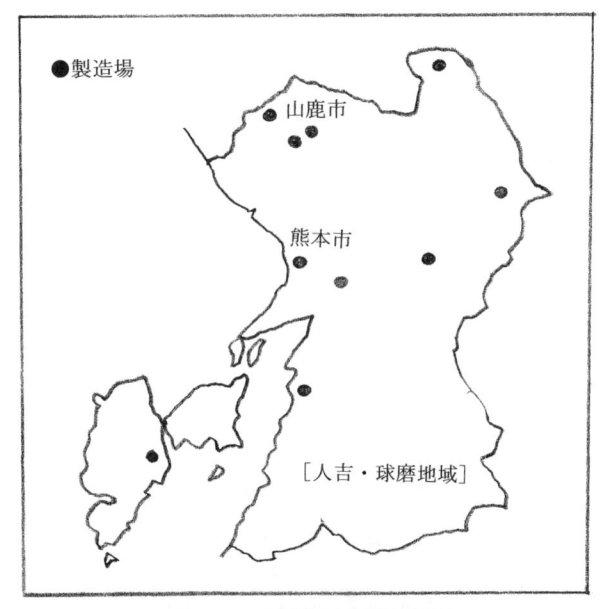

図10-1 熊本県の焼酎製造場

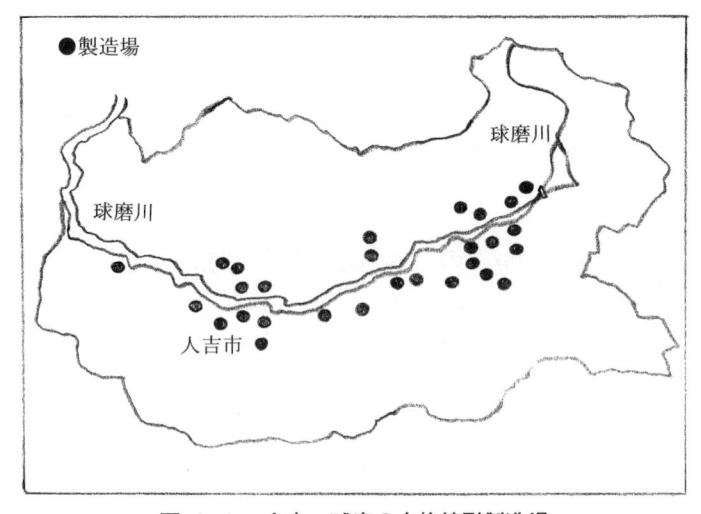

図10-2 人吉・球磨の本格焼酎製造場

ち，人吉税務署管内は1万4,600klと8割を占めている[1]．この管内で構成される酒造メーカー群は文字通り熊本県を代表する本格焼酎産地を形成しており，200を超える銘柄の製品群を球磨焼酎という．

2012年度現在，泡盛を含めた本格焼酎の課税移出量（国税庁統計）は約50万5千klある．そのうち，九州，沖縄の占める割合は92.4%，九州だけでも88.0%に及び，本格焼酎産地を形成している．熊本県の産地規模を南九州各県と比較すると，大分県の約2割弱，宮崎県や鹿児島県の15%弱の割合となっている．

2）球磨焼酎ブランド

人吉・球磨地域は，地理的には人吉盆地として知られており，日本三大急流の1つである球磨川によって堆積された肥沃な土壌から形成されている．四方を高い山々に囲まれ，寒暖の差の大きいこの地方では，古くから豊かな米の稲作が栽培されてきた．豊富で清らかな球磨川の伏流水は，周囲の山々の恵みとともに良質の米を生みだしてきた．この地域には，酒造りに適した気候風土が醸し出されている．

ここで造られる球磨焼酎は世界的ブランドとしても認められている．定義では，球磨焼酎は米のみを原料として人吉球磨の地下水で仕込んだもろみを人吉・球磨の単式蒸留機で蒸留し，容器詰めした米焼酎とある．球磨焼酎は，WTO（世界貿易機関）のTRIPS協定に基づいて1995年に地理的産地指定を受け，そのブランドは国際的に保護されている．

図10-3　球磨焼酎のロゴマーク

国内でもこのブランドは認可された．球磨焼酎酒造組合は，地域ブランドの保護を目的にしている地域団体商標（地域名と商品名からなる商標）を出願し，2007年1月に特許庁から登録査定を受けた．国内的，国際的なブランド認可を受け，球磨焼酎のロゴマークが2008年に登録され発表された．球磨焼酎の原料である米の形が基本となり，その中に球磨川水系の地下水をイメージさせる「く」の字が象形的に表現されている（図10-3）．

3）相良藩領で日本最古の焼酎文字

　球磨焼酎の歴史的由来は古い．日本最古の焼酎文字の記録は，1559年（永禄2）大口市（現在の鹿児島県）の郡山八幡神社の柱に刻まれた文字にある．15, 16世紀の相良藩は人吉・球磨地域を拠点にした有力藩だった．それは，大口地域だけでなく，西に向けては八代から芦北にまで及ぶ肥後の南半分を領有し，八代港を中心に琉球，朝鮮・中国とも盛んに交易していた[2]．この交易を通じて本格焼酎技術の伝来があったといわれ，本格焼酎は広く飲まれていたと推察される．ただ当時の本格焼酎は，米が貴重だったため，原料は米の他に粟，大麦などの雑穀だった．

　16世紀末，豊臣秀吉は朝鮮に出兵する．文禄・慶長の役である．相良藩も出兵し，朝鮮人捕虜を連れ帰ったといわれる．その中に焼酎を造る技術者がおり，かれらが蒸留技術のさらなる向上に貢献したと伝えられている．江戸期には，酒造人による酒造りが本格的に進む．特に18世紀には，原料に米を用いた米焼酎がさらに造られるようになった．ただ，これは貴重な酒であり上層階級向けだった．多くの農民が飲んでいたのは主に自家製焼酎であり，制度的に米焼酎を飲めるようになるには明治期まで待たなければならなかった．

　明治期の1898年（明治31）になると自家用酒の製造が全面的に禁止され，その後製造場（蔵元）毎に銘柄をつけた本格焼酎が生産され流通するようになる．これに先だつ1884年（明治17）には，球磨郡酒造組合が設立されている．明治末期以降，徐々に国の酒税制度や政策は整備され，それとともに本格焼酎業は地域産業として発展し始めた．

3. 球磨焼酎における近代的生産体制の確立

1）初期産業発展段階での各生産工程の技術改良

　本格焼酎の生産工程は，図10-4のように大きくは①醸造工程，②蒸留工程，③貯蔵工程の3つに分かれている．本格焼酎は，この3つの工程における異質の技術が総合してつくり出されるハイブリッド製品である．

　明治期の醸造工程の特徴は，まず製麹過程では玄米と黄麹菌で玄米麹を造ることであり，その際に筵（むしろ）や麹（こうじ）ぶたなど蔵に住み着いた麹菌を使用したことだった．また，仕込み過程では「どんぶり仕込み」法（玄米麹と玄米煮米と水を仕込み容器にいっしょに仕込む方法）を採用していた．このときの酵母（こうぼ）は蔵に住み着いた天然の酵母であり，発酵工程は自然の発酵作用に依存していた．次に，蒸留は古くから続けられてきた古い兜（かぶと）釜式蒸留機で行われた．その効率は，40.5kgの米から45度の焼酎は22.5㌦（現在の約半分の収量）しかできないほど，悪いものだったという．

　明治末期から大正期にかけて，生産の効率化をより高めるための技術開発が進む．まず，製麹過程では①麹米を玄米から白米に，②天然の麹菌から業

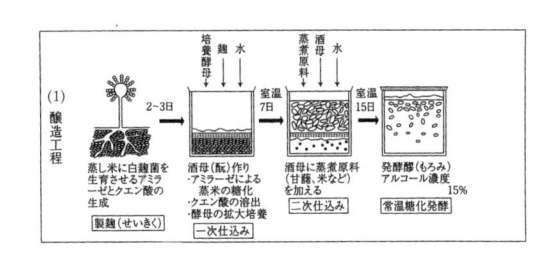

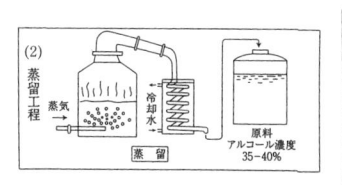

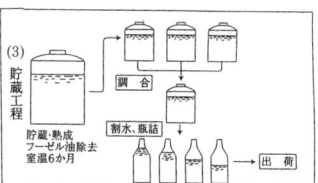

図10-4　本格焼酎の製造工程

者が純粋培養した種麹へと改善された．また，仕込み過程では仕込み容器は木桶から540㍑（木桶の約4倍）の甕へと大型化した．これによって，発酵効率は高まった．また，一部で二次仕込みが始まるようになった．さらに，蒸留機は「蛇管冷却装置付き蒸気吹き込み式木製蒸留機」が新たに採用された．蒸気はパイプを通して醪の木樽に吹き込まれ，加熱した．気化したアルコールは水槽の中の蛇管を通って冷やされ液化され，焼酎原酒となった．

2）イモ焼酎との技術交流と近代的生産体制の確立

　近代的生産方法の基礎は，1940年頃から戦中，戦後にかけて確立した．その引き金は，鹿児島のイモ焼酎生産方法との技術交流にあった．当時，アジアでの戦線は1941年にはアメリカとの戦争へと拡大し，日本は総力戦に突入した．国内の農業事情は次第に疲弊し，米などの食糧自給体制は不安定化した．

　米不足によって，球磨焼酎業界はやむなく新たにイモを原料に使った．当時，イモ焼酎は鹿児島を中心にその製造技術は独自な進歩を遂げていた．その製法を，球磨焼酎業界は積極的に吸収し，後の米焼酎の発展に生かした．例えば，麹菌はそれまでの黄麹に代わって黒麹菌が普及した．次に，一次仕込みで米麹，二次仕込みでイモを仕込むという「二次仕込み法」にならい，二次仕込みで米を仕込むようになった．ただ，戦後期には米は主食用として管理されたため，米焼酎は公式に造れなかった．そのため，1950年頃から鹿児島県の笠沙町の杜氏を雇い，イモや麦の焼酎生産を続けた．しかし，統制・管理が緩和されると米焼酎の生産は回復し，米を原料とした米焼酎産地が復活した．

　1955年頃から麹菌は鹿児島の河内源一郎氏が発見した白麹菌が徐々に普及し，1960年以降は球磨焼酎のほとんどが白麹菌に代わった．また，製麹工程では同商店が開発した回転ドラム式製麹機，蒸留工程では「蒸気吹き込み式鉄製二重釜蒸留機」が登場するなど，技術革新の波は多くの工程に及んだ．こうして，生産技術・能力が高度化し機械化による近代的な生産体制が確立するとともに，量産体制が整備された．時代は高度経済成長期を迎えており，大衆消費時代の幕開けを告げていた．球磨焼酎業界は，それまでの域

内市場を前提とした地産地消体制から県外市場，特に東京などの本州市場をも射程に入れた市場拡大策を打ち出す．そこで，球磨焼酎メーカー全社の共同出資による共同瓶詰め会社「球磨焼酎株式会社」が1962年に設立された．

4．本格焼酎業界の産業発展と球磨焼酎

1）第一次ブーム（九州全体への市場拡大）
①高度経済成長と業界組織の再編
　1960年代半ばから，日本経済は高度経済成長の真っ只中に突入するとともに，加工貿易国として国際競争力を身につけ貿易自由化の波にさらされるようになる．このため，本格焼酎産業を取り巻く環境も変化した．1964年には小売価格の基準価格制度が廃止（自由価格化）され，中小企業近代化促進法による近代化業種として本格焼酎産業は指定された．60年代後半からは各県における本格焼酎の製造規制が廃止された．各メーカーはそれぞれ独自に市場拡大に向けた経済活動へ邁進するようになった．
　こうした流れの中で，本格焼酎業界も変遷を遂げた．1953年，それまでの球磨郡酒造組合に代わって人吉酒造組合が設立された．組合は，適切な需給調整を行い過当競争を回避しての共存共栄を目指した．しかしその後，当組合は自由化の影響を受け，1969年に現在の球磨焼酎酒造組合へと発展・改称された．南九州を中心に本格焼酎業界をまとめてきた九州旧式焼酎協議会は，それに先立つ1966年に現在の九州本格焼酎協議会に改称された．この時期，日本古来の製品ブランドにふさわしく，焼酎乙類という名称を本格焼酎へと名称変更させる活動が活発化した．九州本格焼酎協議会は，本格焼酎を日本の蒸留酒として確立させるべく産業発展のための協議・推進組織としての役割を発揮していった．
②福岡都市圏市場への進出
　60年代後半以降各県メーカーは域外市場へと積極的な市場開拓を推進した．球磨焼酎では，球磨焼酎株式会社の統一銘柄「球磨焼酎」と「六調子」が中心だった．特に後者の和風なデザインと民芸風の容器・名称は，東京方面などで話題となった．他方，鹿児島，宮崎のイモ焼酎メーカーは，九州の

中枢拠点都市として急成長していた福岡都市圏を目指して販路を拡大した．そして，鹿児島の「薩摩白波」が本格焼酎ブームに火を付けた．

　70年代に引き起こされた第一次ブームは，それまでの本格焼酎に対するイメージを大きく変えた．特徴的だったのは，焼酎6をお湯4で割って飲む「ロクヨン」ブームだった．これは，辛くてきつい酒＝本格焼酎のイメージを変えた．アルコールの消費嗜好のソフト化を実現していた．また，テレビCMを積極的に活用して，食中酒として嗜む庶民的なイメージも定着させた．さらに，当時は第三次産業を中心にソフト化・サービス化が急速に進展していた．従来の肉体労働者を代表するブルーカラーからネクタイ・白いワイシャツで働くサラリーマン社会へと大きく変貌しつつあった．本格焼酎は，日本における有力な支店都市＝福岡都市圏の広範なビジネスマン層に支持された．70年代半ばからは，同じイモ焼酎の「霧島」が，次にはそばを原料にしたそば焼酎が，さらには宮崎，大分の麦焼酎が，次々に新しい銘柄に彩られて福岡市場に進出していった．ついには，多様な本格焼酎が福岡の屋台や居酒屋から九州一円へと広がっていった．

③東京市場へのルートの開拓

　イモ焼酎を中心とした本格焼酎ブームの拡がりは，大きくは2つの市場ルートを辿った．まず第1のルートは，福岡市場を中心にかつての清酒圏だった北部九州さらには各県庁所在都市や地方中核都市に浸透していく経路である．熊本市でもイモ焼酎ブームが巻き起こった．イモ焼酎は新市街などの居酒屋でキープされるなど，球磨焼酎の存在感が薄らぐ事態が発生した．第2のルートは，支店都市である福岡市場でのブームが本店の集積する東京市場に波の輪を広げていく経路である．東京市場では，当時本格焼酎は柔らかいにおいやほのかな香りが嗜好される傾向があった．そのため，比較的ソフトで飲みやすい麦焼酎が80年代に第二次ブームを牽引することになった．これを象徴するように，同じ時期には甲類をベースにしたチーハイ・ブームも生じていた．

④減圧蒸留技術と球磨焼酎の製品開発

　このブームの波に，球磨焼酎は独自な蒸留技術の開発で対応した．それが，1974年の高橋酒造における減圧式蒸留機の導入であり「白岳」の製品

開発だった．それまで普及していたのは，地上の大気圧状態で蒸留する常圧蒸留法だった．新しい減圧蒸留法は，蒸留機の内部の空気を抜いて真空状態に近づけ，40度℃台という低い温度で蒸留させる方法をいう．端麗ですっきりとした飲み口の製品ができた．この減圧蒸留法は，70年代後半から普及していく．80年代前半，球磨焼酎の課税移出数量は急激な増加を遂げ，ブームを達成する．

2）第二次ブーム（本州市場への進出）
①企業間競争と県産酒愛好運動

1980年代に入ると，本格焼酎業界では各産地の主要メーカーを中心に多様な本格焼酎がそろう．また，生産工程の合理化や技術開発によって品質は着実に向上した．それが，東京を中心に本州への本格的な市場拡大・進出を可能にした．この進出過程は，従来の産地間競争に加えて，個々のメーカーによる銘柄間競争を新たに激化させた．さらに，この産業活動の活性化は一村一品運動と連動した．地方自治体と県民が一体となった県産酒愛好運動は大いに盛り上がり，本格焼酎業は地域産業として見直された．大都市圏のデパートなどでは九州各県のさまざまな展示企画や物産展が行われ，「地方の時代」が謳われていた．日本の首都・東京圏への進出を果たしたことで，九州の地域で培われ育まれてきた本格焼酎は「日本伝統の本格的な蒸留酒」であると誇れる土壌が醸成されつつあった．

②球磨焼酎の市場拡大

球磨焼酎は，80年代前半に県外市場へ大幅な出荷増をみせ飛躍的な成長を遂げた．例えば，1975年から5年単位での課税移出動向をみると，75年は6,700kl，80年は6,400kl，85年には1万2,400klとなっている．実に，80年代の5年間で倍増している．また，地域別にみた出荷割合の推移（表10-1）では，地元消費の割合が80年の44％から85年の28％，90年の24％へと徐々に低下している．逆に，管外の熊本県内が28％から40％，47％へと順調に伸びている．九州地域へは80年の9％から10％，16％へと80年代後半に大きく伸びている．ただ，本州地域へはその割合は増減しており，特に85年からの5年間で出荷数量が減少している．

表10-1　地域別出荷割合の推移

年度	地域別出荷割合			
	管内	管外	九州	本州
1980	44%	28%	9%	19%
1985	28%	40%	10%	22%
1990	24%	47%	16%	13%

注)「管内」とは人吉税務署管内（地元地域），「管外」とは人吉税務署管内を除いた熊本県内全域をいう．

（各種ヒアリングにより作成）

これにより，球磨焼酎はそれまでイモ焼酎に席巻されていた熊本市での市場奪還に成功した．同時に，福岡市場など北部九州市場に対してもシュア拡大を実現した．この頃，球磨焼酎業界のひとつの新たな動きとして，1985年に（株）白岳研究所が人吉市に設立され，「しろ」が発売された．当業界全体でも，品質向上に向けて減圧蒸留法を積極的に採用し，品質のソフト化とともに県外への市場開拓を推進した．この減圧蒸留法は麦など他の穀類焼酎にも拡がり，本格焼酎全体のソフト化に大きく貢献した．

しかし，80年代後半から本格焼酎業界は大きな国際的な経済的圧力を受けることになる．酒税増税から酒税制度まで様々な対応を迫られることになった．日本経済が本格的な国際競争時代を迎える中で，本格焼酎産業はどのように生き残れるか，いかなる発展を展望できるか，業界全体にとって正念場を迎えた．

3）グローバル・スタンダードとしての酒税制度の再編
①本格的な国際化と酒税制度の再編

80年代後半以降，日本経済は本格的な国際化へと舵を切った．日本の主要輸出産業だけでなく，酒類産業も例外なくこの国際化という大きなうねりに巻き込まれた．実際に，欧米諸国からの対外的圧力（80年代のGATT，90年代のWTO）は強まった．欧米の酒類製品は日本国内で差別的な待遇を受けてはならないとされ，これにより先進欧米諸国の酒税制度・政策に似せた形で日本の制度・政策は再編されることになった．最終的には，2006年の

酒税法の抜本改正によって決着することになる．

　この間，酒類の等級制度（清酒などの特級，1級など）の廃止，従価税制度の廃止，蒸留酒の税率格差の縮小，酒類の表示基準制度の創設等々が実施された．この他に，販売免許の規制緩和や酒類小売免許規制の緩和なども並行して行われた．国際的な規準に基づく日本の酒税制度の再編によって，本格焼酎の酒税は増え，ウイスキー類は減税になった．また，販売規制の緩和によって，ディスカウント店やスーパー，コンビニエンス・ストアーで酒類の取扱量が増えた．これらの業態が加わることで，従来の小売専門酒店を交えた販売競争は激化した．特に，ディスカウント店による強力な低価格競争は問題になった．

②本格焼酎業界の能動的対応と新たな流通再編

　本格焼酎業界は，こうした国際化に対応すべく更なる技術革新と経営力強化を能動的に展開した．各県の工業技術センターとの連携事業や業界の技術開発に関する各種研究会の発足など，製造から品質向上さらには経営改善の取り組みまで，イノベーション活動を活発化させた．球磨焼酎に関しては，吟醸香が高く香りの良い焼酎酵母 KF 3 や軽くて華やかな香りを引き立たせる CAN 1，さらには保管に役立つ焼酎用乾燥酵母の開発など様々な成果を生み出した．さらに，河内源一郎商店による NK（ニュークロ）菌の発見と製品化（「黒」焼酎）も80年代後半から始まり，第三次ブームへの土台を生み出した．

　他方，流通再編にともなう小売店の生き残り戦略と新たな業態の流通戦略は個々の本格焼酎メーカーの生産意欲を刺激した．各種小売店にとって売れ筋商品の確保と高価格・高付加価値製品の取り扱いは死活問題になった．その成否は消費者からみた店のブランド・イメージをも左右した．インターネットや新たな情報発信手段の広がりは，流通での激しい取引競争をもたらすとともに，メーカー間の売れ筋商品の開発競争を高めた．

4）グローバル時代と第三次ブーム（国民酒革命）

①国民酒革命と第三次ブーム

　2000年代に入って，酒税制度はグローバル・スタンダードとして再編さ

れ，流通制度全体の自由化が推進される中で，本格焼酎は日本の蒸留酒としての地位を確立する．私たちはこれを「国民酒革命」と呼んでいる．

　日本の醸造酒を代表する清酒は「日本酒」と呼称される．課税移出数量でみると，2003年に本格焼酎は連続式焼酎を上回るとともに，本格焼酎と連続式焼酎を合わせた焼酎計（約90万 kl）が清酒（約84万 kl）を初めて上回った．その後本格焼酎は急成長を遂げ，2012年現在わずか約8万 kl を下回る水準にまで清酒に接近した．また，本格焼酎の製成数量（約59万 kl）は2004年に清酒（約52万 kl）を上回った．さらに，本格焼酎の酒税額（約1,101億円）は2003年に清酒（約1,065億円）を抜き去った．最後に，従来生産地である南九州で最も多く消費されてきた本格焼酎の消費構造が大都市圏中心の消費構造に変化した．地域（国税局管内）別消費数量の推移をみると，東京大都市圏（東京，関信越国税局管内）は2003年以降南九州（熊本国税局管内）の消費数量を上回り，大阪大都市圏（大阪国税局管内）は2004年から南九州の消費水準に並んだ．県別消費量の上位5県を比較しても，2000年では鹿児島県，福岡県，東京都，大阪府，宮崎県だったものが，2005年には東京都，大阪府，福岡県，鹿児島県，愛知県へと変化した．この第三次ブームを牽引したのは霧島酒造に代表されるイモ焼酎だった．

②球磨焼酎と第三次ブーム

　本格焼酎の課税移出数量のピークが2007年の約57万 kl だったのに対して，球磨焼酎の場合そのピークは2003年（2万5,700kl）と比較的早かった．ただその後伸び悩んだため，本格焼酎全体のブームに必ずしも十分に乗り切れなかった．地域別出荷割合の推移（表10-2）をみると，本州への出荷割

表10-2　地域別出荷割合の推移

年度	地域別出荷割合			
	管内	管外	九州	本州
2000	16%	47%	22%	15%
2003	10%	40%	30%	20%
2006	10%	33%	29%	28%

（各種ヒアリングにより作成）

合は15%から20%，28%へと順調に伸ばし，出荷量も増加傾向だった．九州地域は，増減はあるもののほぼ一定水準を維持した．ただ，地元管内を含めた熊本県内市場への出荷は2000年からの6年間に約4割も大きく減少した．イモ焼酎ブームは米焼酎産地の熊本県内市場にも及んでいた．

その要因として，製品開発力における違いがあった．球磨焼酎は，イモ焼酎の製品開発の動きと比べ，イノベーション開発でハンディを持っていた．例えば，原料である米は政府の米政策や価格政策に制約されていた．それゆえ，高品質・高収量に向けた開発もコスト面などで限界を持っていた．その点イモ焼酎の場合，ジョイホワイトやムラサキマサリなどの原料イモの新種開発は，研究機関から契約農家，農協などまで広範な連携で進められた．そこに，黒麹菌による醸造，高付加価値製品づくり，小売商店や消費者と連携した「プレミアム製品」や「こだわり製品」づくりなどが加わった．製造から販売まで含めて話題が話題を呼び，多様な情報が各方面に発信された．

ただ工程全般における技術開発に一定の制約はあったものの，球磨焼酎はこの間酒造組合を中心に県の行政や産業技術センターと連携しながら，ユニークで独自な取り組みを進めてきた．

5．21世紀における球磨焼酎の挑戦

本格焼酎業界は，2007年をピークにその後低迷ないし漸減傾向になっている．「黒霧島」など一部のイモ焼酎の一人勝ち状況にある．米焼酎をコアとする球磨焼酎は伸び悩み状況にあり，過去5年間の対前年比伸び率は微減傾向を示している．そこで，この間における独自な取り組みを振り返りながら，これからの方向性をまとめてみたい．

1）スコッチウイスキーとの産業交流事業（2005年〜2007年）

ジェトロのLL（Local to Local）産業交流事業は，熊本県人吉市・球磨地方とイギリス・スコットランドとの間での蒸留酒分野における技術的交流を通じて，球磨焼酎の品質向上とともに球磨焼酎産業の発展を図ろうというものだった．まず2005年と2006年に，球磨焼酎業界を中心としたスタッフが

スコットランドのスコッチ蒸留所などを訪問した．他方で，2006年にスコッチの蒸留技術者を，2007年にはウイスキー関連のマーケティング・ジャーナリストを日本に招聘した．この両者は，それぞれ地元の蔵元・工場を直接訪問するとともに，球磨焼酎に対する評価，提言を行った．

　この交流事業がこれからの球磨焼酎に及ぼす成果は，熟成やブレンドに関わって発揮されるかもしれない．というのも，スコッチは生産の合理化を除けば主に熟成やブレンド，マーケティング面にその特徴を持っているからである．いかなる容器でどのように熟成技術を高めるのか．それは，球磨焼酎の原料である「米」の独自な味わいや芳醇さをどこまで引き立てるのか．さらに，ブレンド技術は従来の球磨焼酎のイメージを一新させるのか．その際従来の常圧蒸溜法による酒質はどのように生かされるのか．高級なプレミアム品質・製品は登場してくるのか．今後その興味は尽きない．

2）クールジャパン戦略推進事業

　この推進事業は2つの柱から構成されている．第1の中小企業庁の「JAPANブランド育成支援事業」は，複数の中小企業や小規模事業者が相互に連携しながら海外販路を開拓するのを支援する事業である．この事業に，プロジェクト「球磨焼酎を世界ブランドに」が2007年に採択された．首都圏を中心とした市場調査や販売促進事業を展開し，世界への販路拡大を展望しながら，3カ年で球磨焼酎のブランド化を図ることを目指した．

　第2の地域産業資源活用支援事業には，2008年に熊本県商工会連合会が連携拠点となって実施された．そこから，豊永酒造（球磨郡湯前町）の製品が生まれた．「原料と造りに徹する」という経営方針から，「球磨の米」を用い「球磨の水」を使って「球磨に根ざした人」による球磨焼酎づくりを実現した．特に原料米には，地元の契約農家が無農薬・無化学肥料で育成し収穫した有機自然米だけが使用されている．「一九道」と命名されたこの製品は，アルコール度数19度と比較的軽く，品質的にも常圧蒸留酒や古酒とのブレンドなどの工夫が施されている．興味深い取り組みとなっている．

　さらに2013年，球磨焼酎酒造組合では8月8日を「球磨焼酎の日」に制定した．球磨焼酎の原料である「米」という文字にちなんで，この日が決定

された．原料である「米」のイメージを高めながら，伝統に鍛えられた球磨焼酎の「米」の香りと芳醇さを，そしてブランド・イメージを広くアピールすることを目指している．

3）日本における社会構造変化と球磨焼酎

日本の社会構造は，少子化と高齢社会への転換，人口減少が顕在化する時代へと突入している．この社会構造の急変は，酒類業界全体にそれゆえ本格焼酎業界にも例外なく影響を及ぼしつつある．まず消費市場の特徴として，年齢別構成では60歳以上層の消費全体に占める割合は約5割と高い割合を占め，40〜60歳未満層（約4割）を超えている[3]．今後，この傾向はますます高まることが予想されている．高齢者の健康な生活にとって，本格焼酎はどのような飲み方が良いのか，もっと情報提供がされていい．また，各年齢層に応じた飲み方は，新しい社会環境の中でもっときめ細かく工夫されてもいい．

第2は，品質についてはもっと多様な開発が求められている．若者から高齢者，家庭から付き合い・各種冠婚葬祭まで，人と人との交流・会合の様相は時代とともに新しく多様に変化している．それゆえ，現在では味わい方からアルコール度数，飲み方（ストレートから水割り，炭酸割り，カクテルなど）まで，新たな品質や他の飲料水とのマッチングなど新たな多様性が求められている．伝統的な品質と味わいを貫きながらも，新しい時代にふさわしい斬新な品質開発や飲み方などが工夫されてもおかしくない．

第3は，海外市場の拡大策である．実際の輸出実績は，清酒に比べて少ない．本格焼酎業界全体として，大手の商社や海外流通業者との連携による海外市場の開拓が求められている．とはいうものの，球磨焼酎は多数の中小メーカーによって産地が構成されており，海外戦略をするにも一定の制約がある．ただ現在，訪日外国人2,000万人時代に向けた観光立国のためのアクション・プログラム[4]が推進されている．この政策を活用しながら，もっと観光事業に力を注ぐ必要がある．多くの海外の観光客を人吉・球磨地域に呼び込み，自然や食生活・風土，文化を堪能してもらう．それを積み重ねる．人吉・球磨地域には，農産物，林業，畜産，伝統産業，温泉・旅館などの諸

資源が揃っている．「本格焼酎アイランド九州・沖縄」のブランドを背景にして，球磨焼酎産地としての魅力を高め，多くの海外の観光客の訪問を増やす．多くの海外からの観光客が直接産地で地元の食・飲酒文化を味わう．これによって海外からの需要が増える．この仕組みづくりが現在求められている．

本格焼酎業界は，事件や事故にかかわりかねない産業でもあるからこそ，常に人々の健康づくりと生活の潤いに役立つ製品づくり，飲酒スタイルを明示する必要がある．充実した生活・人生に寄与する球磨焼酎の姿を世界に表現することが重要になっている．

【注】
（1）この課税移出数量は，資料として「日本酒造組合中央会調べ」（『酒類食品統計月報』）などを参考にしている．
（2）羽田正編，小島毅監修『海から見た歴史』（東京大学出版会，2013年）では，16世紀半ば頃の東アジア海域の交易活動に相良藩が関与していたことが指摘されている．技術の伝播は人の交流でもある．将来のアジアにおける蒸留酒市場を展望するとき，現在はアジアにおける交易活動・交流の歴史の脈絡から，日本の本格焼酎や球磨焼酎の技術伝播さらにはアジアの蒸留酒文化の全体像を検討する時期にきている，と考えている．
（3）この数値は，第一生命経済研究所の試算による．日本経済新聞2014年1月9日付け参照．
（4）観光立国推進閣僚会議「観光立国実現に向けたアクション・プログラム2014」（平成26年6月17日）参照．

【参考文献】
中野元 2001．「グローバル化時代の本格焼酎産業」（熊本学園大学産業経営研究所編『熊本県産業経済の推移と展望』第6章所収）日本評論社．
野間重光・中野元編 2003．『しょうちゅう業界の未来戦略』ミネルヴァ書房．
鹿児島県本格焼酎技術研究会 2004．『鹿児島の本格焼酎』（株）醸界タイムス社．
野間重光，境章，中野元 2010．「国民酒革命後の本格焼酎業の基本課題」（熊本学園大学産業経営研究所編『グローバル化する九州・熊本の産業経済の自立と連携』第4章所収）日本評論社．
球磨焼酎酒造組合編 2012．『球磨焼酎』弦書房．
中野元，境章，野間重光，豊田謙二 2012．『本格焼酎新時代』西日本新聞社．
中野元，豊田謙二 2013．「中国における白酒産業の動向と白酒文化」（熊本学園

大学産業経営研究所『産業経営研究』第32号）

中野元，豊田謙二 2014．「韓国酒類産業の動向と韓国伝統焼酎文化」（同上，第33号）

中野元 2014．「本格焼酎産業の産業集積と今後の課題」（伊東維年，山本健兒，柳井雅也編『グローバルプレッシャー下の日本の産業集積』第6章所収）日本経済評論社．

第11章

熊本市の都市中心部の変化

1．はじめに

　近年の日本における地方分権の潮流の中で，地方の中核となるような規模の都市の重要性が大きくなってきた．2015年春時点で政令指定都市は全国20市，1996年から指定が始まり人口20万人以上を要件とする中核市も全国45市となっている．2000年頃から活発化する平成の大合併によって都市規模が拡大した都市も多く出現し，2000年以降に政令指定都市となった都市にはさいたま市・静岡市・堺市・新潟市・浜松市・岡山市・相模原市・熊本市がある．また，地方での高速道路網の整備が進んだり，東北・九州・北陸の各整備新幹線が地方都市を結んで開業していく中で，地方の中核となる都市の中心性が高まるとともに，高速道路のインターチェンジ周辺地区や中心駅の周辺地区の持つ役割が大きく変わりつつある都市も存在する．

　これらの都市の中で，2011年3月に新幹線が開業し，2012年4月には政令指定都市への昇格も果たしたのが熊本市である．九州における最大都市は福岡市であるが，これまでの歴史的経緯から熊本市が九州全体の行政や企業活動の統括機能を有している場合も多く[1]，都市間競争を勝ち抜くためにも，都市としての更なる中心性獲得が政治上の大きな課題となってきた．その点からも，2008年以降には隣接する富合町・城南町・植木町と合併して人口規模も拡大させ，政令指定都市への移行へと取り組んできた．

　また，新幹線開業をにらんで熊本駅周辺では市街地再開発事業が実施されるとともに，在来線の連続立体交差化事業や市電の電停の整備をはじめとする駅前広場の整備などの諸事業が一体的に行われるいわゆる「駅と街づくり」事業[2]が進められている．これらの事業はまだ実施途中のものも多いが，熊本駅周辺の市街地の景観は徐々に近代的なものになりつつある．従来

は，市中心部に位置するバスターミナルである熊本交通センターに発着するだけであった都市間高速バスも，2009年以降には熊本駅前に乗り入れを開始している．

このように，都市としての中心性を高めつつあり，市域の中心駅である熊本駅の役割も高まりつつある熊本市では，都市中心部の様子も今後にわたって変化していくと予想される．本稿では，これまでの熊本市の都市中心部の様子の変化とその特徴を明らかにすると共に，今後の展望をおこなうこととする．

2．都市の中心の移動を促す要因

都市地理学の分野では，これまでも都市についてさまざまな角度から分析してきた．都市中心部の様子についての研究も多くあったが[3]，そのほとんどは個別都市の定性的な事例研究であった．それらの研究の多くでは，どのような特徴を備えた都市ではどのような変化がみられるのかといったような，都市の特徴と都市中心部の変容の様子の関係についての一般化された知見を得るには至らなかったことは，筆者が高野（2004）において指摘した．現実の都市というものは一つとして同じものが存在しないので，個別都市における事例研究のみが蓄積されてきたとしても，そこから帰納的に理論を構築していくのは困難だからである．

この問題点を克服する工夫として，高野（2004）では全国の人口5万人以上の都市を対象とした悉皆調査を行い，都市の特徴と都市中心部の構造の変容との関連性を計量分析によって明らかにした．この分析結果では，その都市において最も繁栄している地点を意味する「都市の中心」が，従来の中心街から，鉄道開業後に人が集まるようになった駅周辺地区へと移動する傾向が多くの都市でみられる点を指摘した．また，その進展の様子は，都市の古さと鉄道駅の乗降客数の多さという2つの要因の影響を受けることも示した．古い都市では，中心街での都市機能の蓄積がもともと大きかったので，中心街から駅周辺地区への都市機能の流出による影響は相対的に小さくて済み，中心街が規模を維持している場合も多い．一方で，多数の通勤通学客が

利用するために駅の乗降客数が多い3大都市圏では，駅周辺地区への都市の中心の移動が促進される．

また，大型店の立地や市街地再開発事業は，都市中心部の変容に大きな影響を与えており，これらが駅周辺地区に多数立地している場合には，駅周辺地区への都市の中心の移動が一層促進される点も，高野（2004）において明らかにされた．大型店の立地は都市の新旧による違いはなかったが，市街地再開発事業は古い都市であるほど，中心街において事業がおこなわれる傾向がみられる．大都市圏では，大型店と市街地再開発事業の双方ともに駅周辺地区に多く，非大都市圏では中心街に多くなるという傾向も示された．

本研究ではこの高野（2004）における成果を基礎におきながら，熊本市の分析を行う．また，熊本市だけを取り上げて分析するのではなく，熊本市と条件が似た都市を抽出し，定量的な分析手法によって類似都市において指摘できる一般的な特徴をまず示したうえで，それと比較しながら熊本市の都市中心部の変容の様子の分析を進める．

熊本市は1889年に市制が施行され，2010年の国勢調査において人口73万4,474人である．この点を踏まえ，本研究では以下のように調査対象都市を抽出する条件と調査項目を設定した．1つ目の条件として，2010年国勢調査において人口40万人以上80万人以下の都市とした．ただし，三大都市圏[4]に含まれる都市は市街地が連担していたり，商業地区が広域に広がっていたり，複数の拠点駅が存在して市域の都市構造が複雑であることも多いために，都市中心部の構造変容の分析をおこなうことが難しいので除外した[5]．2つ目の条件として，市制施行が明治・大正期におこなわれた古い都市を条件とした．古い都市では，規模が大きく確固とした中心街が形成されている場合が多く，中心街と駅周辺地区の関係を分析するのに適しているからである．

以上の条件により，調査対象都市は熊本市とともに，宇都宮市・富山市・金沢市・静岡市・岡山市・福山市・高松市・松山市・長崎市・大分市・宮崎市・鹿児島市の全13市とした．これらの都市は，福山市をのぞき県庁所在地である．旧城下町としての特徴に関する分析は，そのうちの宮崎市と長崎市を除いた11市に対しておこなった．そして，これらの都市における最も

乗降客数の多い駅を，その都市の中心駅として分析をおこなった．

　本研究では，経年比較に用いることができるデータを念頭に置いた結果，高度経済成長期後から現在までのおよそ40年間を分析期間とした．分析に用いたデータは，都市の中心の移動の様子を把握する指標として用いる駅から公示地価最高地価点までの距離[6]，大型店と市街地再開発事業の数と位置，駅の様子に関する情報，駅から明治大正期の中心街の主要道交差点までの距離と，駅から明治大正期の地形図で確認できる城郭までの距離，である．公示地価は1975年以降2013年までのおよそ10年間隔のデータを用いた．大型店，再開発事業，駅に関する諸情報など他のデータは，分析対象とした40年間の半ばにあたる1993〜1995年と，2014年のものを用いた．

　なお本研究では，以下のように用語を定義する．中心街とは，江戸時代の商人地区がもととなり，その都市の起源となった商業地区のことである．都市中心部とは，およそ中心街と駅周辺の地区によって構成される範囲を指す．都市の中心とは，その時点のその都市において最も繁華な場所を指し，これは時代と共に場所が移動するものである．

3．都市の中心の移動の様子

　まず，駅から最高地価点までの距離によって調査対象とする都市を分類した．1975年，1985年，1995年，2005年，2013年における駅から最高地価点までの距離において，各年を通じて距離が300m以下である都市を「都市の中心は既に駅周辺地区である都市」，各年を通じて距離が300m以上である都市を「都市の中心は中心街に留まったままの都市」，それ以外の都市を「都市の中心が移動した都市」，と3分類した[7]．このカテゴリー別に，本研究で調査対象とした全13市における中心街と駅周辺地区の関係などの地理的状況をまとめた表11-1と，中心駅の特徴や大型店と再開発事業の分布などをまとめた表11-2を作成した．これらのデータをもとに，どのような要因が働いて都市の中心部の構造の変容がどのように起こったのかを分析する．

　調査対象市における中心駅は，ほとんどはその都市名を冠したJR駅であ

3. 都市の中心の移動の様子　●　203

表11-1　調査対象都市の中心部の状況

調査対象都市の中心駅		人口 2010年	駅から最高地価点までの距離 (m)					駅から明治・大正期の中心街の主要道交差点までの直線距離 (m)	駅から城郭までの直線距離 (m)	市内に他の拠点駅が存在する都市
			1975年	1985年	1995年	2005年	2013年			
都市の中心は駅周辺地区	福山	461,357	0	150	150	150	150	500	200	
	岡山	709,584	0	150	270	200	300	1,000	1,550	
	大分	474,094	300	300	300	300	300	450	950	
都市の中心が移動	金沢	462,361	220	2,200	2,200	2,200	0	2,050	1,600	○
	富山	421,953	1,200	1,400	210	210	1,400	1,250	1,450	○
	松山市	517,231	1,000	150	1,200	1,200	1,200	750	1,150	○
	静岡	716,197	200	400	400	400	400	850	950	
都市の中心は中心街のまま	宇都宮	511,739	1,100	1,100	1,100	1,100	800	1,100	1,250	
	高松	419,429	900	1,700	700	700	830	650	350	
	宮崎	400,583	900	900	900	900	900	850		
	鹿児島中央	605,846	1,500	1,400	1,300	1,300	1,300	1,400	1,750	○
	長崎	443,766	1,300	1,400	1,400	1,400	1,400	1,200		○
	熊本	734,474	2,800	3,000	2,600	2,600	2,600	900	2,350	○

注1) 最高地価点は、各年の公示地価における市内での最高地価を示す点とした。
2) 本表では、各都市カテゴリー別に、おおむね2013年における駅から最高地価点までの距離が短い順に調査対象駅を並べた。
3) 駅から明治大正期の主要道交差点までの直線距離は、1895年から1915年までの各都市の地形図で計測してデータを得た。
4) 駅から城郭までの直線距離は、1895年から1915年までの各都市の地形図において、明確に確認できる城郭の外郭部分と駅の最も近接した部分の直線距離を計測してデータを得た。
5) 市内に他の拠点駅が存在する都市とは、都市中心部において複数の鉄道会社がそれぞれ別個のターミナル駅を有していたり、現在の中心駅とは違う駅がかつて中心駅であったなどの場合を指す。

(筆者作成)

204 ● 第11章　熊本市の都市中心部の変化

表11-2　調査対象都市の中心駅、大型店と市街地再開発事業の様子

	調査対象都市の中心駅	1日乗降客数 1992年	駅構内横断通路 1983年	駅構内横断通路 1993年	駅構内横断通路 2014年	駅ビル大型店 1994年	駅ビル大型店 2014年	第1種大型店数 中心街 1993年	第1種大型店数 中心街 2014年	大型店店数 中心街(従来の第1種該当数) 2014年	第1種大型店数 駅周辺地区 1993年	大型店店数 駅周辺地区(従来の第1種該当数) 2014年	再開発事業数 中心街 1995年	再開発事業数 中心街 2014年	再開発事業数 駅周辺地区 1995年	再開発事業数 駅周辺地区 2014年
都市の中心は駅周辺地区	福山	48,092	○	○	○	○	○	1	0	4	6	4	0	0	2	2
	岡山	118,530	○	○	○			4	3	5	7	5	1	3	3	6
	大分	33,886	○	○	○		○	0	0	5	5	5	0	0	0	0
都市の中心が移動	金沢	41,752			○		○	7	4	4	2	4	8	6	2	2
	富山	39,722	○					5	2	2	3	2	2	8	5	5
	松山市	30,911						5	4	1	1	1	0	1	0	1
	静岡	109,942	○					4	3	5	4	5	1	3	4	7
都市の中心は中心街のまま	宇都宮	65,628	○					6	3	3	3	3	1	6	2	5
	高松	31,950						2	2	0	0	0	1	3	0	1
	宮崎	8,279						6	3	2	0	2	0	2	0	0
	鹿児島中央	29,936	○	○	○		○	5	4	3	0	3	0	4	2	5
	長崎	19,556						5	6	1	0	1	2	0	0	0
	熊本	23,367			○			5	7	0	1	0	0	2	1	2

注1）駅構内横断通路がある駅とは、自由通路や駅裏改札口が設置されたりして、駅表側地区と駅裏側地区とが通路で結ばれている駅を指す。その有無は、宮脇・原田編 (1983・1984)、宮脇 (1992・1993) と宮脇・原田編 (1992・1993) を用いて判定し、2014年時点の情報は各鉄道事業者のウェブサイトなどを利用して確認した。

2）駅ビル大型店とは、駅ビル内に従来の大店法における第1種大型店相当をもつ駅を指す。

3）大型店の情報は東洋経済新報社 (1994) と東洋経済新報社 (2014) に依拠し、同書における店舗立地が「ターミナル型」、「駅前駅近辺型」であるものを駅周辺地区に立地する大型店とし、駅より1km以内の駅表側の大型店を駅に立地する大型店とみなした。また、店舗から駅までの距離がそもそも1km以上離れている都市の場合は、「商店街型」の店舗に立地する大型店を中心街に立地したと、地図で個別に検証した。また、中心街に立地する大型店かどうかを判断した。

4）市街地再開発事業数は、1995年3月と2014年末までに完了済みと都市計画決定準備段階以上の施行途中である事業を対象とし、また地図上で個別に検証して中心街かどうか、駅から250m以内に位置する事業を駅周辺地区における事業かどうかを判断した。

るが，松山市の場合はJR駅ではなく伊予鉄道の拠点駅である松山市駅が該当する．鹿児島市の場合は鹿児島駅ではなく，鹿児島中央駅である．鹿児島市における中心駅としての役割は，かつては鹿児島駅が担っていたものの，中心街に距離的に近かった隣の西鹿児島駅の方がより発展する結果となった．優等列車も1960年代半ばには鹿児島駅ではなく西鹿児島駅を起終点とするように変更され，九州新幹線が乗り入れると同時に鹿児島中央駅と改称して現在に至っている．

1）都市の中心の移動の様子の分析

まず，駅から最高地価点までの距離の推移について検討する．

「都市の中心は既に駅周辺地区である都市」に該当する福山市・岡山市・大分市の3市は，全体的には年が下るにつれて駅から最高地価点までの距離が微増傾向にある．これは，駅周辺地区の都市機能の集積が減少したのではなく，むしろ都市機能の集積が一層進んだために駅周辺地区の商業地域が面的に拡大した結果，駅から最高地価点までの距離が若干増加することにつながったと考えるのが妥当である．

「都市の中心は中心街に留まったままの都市」に該当する都市では，明治・大正期の中心街が，おおむねそのまま現在の最高地価点となっている．しかし，熊本市だけは明治・大正期の中心街であった呉服町周辺のいわゆる古町ではなく，下通に立地する大型店であったダイエー熊本下通店跡前へと現在では移っている．下通は呉服町からみて熊本駅とは正反対の方向に位置しているので，この場合の都市の中心の移動は駅周辺地区への都市機能の集積とは関係がない．この点は高野（2004）において明らかにされた日本の多くの都市の傾向とは異なるものであり，特異な事例である．下通に近接してバスターミナルの熊本交通センターや2014年まで百貨店が立地していた桜町周辺は，かつての城下町時代の武家屋敷街から軍用地へと変わり，その後の軍用地の郊外移転によって昭和に入って一挙に開発が進んだという点，また，今以上に九州の中心都市としてさまざまな中枢機能が集中していた当時には，勧業館や公会堂といった公共施設群や大きな中枢管理機能が桜町一帯に立地したことが隣接地である新市街や下通地域一帯の商業化を促進した

点，城下町の北側からの入口としては上熊本駅も機能していたために熊本駅前への都市機能の集中が進まず，熊本駅が都市の中心を引き寄せる力が弱かった点，などがその理由と考えられる．

　「都市の中心が移動した都市」の4都市は，それぞれ独自の変化をみせている．金沢市の中心は香林坊地区であったが，2013年になって駅前へと移動した．これは2015年の北陸新幹線の金沢駅延伸をにらみ，在来線の連続立体交差化や北陸鉄道駅の地下化，駅前広場の整備や周辺市街地での市街地再開発事業の実施といった典型的な駅と街づくり事業を実施してきた結果，駅周辺地区の近代化が進み，都市機能の集積が図られたことが主な理由と考えられる．富山市の中心はバブル経済の波にのって1990年前後に駅周辺地区での市街地再開発事業が次々と竣工したこともあって，1990年代には駅前に都市の中心が移るに至った．しかし，明治・大正期の中心街である総曲輪地区での市街地再開発事業も引き続き行われ，路面電車網の積極的な整備と活用をはじめとするコンパクトシティを掲げた政策の下で都市中心部での都市機能の集積が促進された効果により，都市の中心は2013年には再び総曲輪に戻ったと考えられる．松山市では1985年のみ大街道から松山市駅前に最高地価点が移動していたが，それ以外の調査年では都市の中心は大街道にある．静岡市の場合は，この分析の調査対象の中心駅であるJR静岡駅の駅表側に約450m離れて，静岡鉄道の新静岡駅が立地しているという特殊な事例である．その結果として，都市の中心を引き寄せる力が相対的に弱められたと考えられるJR静岡駅と，新静岡駅で囲まれた地区全体が都市機能の集積を担っていると考えることができるので，鉄道駅が都市の中心を引き寄せてきたという点には変わりない．

　2）都市の中心の移動に影響を与える要因の検討
　次に，都市の中心の移動に影響を及ぼす諸要因について個別に検討していく．
　まず表11-3において，駅の乗降客数，駅構内横断通路の整備状況と，駅ビル大型店の存在をみる．
　「都市の中心は中心街に留まったままの都市」では，他の2つのカテゴ

表11-3 各都市の中心駅の状況

	調査対象駅数	1日乗降客数平均 1992年	駅構内横断通路の存在する駅とその割合 1981年		1992年		2014年		駅ビル大型店とその割合 1994年		2014年	
全駅	13	46,273	7	54%	8	62%	11	85%	6	46%	8	62%
中心は駅周辺	3	66,836	3	100%	3	100%	3	100%	1	33%	1	33%
中心は移動	4	55,582	2	50%	3	75%	4	100%	4	100%	4	100%
中心は中心街	6	29,786	2	33%	2	33%	4	67%	1	17%	3	50%

リーの都市と比べて，駅の乗降客数は顕著に少ない．乗降客数が少なければ，駅周辺地区での都市機能の集積はあまり進まないので，都市の中心が中心街に留まったままという状況に合致する．

駅裏側地区での市街化が進むと，メインとなる改札口から線路や駅構内で隔てられて駅へのアクセシビリティの悪い状態を改善するために，駅構内横断通路の設置要求が高まる．またその逆に，駅構内横断通路が整備されていていれば駅裏側地区においても開発のポテンシャルがそれなりに向上し，駅周辺地区全体においてより広域な都市機能の集積を可能にするという関係性も作り出される．表11-3をみると，駅構内横断通路が存在する駅は，「都市の中心は中心街に留まったままの都市」では少ないままであり，駅周辺地区での都市機能の集積が進まない状況と合致している．ちなみに今回の分析では，都市の中心の移動と，駅ビル大型店の有無との関連性は明瞭でなかった．

熊本駅は中心街から遠く，乗降客数もさほど多くはなかったので，都市機能の集積もはかばかしくは進まない状況が長らく続いてきた．駅構内横断通路も未整備なままであったが，2011年の九州新幹線開業をにらんだ駅と街づくり事業の実施により，更なる都市機能の集積を可能にする環境が整いつつある．駅前への国の合同庁舎の移転が2014年に完了し，熊本駅西土地区画整理事業が2016年に，在来線の連続立体交差化事業が2018年に，周辺の都市計画道路網も2018年までに完成予定となっている．今後は，金沢市のように駅周辺地区の高度な整備が進んで都市機能の集積が進展していくの

か，注目に値するところである．

次に，都市中心部における大型店と市街地再開発事業の実施の動向の様子を表11-4においてまとめた．

まず大型店の動向を概観すると，駅周辺地区での大型店は全体的には微増であるのに対し，中心街での大型店の数の減少幅が大きい．中心街における都市機能の集積が駅周辺地区に移ったと考えるよりも，都市機能の郊外化やモータリゼーションの一層の進展によって，都市の中心部全体における都市機能の集積が減少したためと解釈される．「都市の中心は既に駅周辺地区である都市」では駅周辺地区に大型店が集中し，逆に「都市の中心は中心街に留まったままの都市」では中心街に大型店が集中する一方で，駅周辺地区には大型店があまり存在していない．この点は高野（2004）で得られた知見と合致している．また，市街地再開発事業の動向をみると，「都市の中心は既に駅周辺地区である都市」では中心街に比べて駅周辺地区において市街地再開発事業の数が多い傾向がみられる．集客力の大きな大型店や，大型の公共事業である市街地再開発事業の立地は，都市機能の大きな集積との相関が強いのではないかと考えられる．

熊本市では，駅周辺地区での大型店と市街地再開発事業は少ないのに対して，中心街での大型店は他の「都市の中心は中心街に留まったままの都市」に比しても多く，現在もその商業の集積は大きなものとなっている．

最後に，本分析の調査対象都市のうち，宮崎市と長崎市を除いた全11の

表11-4　都市中心部における大型店と市街地再開発事業

	大型店の店舗数平均				市街地再開発事業数平均			
	中心街		駅周辺		中心街		駅周辺	
	1993年	2014年	1993年	2014年	1995年	2014年	1995年	2014年
全都市	4.2	3.2	2.5	2.7	1.2	2.9	1.6	2.8
中心は駅周辺	1.7	1.0	6.0	4.7	0.3	1.0	1.7	2.7
中心は移動	5.3	3.3	2.5	3.0	2.8	4.5	2.8	3.8
中心は中心街	4.8	4.2	0.7	1.5	0.7	2.8	0.8	2.2

3. 都市の中心の移動の様子

表11-5 旧城下町における，中心駅から明治・大正期の中心街

	調査都市数	駅から明治・大正期の中心街の主要道交差点までの直線距離平均（m）	駅から城郭までの直線距離平均（m）
全都市	11	991	1,232
中心は駅周辺	3	650	900
中心は移動	4	1,225	1,288
中心は中心街	4	1,013	1,425

　旧城下町の都市について，駅と中心街と城郭の位置関係について表11-5をまとめた．

　この表における大きな特徴として読み取れるのは，「都市の中心は既に駅周辺地区である都市」では，中心駅から明治・大正期の中心街までの距離と，城郭までの距離の双方が，他の2つのカテゴリーの都市に比べて短いという点である．これはつまり，1975年以前に既に都市の中心が駅周辺地区へ移動して「都市の中心は既に駅周辺地区である都市」にカテゴライズされた都市では，そもそも駅・中心街・城郭の3つの要素がコンパクトに近接していた形態であったということを示している．高野（2004）では都市の中心の移動の様子を決定する大きな要因として，駅の乗降客数と都市の古さという2つを示していたが，今回の分析ではそもそも駅と明治・大正期の中心街との距離が短い都市では，駅周辺地区への都市の中心の移動が起こりやすいという新たな要因が把握できたということである．これはつまり，都市の中心部がもともと平面的にコンパクトな形態であれば，駅の開業にともなって都市の商業地区が漸進的に駅の方向へ広がりやすいために，都市の中心の移動が早期に起こりやすかったからと解釈される．その逆に，熊本市をはじめとして明治・大正期の中心街や城郭が駅から遠かった都市では，都市の商業地区が漸進的に駅の方向へ広がるのは難しく，明治・大正期の中心街とは連担しない独立した新たな商業地区が駅周辺地区で十分に成長するのを待ってからでないと都市の中心は駅周辺地区へ移動できないので，移動するまで時間がかかったりあるいは現在まで移動が発生せずにいるということである．

4．おわりに

　本研究では，熊本市の都市中心部における都市の中心の移動に関する変容はどのような様子であったかを，類似都市の一般的な特徴を明らかにしつつ，それとの比較の中で考察した．

　人口が40万人以上80万人以下で明治・大正期に市制施行した3大都市圏以外の都市を対象とした今回の分析でも，高野（2004）で示された都市の中心の移動に関連性の強い要因の存在が確認された．駅乗降客数が多いこと，大型店や市街地再開発事業の集積が駅周辺地区において進んでいることの2つの要因と，駅周辺地区への都市の中心の移動の発生との相関が強いということである．

　このような一般的な特徴を踏まえると，熊本市の都市中心部の変容においては，何が独特な点なのかを明らかにすることができた．それは，熊本市における現在の都市の中心が，明治・大正期の中心街である呉服町周辺に留まるでもなく，熊本駅周辺地区に移動したでもなく，むしろ熊本駅からみて約900mの呉服町よりも3倍も遠方に位置する下通に移ったという点である．これは，軍用地の郊外移転で生み出されたまとまった土地に公共施設や官公庁が立地し，それにあわせて周辺の商業地区が発展を遂げたという，熊本市ならではの歴史の結果である．しかしそのプロセスの詳細については，今回のような定量的な分析では把握できないので，定性的な分析を今後おこなうことが必要である．

　現実の都市というものは1つとして同じものが存在しないものの，都市中心部の様子を整理すると熊本市は金沢市とよく似た状況である点に気づく．中心駅から城郭はかなり遠い．中心駅では新幹線が開業間もない．下通あるいは香林坊といった中心街は，中心駅からみて城郭の側面に位置する．市内に乗り入れる私鉄の終着駅が中心駅とは別に立地する．というように，都市中心部の地理的形態に共通点が多いのである．本研究の中でも指摘したように，金沢市では数々の市街地再開発事業を含む駅と街づくり事業を金沢駅周辺地区において実施したことにより，都市の中心はついに駅周辺地区へ

と移動した．熊本駅でも同様の事業が着々進められている先の将来に，金沢市のように都市の中心が駅周辺地区へと移動する，というのも熊本市の中心部における将来の一つのありうる姿であると思われる．

　今後の熊本市の都市中心部の変化に大きな役割を果たしていくと予想されるのが，熊本駅周辺での在来線の連続立体交差化事業の実施に伴って発生する従来のホームや駅舎の跡地を利用してJR九州が2021年の完成を予定している駅ビル計画と，中心街に隣接した地域においてバスターミナルである熊本交通センターや県民百貨店などの跡地を利用して2018年の完成を予定している桜町地区市街地再開発事業である．

　2015年3月にJR九州が発表した計画では，従来提示していた開発区域をさらに拡大させ，同社が先行して進めてきた鹿児島中央駅や大分駅の駅ビルと同等かそれ以上の規模の商業施設を目指すとしている[8]．鉄道本業での赤字を他の関連事業で積極的にカバーしなければならないJR九州の経営戦略の中では，熊本駅ビルをより大規模なものにして規模の経済を働かせ，少しでも多くの収益を確保したいという意図がより鮮明になってきた．一方で，熊本市の中心街に隣接した桜町地区での市街地再開発事業は，今後の市中心部のにぎわいの核となる施設を建設すべく，熊本交通センターの運営母体である九州産業交通が中心となって商業施設やホテルなどを整備し，熊本市も大型集客施設（MICE施設）の設置を担うというものであり，現在はその計画を固めつつある段階であるが，そこでも開発規模の拡大が検討されている[9]．

　これだけの大規模な施設が今後立て続けに建設されていくとなると，都市中心部の商業地区に大きな影響を与えると考えられる．周辺の既存の商店と競合することになりそれらの経営難をもたらすのではないか，都市の中心が駅周辺地区へと移動していくことになるのか，都市機能の郊外化にある程度の歯止めをかけることができるようになるのか，県内の他の都市の都市機能の集積を一層奪うことになるのか，新幹線という高速移動できる公共交通で結ばれた都市として九州全体で見た場合の福岡市や鹿児島市などの競合都市に対して都市機能の集積という点で勝ち抜いていけるのか，といった多層的な視点からその影響を把握し，今後の熊本市の中心部のあり方について考え

ていく必要がある．

【注】
（1）九州全域を管轄する国の出先機関で熊本市に配置されているものとして，例えば現在でも九州森林管理局・九州農政局・九州地方環境事務所・九州総合通信局・陸上自衛隊西部方面総監部などがある．
（2）「駅と街づくり」事業とは，そのような名前の付いた事業が，法律その他により定められているのではない．「駅と街づくり」事業と呼ぶのは，駅とその周辺の整備のためにおこなわれる市街地再開発事業，区画整理事業，街路整備，鉄道連続立体交差事業，駅舎整備などを始めとする個別事業を，一体的な計画の下で相互に関連性をもたせて実施する場合（山本，1994a，p.54；山本，1994b，pp.3-5）のことである．1987年の日本国有鉄道の民営化と鉄道貨物輸送体系の再構築をきっかけに，遊休地化した鉄道用地の有効利用が求められたのを背景にして，このような事業が全国でおこなわれるようになった．
（3）代表例として，山下（1991）・横尾（1993）・横尾（2000）などが挙げられる．
（4）ここでは，2010年国勢調査において定義された，関東大都市圏・中京大都市圏・近畿大都市圏を指すこととする．
（5）この条件によって調査対象都市から除外されるのは，八王子市・横須賀市・岐阜市・尼崎市・西宮市・姫路市である．
（6）高野（2004）では，公示地価や最高地価点の持つ性質について検討している．この距離が短く変化していれば，その都市の中心は駅周辺地区に移動していると考えることができる．
（7）ここで300mの値を境に都市を分類したのは，駅から最高地価点までの距離が300m程度の範囲内で値が増加しても，それは駅周辺地区において商業業務機能の集積が進んで商業地区が面的に大きく広がっていく状態を示し，必ずしも駅周辺地区の退潮を示すものではないと解釈できるからである（高野，2004）．
（8）2015年3月24日 熊本日日新聞朝刊「熊本駅ビル，2021年春開業へ JR九州が基本構想発表」．
（9）2015年5月2日 熊本日日新聞朝刊「桜町再開発ビル 1万2000平方メートル拡大」．

【参考文献】
高野誠二 2004．日本における都市中心部の構造変容―鉄道駅周辺地区と中心街の関係から―．季刊地理学56-4：225-240．
東洋経済新報社 1994．全国大型小売店総覧'94．東洋経済新報社．
東洋経済新報社 2014．全国大型小売店総覧2015．東洋経済新報社．
宮脇俊三・原田勝正編 1983・1984．『国鉄全線各駅停車』全10巻 小学館．
宮脇俊三・原田勝正編 1992・1993．『JR・私鉄全線各駅停車』全12巻 小学館．
山下博樹 1991．東京大都市圏における近郊都市，八王子・町田両都市における

都心部の変化．地理学評論64A-4：280-295．
山本雄二郎監修 1994a．『鉄道高架とまちづくり（中）』「地域科学」まちづくり資料シリーズ20 地域科学研究会．
山本雄二郎監修 1994b．『鉄道高架とまちづくり（下）』「地域科学」まちづくり資料シリーズ21 地域科学研究会．
横尾　実 1993．秋田における都市構造の歴史的再編．人文地理45-3：244-260．
横尾　実 2000．東北地方の城下町起源都市における地域構造の移行—江戸時代から第2次世界大戦時まで—．季刊地理学52-1：17-34．

第12章

熊本の中心商業地

1．はじめに

　1990年代末までの熊本県の小売業の動向については出家（2001），熊本市の中心商業地の変容については杉村（2000）によってまとめられている．したがって本章では，熊本市の中心商業地[1]について，最近15年間の動向を中心に論じる．はじめに熊本市の商圏を概観し，次に，熊本市の中心商業地として可視的に捉えることができる，上通・下通・サンロード新市街（以下「新市街」と略す）の3つのアーケード商店街について，15年前（1999年）と現在（2014年）との変化を，店舗の悉皆調査に基づき述べていくことにする．この15年の間には，熊本市の中心商業地ですでに完了した大規模再開発としては直近のものにあたる，鶴屋東館および「びぷれす熊日会館」の開業（2002年）があった．郊外に目を転ずると，1990年代半ばより大型ショッピングセンターの進出は始まっていたが，熊本市の中心商業地への影響が特に大きいと考えられるゆめタウン光の森（2004年）およびイオンモール熊本（2005年）が開業している[2]．これら郊外の大型ショッピングセンターのいくつかはシネマコンプレックスを併設し，そのあおりで，「映画の街」と呼ばれていた新市街一帯からDenkikanなど2館を除き，映画館が一掃されてしまった．

　2014年には，1973年の火災により多数の犠牲者を出した旧大洋デパートのビル解体が始まり，このビルに入居していたダイエー熊本下通店が閉店した[3]．さらに，熊本交通センターを含む桜町地区再開発計画において，商業施設の規模が現在と比べて大幅に縮小されることから，ここにテナントとして入居している県民百貨店が2015年2月末をもって閉店し，会社としても廃業することとなった[4]．また，熊本交通センターから約2km離れた熊本

駅では，在来線高架化工事完成後の2020年頃に，地上駅跡地に商業施設を建設する方針をJR九州が表明している[5]．その規模や内容によっては，中心商業地にも何らかの影響があることが予想される．現在の熊本市の中心商業地は，2000年代前半以来，再び変革期に突入したといえよう．

2．熊本市の商圏

　ここでは，「平成24年度熊本県消費動向調査報告書」[6]を主たる資料として，熊本県における熊本市の商圏を概観する．商圏の定義や設定にはいくつかの考え方や方法があるが，ここでは，中小企業庁で用いられている，商圏内消費需要の30％以上を吸引している地域を「1次商圏」，10％以上30％未満を「2次商圏」，5％以上10％未満を「3次商圏」とする考え方に従って述べる[7]．

　消費動向調査は世帯単位で行われるが，熊本県の場合，世帯構成は明らかにされていない．調査対象13品目[8]のうち，性別・子どもの有無を問わず購買される品目の中で，地元購買率が最も低いのが「靴・履物類」である．これを買回品の代表とみなし，熊本市の1次商圏に含まれる市町村を列挙すると，熊本市・玉名市・合志市・玉東町・和水町・高森町・西原村・御船町・嘉島町・益城町・甲佐町である．これら市町村の2010年国勢調査人口は95万9747人であり，熊本県総人口181万7426人の53％を占める[9]．岩本・規工川（1976）における，1970年代前半の熊本市の買回品商圏についての記述と比較すると，1次商圏の範囲が北西部の玉名方面へは広がっているが，東部の阿蘇方面や南部一帯では縮小していることがわかる．商圏が縮小した方角は，熊本市郊外に大型店，なかでもシネマコンプレックス併設型のショッピングセンターが立地していった方角と一致する．すなわち，東部はゆめタウン光の森（菊陽町），南部はイオンモール宇城（宇城市，1997年開業），ゆめタウンはません[10]（熊本市，1998年開業），イオンモール熊本（嘉島町）があるが，北西部にはない．

　買回品との比較のため，最寄品の代表例として「生鮮食品」における熊本商圏を見ると，その商圏は狭く，1次商圏は熊本市と益城町のみである．

3. 熊本都市圏における商業集積

　熊本市の中心市街地[11]において，店舗面積5千m²以上の比較的規模の大きな店舗の合計面積は，2002年の鶴屋東館および「びぷれす熊日会館」の開業時点で12万5,319m²となり，それ以降は増えていない（熊本市2012）．2014年にダイエー熊本下通店（店舗面積1万7,376m²）が，2015年には県民百貨店（売場面積[12]2万5,095m²）が閉店したが，どちらも建て替え後の建物における商業施設用の床面積は，現行をかなり下回る計画になっている．中心市街地のうち中心商業地内では，大規模な商業施設の建設計画が具体化している例はほかにないため，中心商業地内での大型店の合計面積は小さくなっていくことになる．

　一方，中心市街地の外側の熊本市および近隣市町村では，同じ時期に店舗面積が32万2,296m²から51万8,993m²へと約1.6倍に増えている．ゆめタウン光の森とイオンモール熊本の2つの大型ショッピングセンターで増加分の半分弱を占めているが，ほかにも，家電量販店，ディスカウントストア，ホームセンターといった業態で，郊外型大型店が相次いで開業した．

　2006年に改正された都市計画法によって，延床面積1万m²以上の大型店の郊外出店への規制が強められた．同法の改正と前後して熊本市東区佐土原のイオンモール出店計画が頓挫して以降，熊本都市圏では店舗面積が数万m²に達する超大型店の新規出店はなくなり，中規模な商業施設の開発にシフトしている．中規模開発へのシフトは，熊本市中心部からみて国道57号熊本東バイパス沿いもしくは以遠にほぼ限られていた大型店の新規出店を，同バイパスより内側にも向けさせることにもなった．例えば，2014年に熊本学園大学の向かいにゆめタウン大江が開業している．かつて「ドーナツ化現象」という言葉で説明されていた，都心部やその周辺の人口減少地区は，1990年代後半頃からマンションが建ち並んで人口増加に転じたところもある．このようなエリアでは，「買い物難民」という言葉が生まれるほど，最寄品の買い物場所が近くにない，あっても選択肢がない，という状況が発生している．

郊外型大型店は順調に増加してきただけではなく，オーバーストアの様相を呈してきたのも，近年の傾向である．一例を挙げると，イオンは2001年に経営破綻した寿屋の一部店舗を引き継いだが，その中でも大型の店舗であったジャスコ宇土店と同玉名店から2011年に撤退し，その後地場スーパーが入居した[13]．特に宇土店は，イオンモール宇城とイオンモール熊本のどちらからも10kmあまりの距離にあり，同じイオングループが手がける他のモールからみれば，商圏が重なっていたといえる．

　次に，熊本市の「商業統計調査結果報告」[14]を用い，熊本市全体の中で中心商業地の占める割合をみることにする．杉村（2000）による先行研究にならい，城東・慶徳・硯台の3小学校区の統計の合計値で代用すると[15]，熊本市の年間商品販売額に占めるこれら3校区の割合は，統計の得られた年で最も古い1974年以降，1985年までは32％程度を維持していたが，1991年にかけて24％程度に低下する．1994年から1997年にかけて21％程度に低下し，それ以降，最も新しい2007年までは横ばいである．ただし，卸売業・小売業の別でみれば，熊本市では卸売業の販売額は小売業の2〜3倍あり，しかも卸売業において変化が大きい．このこれら3校区がシェアを大きく落とした1980年代後半は，市南部の流通団地へ卸売業者が移転していった時期と重なる．

4．熊本市における中心商店街の変化

　ここでは，路線価，歩行者通行量，店舗の業種構成の3つを手がかりとして，熊本市の中心商業地内で全蓋アーケードを有する3つの商店街（上通・下通・新市街，図12-1）について，15年前（1999年）と現在（2014年）との変化を中心に述べる．熊本市の中心商業地ですでに完了した大規模再開発としては直近のものにあたる鶴屋東館および「びぷれす熊日会館」の開業（2002年）直前と現在との比較である．

1）路線価
　路線価は，商業地においてその土地の価値を表す代表的な指標であり，商

4. 熊本市における中心商店街の変化 ● 219

図12-1　上通・下通・新市街の位置図
（国土地理院2万5千分の1地形図「熊本」〈2012年更新〉に一部加筆，原寸）

業が活発であるほど相対的に高くなる．熊本市における最高路線価地点は，手取本町の下通（熊本PARCO前）で，下通の北端部分にあたる．九州の中では，福岡市天神，同博多駅前に次いで3番目に高い．図12-2は，1999年と2014年の2時点について，最高路線価地点を100として，上通・下通・新市街の路線価の分布を表したものである．2時点の変化として特筆すべきことは，最高路線価地点から離れるに従っての路線価の下がり方が，上通で緩やかになり，下通の銀座通りとの交差点以遠で急になっていることである．商業地としての価値が，上通は相対的に上昇し，下通の銀座通りとの交差点以遠（下通一丁目9番地以南）は相対的に低下したことになる．つまり，中心商業地の中でも，1999年では下通の銀座通りとの交差点以北のみが核心部分であったのに対し，2014年では上通の南端部分がそれに加わろうとしているように見える．上通の南端の東側にはもともと熊本日日新聞社の本社があったが中央区世安町へ移転し，2002年にその跡地に「びぷれす熊日会館」が開業した．同会館の低層階は鶴屋百貨店の別館「New-S」になっており，主にファッション関係のショップが入居している．また，この当時，上通の東側に平行する通りが「上乃裏通り」として脚光を浴びるようになり，「New-S」の裏手から上乃裏通りにかけてとその横丁にあたる通りにファッション関係のショップが点在するようになった．それらの結果として，上通一帯が商業地としての相対的な地位を向上させていったものと思われる（山本2004）．

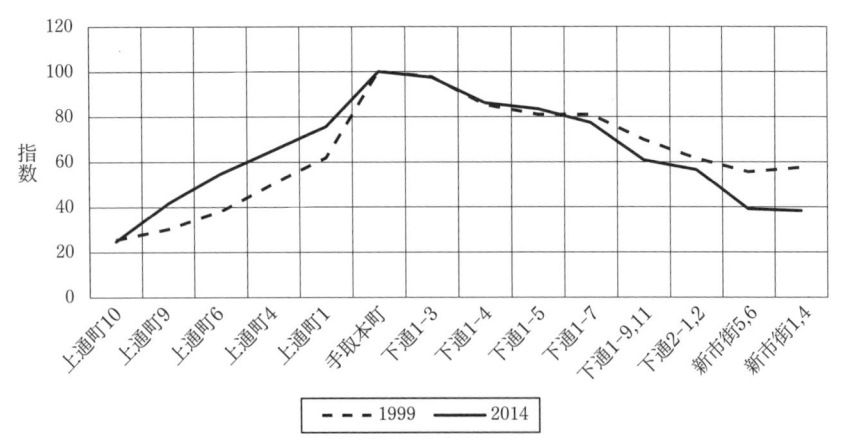

図12-2　上通・下通・新市街における路線価の分布
（最高路線価地点＝100とした指数）
（熊本国税局『財産評価基準書　路線価図　熊本県』各年版から作成）

　新市街では，1999年には末端（辛島町電停側）に向かって上昇していたが，2014年には極めて緩やかではあるが，末端に向かって低下するようになった．また，下通南端との落差が大きくなっている．これらことは，新市街が，辛島町電停・熊本交通センター・県民百貨店といった交通拠点・集客施設と下通との間の回廊としての役割を低下させ，中心商業地の末端化ないしは周辺化していることの表れではないかと考えることができる．

2）歩行者通行量

　3つの商店街および県民百貨店前について，休日の歩行者通行量の変化を示したのが，図12-3である[16]．また，平日の歩行者通行量に対する休日の比を示したのが図12-4である．中心商業地における買い物の特徴としては，買い物という行動が余暇活動という側面を帯びることである．その場合，客数は平日よりも休日の方が多いという傾向があることが知られている．何軒かの店を回って，お気に入りの物をじっくり選ぶという「買い回り」を行うこともある．逆に，近隣型で最寄品店の割合の大きい商店街の場合，日曜日は営業しない店舗が多く，そのため通行人も休日よりも平日に多

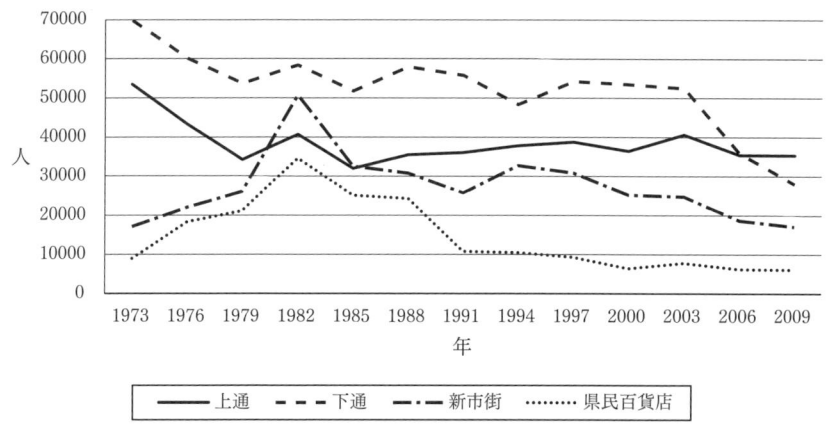

4. 熊本市における中心商店街の変化 ● 221

図12-3　休日における上通・下通・新市街の歩行者通行量の推移

（熊本市・熊本商工会議所2004，2014．『商店街通行量調査結果報告書』平成15年度版および同25年度版から作成）

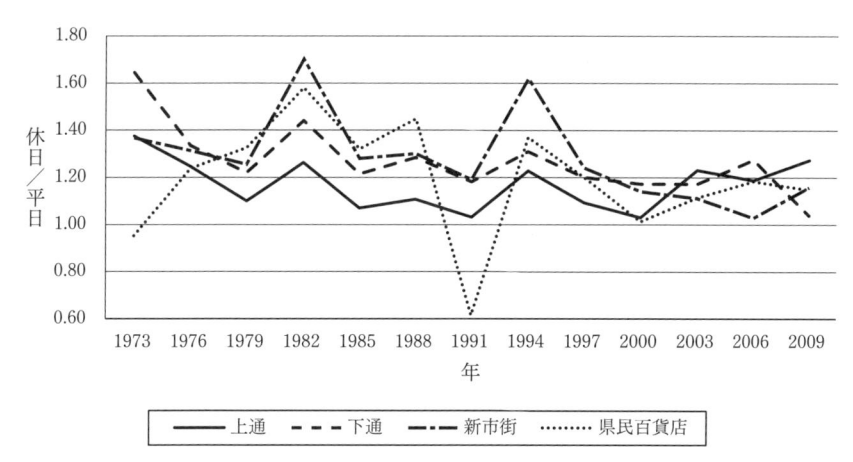

図12-4　上通・下通・新市街における歩行者通行量の平日に対する休日の比の推移

（作成資料は図12-3に同じ）

くなる傾向がある．

　休日の歩行者通行量の推移のおおまかな傾向として，上通は1970年代に減少，それ以降は横ばい，下通は2000年代前半までは上通と同様の傾向，2000年代半ばから再び減少，新市街および県民百貨店前は1980年代前半に向かって増加ののち減少している[17]．

　県民百貨店の前身である岩田屋伊勢丹ショッピングセンターが熊本交通センターに隣接して開業したのは1973年，新市街が全蓋アーケードの歩行者専用道路化したのは1979年である．一方，下通では1973年に大洋デパートの火災があり，その後一時的に営業再開したがほどなく廃業し，1979年にダイエー熊本下通店の前身である熊本城屋が開業するまでの間，下通は核店舗の1つを欠く状態にあった．上通は書店やギャラリーが点在する文化の街の様相を呈していたが，「びぷれす熊日会館」の開業までは核店舗と呼べる大型店を欠いていた．つまり，1980年代初頭までは中心商業地の内部で，上通・下通の停滞とそれを補うかたちでの新市街・桜町の発展が見られたということができる．

　平日に対する休日の歩行者通行量の比の推移をみると，図12-4で折れ線が極端に上下するのは，計測日におけるイベントや天候の影響のためであると想起されることに注意しなければならないが，長期的には微減の傾向にある．ただし，県民百貨店前は新市街が全蓋アーケード化された数年後まで増加してから微減傾向に転じている．熊本交通センター付近の歩行者通行量計測地点における休日の歩行者通行量を比較すると，1970年代初頭は熊本交通センターから新市街に向かう歩行者に比べて，銀座通り等を経て下通へ向かう歩行者が2倍程度いたが，1976年に逆転し，1980年代には4分の1程度に低下するという，買い回りルートの転換が生じている．現在の熊本交通センター正面の歩行者通行量は，休日でピーク時の1970年代半ばの約5分の1，平日では実に約10分の1に落ち込んでおり，買い回りルートの転換のみならず，バス交通の地位低下の傍証でもある．

　上通の平日に対する休日の歩行者通行量の比は，4つの通りの中で最低であることが多かったが，2002年の「びぷれす熊日会館」の開業を契機に上位に転じている．

以上のことから，1969年に熊本県庁跡地に熊本交通センターが開業して以降，1970年代に桜町地区が中心商業地の一角に加わったものの，1990年代に新市街の衰退が始まり，2000年代からは下通も衰退していく中で，2015年に桜町地区は再開発事業のため中心商業地としての役割を一旦終えることになる．再開発事業後に予定されている商業施設の規模からみて，中心商業地としての役割は一旦ではなく永久になくなるのかもしれない．衰退しているといっても，下通・新市街・熊本交通センターの地下街である熊本交通センタープラザ[18]が「シャッター通り」化しているわけではない．しかし，下通の南側への延長線上であるシャワー通りは，1980年代にはDCブランドのセレクトショップが立ち並んでいたというが，現在のシャワー通りは閑散とした雰囲気が漂っている．メイン通りである下通が，横丁や裏通りにも買回品店を展開させるだけの力を失ってしまった段階にあるといえよう．

　一方で，上通は2000年代初頭の再開発を契機に中心商業地の中では相対的な地位を上昇させている．それと同時に，上通はその横丁や裏通りに買回品店や，女子会やデートで利用するような雰囲気の飲食店を展開させるだけの力を有しているように思われる．そこで，次節において，通りごとの業種構成とその変化について取り上げることにする．

3）店舗の業種構成

　ここでは，下通のほぼ中間にあたる銀座通りとの交差点を境に南北に分け，上通・下通北部・下通南部・新市街の4区分で店舗の業種構成とその変化を論じる（表12-1）．業種区分は，物販店は買回品店と最寄品店に分けている[19]．非物販店は，娯楽業以外は「サービス」に一括している[20]．

　店舗数全体では，上通は微増，下通は南北ともに横ばい，新市街は減少傾向にある．ただし，表では上通の「New-S」を建物全体として買回品店1軒としてカウントしているが，「New-S」内の個々のテナントをカウントすれば37店が加わることになり，微増以上に増加しているといえる．新市街では，15年間の間に家電量販店の建物が新築されるなど，建て替えの際に複数の敷地をまとめて大型化したことが，店舗数減少の理由の1つになっ

表12-1 上通・下通北部・下通南部・新市街における業種別店舗数
（1999年および2014年）

	上通1999年	上通2014年	下通北1999年	下通南2014年
買回品	66 (31.1%)	68 (29.7%)	43 (31.2%)	39 (27.7%)
最寄品	22 (10.4%)	17 (7.4%)	14 (10.1%)	11 (7.8%)
サービス	41 (19.3%)	65 (28.4%)	33 (23.9%)	31 (22.0%)
飲食	31 (14.6%)	30 (13.1%)	13 (9.4%)	29 (20.6%)
娯楽	6 (2.8%)	1 (0.4%)	1 (0.7%)	5 (3.5%)
事務所	22 (10.4%)	23 (10.0%)	22 (15.9%)	10 (7.1%)
空店舗	5 (2.4%)	19 (8.3%)	14 (9.9%)	
建替工事中	2 (1.4%)			
駐車場	1 (0.5%)	1 (0.4%)		
更地	2 (1.4%)			
不明	18 (8.5%)	5 (2.2%)	10 (7.2%)	
合計	212	229	138	141

	下通南1999年	下通南2014年	新市街1999年	新市街2014年
買回品	26 (25.7%)	20 (19.8%)	11 (13.4%)	5 (8.1%)
最寄品	10 (9.9%)	6 (5.9%)	4 (4.9%)	4 (6.5%)
サービス	18 (17.8%)	20 (19.8%)	10 (12.2%)	14 (22.6%)
飲食	21 (20.8%)	40 (39.6%)	22 (26.8%)	21 (33.9%)
娯楽	3 (3.0%)	5 (5.0%)	14 (17.1%)	9 (14.5%)
事務所	11 (10.9%)	4 (4.0%)	10 (12.2%)	
空店舗	1 (1.0%)	6 (5.9%)	3 (3.7%)	7 (11.3%)
駐車場			2 (2.4%)	2 (3.2%)
更地	1 (1.0%)	1 (1.2%)		
不明	10 (9.9%)	5 (6.1%)		
合計	101	229	82	62

（『ゼンリン住宅地図　熊本市西部』2000年版，『同　熊本市中央区』2012年版および2014年7～11月の現地調査により作成）

ている．

　業種区分と階数の関係では，新市街を除き，1階に物販店，地階に飲食店，2階以上にサービス施設，最上階に事務所が多いという傾向がある．2階以上のサービス施設として多いのは，エステ・マッサージ・美容室・医院である．最上階の事務所は，ビルオーナーのビル管理事務所である場合が多い．新市街では，15年前も現在も1階に飲食店が多い．また，新市街の買回品店の割合が，上通・下通南北のそれの半分程度以下であることは15年前も現在も変わらないことから，新市街は，1999年時点で上通・下通とは性格を異にする通りであったことがわかる．娯楽業は，1店あたりの面積が広い傾向にあるので，店舗数自体はそれほど多くはない．

　業種区分ごとにみた最も大きな変化は，下通南部において表れる．買回品店の減少と飲食店の増加である．この2つは，15年間で構成比の大小が逆転している．飲食店は15年前では地階や2階以上に多いという傾向があったが，2014年においては，1階店舗においても飲食店が最大の構成比を占めている．娯楽業の割合に違いは残るとしても，この15年間の変化として，下通南部は，買回品店中心の商店街から飲食店街に様相を変え，上通・下通北部からの延長線上というよりは，新市街からの延長線上に近づいたといえる．飲食店の中でも居酒屋などの夜営業主体の店が多いので，先にみた歩行者通行量が減少傾向にあるといっても，それは調査対象時間である8時〜20時のことであって，20時以降も実は通行量の多い時間帯が続いていると思われる．

　空き店舗については，1999年は住宅地図において店名が空白であるものをカウントしただけであり，現況を確認した2014年とは精度が異なるとはいえ，その割合は増加している．階別にみれば，路面店でない1階以外で多くなっている．2014年において通りごとに比較すれば，下通南部の空き店舗率が最小になっており，上通と下通の境目である通町筋から離れるにしたがって衰退していくとは単純にいえないことがわかる．本章では調査の及ばなかった土地・建物の所有と利用の分離が，下通南部では他の通り以上に進んだ結果，業態転換の進展と空き店舗率の低さとなって表れているのではないかと推測される．

5．おわりに

　本章では，熊本市の広域的な商圏を概観した上で，同市の中心商業地，なかでもアーケード街の最近15年間の変化を中心に論じてきた．その結論として，郊外店に客を奪われて，あるいはインターネット通販の台頭等々の理由によって，中心商業地が衰退したといえるのであろうか．

　熊本市の中心商業地の場合，再開発を契機に，上通が相対的に成長したといえる．再開発前の2000年頃までは，平日に対する休日の歩行者通行量の比がアーケード街の中で最も低かったが，再開発後の2003年以降は最も高くなっている．最高路線価地点からの路線価の下がり方も緩やかになっている．店舗数自体も増加し，買回品店の割合が高いことも変わっていない．

　一方で，下通は2000年代半ば以降，調査対象時間内の歩行者通行量が減少し，平日に対する休日の歩行者通行量の比も低下している．特に銀座通りとの交差点以南は，最高路線価地点からの路線価の下がり方が急になり，15年前の買回品店中心の業種構成から，現在は飲食店中心に変わっている．アーケード街の飲食店街化は，札幌市の狸小路商店街西端などでも見られる．物販店舗が減少してもシャッター通り化しないための条件の存在が推測されるが，本章ではその解明までは至らなかった．上通と下通南部の変化を合わせると，中心商業地がコンパクト化したことを直ちに意味するのではなく，買回品を中心とした物販の重心が北へ移動したとも解釈できる．重心の移動は，福岡市天神の内部でも南や西へと動いており，JRや大手私鉄の駅前再開発に伴う駅前と既存の中心商業地という対抗軸での事例は珍しくない．

　新市街は，歩行者通行量は1990年代から長期停滞傾向にあり，バス利用の減少に伴って熊本交通センターと下通を繋ぐ回廊としての役割が弱まってきたこと，映画館の相次ぐ閉館，パチンコ人口の減少といったことが複合的に作用したものと思われる．路線価も1994年は上通南部と同程度であったのが，2014年には上通北部と同程度に下落しており，周辺化が進展してきたといえる．店舗数の減少は，1店舗あたりの面積増加によるところが大

きく，シャッター通り化しているわけではない．2015年には桜町地区の商業施設が一旦なくなり，回廊性がより低下していくのではないかと危惧される．新市街の衰退と，桜町地区の商業施設が再開発事業期間中なくなってしまい，完成後の規模も現状に比べて大幅に減少することを考え合わせると，現在はこれら2地区の周辺化により中心商業地がコンパクト化していく過程にあると解釈することができるのではないだろうか．

　ところで，桜町地区の南側一帯は，近年マンションが急増した地区である．桜町地区が校区に含まれる慶徳小学校区の国勢調査人口は，2005年の2,676人から2010年の3,856人へと4割以上も増加している．慶徳校区ほどではないにせよ，同校区に隣接する小学校区の人口も増加している．新市街や桜町地区は，商業地としての性格が周辺化していくことが避けられないかもしれないが，これらの人口急増地区を後背地に持つことを前提とした新たな役割が求められているのではないだろうか．

【注】
（1）中心商業地の範囲は，DID（人口集中地区）のように明確な定義に基づいて設定されているものではなく，各都市の中心市街地活性化基本計画などによってゾーニングされている．熊本市の場合，上通，下通，新市街・桜町及びその周辺地区を「中心市街地商店街」と呼び，それらに熊本城，新町・古町および熊本駅周辺地区を加えた範囲を「中心市街地」と呼んでいる（熊本市2012）．本章では「中心市街地商店街」を中心商業地とみなすことにする．
（2）九州自動車道益城熊本空港インターチェンジそばの熊本市東区佐土原にもイオンモールの出店計画があったが，2006年に熊本市が開発を不許可にした．熊本日日新聞2006年9月2日付朝刊．
（3）ダイエーは建て替え後のビルに再入居予定であるが，これまでのようなビル1棟まるごとの総合スーパーではなく，地下1階のみの食品スーパーとなる予定である．地上の低層階はダイエー以外の商業施設，上層階はオフィスとなる予定である．
（4）熊本日日新聞2014年8月12日付朝刊．
（5）熊本日日新聞2013年12月25日付朝刊．
（6）熊本県ホームページ，「平成24年度熊本県消費動向調査の調査結果について」．https://www.pref.kumamoto.jp/soshiki/58/syouhidoukou-h24.html（最終閲覧日：2014年12月14日）
（7）商圏の定義については，経済産業省ホームページ，「商業環境の現状分析」．http://www.meti.go.jp/report/downloadfiles/ji04_10_12.pdf（最終閲覧日：2014年12月14日）を参考にした．

（8）生鮮食品，一般食品，日用雑貨品，紳士服，婦人服，子ども服，靴・履物等，電化製品，本・雑誌，化粧品・医薬品，時計・メガネ，スポーツ・レジャー用品，贈答品．
（9）内野・中村（2012：333）は，熊本市の卸売・小売業の年間商品販売額や商品手持額などの経済的指標が熊本県全体の50～60％を占めること，そして2006年当時の熊本県総人口に対する熊本市の人口が36％強であり，このポイント差について「周辺地域に対するノダリティ（結節性）が経済機能からも明らかに確立している」と指摘している．
（10）シネマコンプレックスは開業当初はなかったが，最近隣のシネマコンプレックス併設大型ショッピングセンターである「イオンモール熊本」開業翌年の2006年に，シネマコンプレックスを開業させた．熊本日日新聞2005年12月24日付朝刊．
（11）前掲1）で示した範囲である．
（12）本章では，延床面積から階段等の非店舗部分を引いたものを「店舗面積」，さらに倉庫・事務スペース等，店舗の中から非売場部分を引いたものを「売場面積」とする．なお，県民百貨店の延床面積は48,303m^{2}である．県民百貨店ホームページ，「企業情報」http://www.kenmin-dept.com/company/（最終閲覧日：2014年12月14日）．
（13）ジャスコ宇土店の食品スーパー部門の後継店として入居した地場スーパーはその後，ゆめタウンやゆめマートを運営する（株）イズミに吸収合併され，現在ではゆめマート宇土店となっている．（株）イズミは2002年に経営破綻したニコニコ堂の複数の店舗を引き継いでいる．寿屋とともに，熊本市に本拠を置く二大スーパーが，2001年から翌年にかけて相次いで経営破綻した．
（14）熊本市ホームページ，「熊本市の商業統計調査結果」．http://www.city.kumamoto.jp/hpKiji/pub/detail.aspx?c_id=5&id=3649&class_set_id=2&class_id=1906（最終閲覧日：2014年12月14日）．なお，1985年より前については，冊子体を参照した．
（15）硯台小学校の校区は，並木坂（上通アーケードの北端以北）および，周辺（近隣）商店街の1つである子飼商店街が含まれる．
（16）この調査は，2010年までは8月後半の平日・休日各1日の8：00～20：00までの12時間であった．2011年からは調査時期が10月に変更され，方法も毎時5分間のみ計測しそれを12倍して1時間の通行量とみなすことに変更された．その結果，2010年と2011年では通行量に大きな差が生じている．推移を議論するときは2010年以前と2011年以降に分ける必要がある．さらに，調査当日の天候，イベント等も通行量に影響を与える．8月後半に実施していた頃には，高校野球中継，民放のチャリティイベントと重なることがあった．そもそも学校が夏休み中であり，そうでない時期に比べ，学生・生徒の平日の人出が多いのではないかと想像される．
（17）県民百貨店前の歩行者通行量は，新市街への地下通路の開通により，歩行者が地上と地下に二分されて半減した．
（18）桜町地区の再開発事業に伴い，県民百貨店閉店から1か月後の2015年3月末に閉店した．
（19）店舗が複数の階に跨がる場合，入口のある階にのみカウントした．大型店は，旧版の住宅地図では店内の各テナントの記載がない建物があるため，例えば熊本PARCOは建物全体として買回品店，ダイエー熊本下通店は建物全体として最寄品店とみなした．雑居ビルは

個々の店ごとにカウントしたが，アーケード街に面している雑居ビルで，1階以外の入口がアーケード街ではなく横丁にあるような場合は，1階店舗のみをカウントした．
(20) 新市街がかつて「映画の街」と呼ばれていたことや，パチンコ店，カラオケ店が視覚的に目立つので，娯楽業を独立項目とした．なお，携帯電話代理店は，契約成立による電話会社からのインセンティブが主たる収入源であると考えられるため，ここでは「サービス」に含めている．

【参考文献】

岩本政教・規工川宏輔 1976．おもな都市．青野壽郎・尾留川正平編『日本地誌第20巻　佐賀県・長崎県・熊本県』二宮書店：432-456．

内野祐介・中村彦七 2012．熊本・菊池．野澤秀樹・堂前亮平・手塚　章編『日本の地誌10　九州・沖縄』朝倉書店：329-341．

熊本市 2012．『2期熊本市中心市街地活性化基本計画（熊本地区）』熊本市．

杉村暢二 2000．『中心商業地の構造と変容』大明堂．

出家健治 2001．小売業における自立と連携．熊本学園大学産業経営研究所編『熊本県産業経済の推移と展望—自立と連携をめざす地域社会—』日本評論社：143-168．

山本耕三 2004．熊本市における中心商業地の機能変化—上乃裏通りを事例として—．熊本大学教育実践研究21：75-81．

第13章

阿蘇郡黒川温泉における地域振興

1．はじめに

　熊本県は全国有数の温泉資源を持つ県である．県内の温泉地数は55ヶ所に過ぎないが，実際に湧き出している場所で数えた源泉数では1,372ヶ所，湧出量では1分当たり13万5730リットルと，いずれも全国第5位の規模を誇っている（環境省 2014）．源泉数・湧出量とも全国1位であることから「おんせん県おおいた」の名称で商標登録を行っている大分県の陰に隠れがちであるが，豊富な温泉資源は間違いなく熊本県の観光に大きな影響を与えているといえる．

　江戸時代に発行された各種の温泉番付では，熊本県内から「阿蘇の湯」（現在の阿蘇温泉郷），「日奈久の湯」（日奈久温泉），「山鹿の湯」（山鹿温泉）が恒常的に掲載されている．当時の番付に取り上げられた温泉の多くが現在も日本を代表する温泉地として認識されている中で，掲載されていなかったのにもかかわらず近年の地域振興によって急速な発展を遂げた結果，熊本県を代表する温泉地に成長した場所がある．これが阿蘇郡南小国町に位置する黒川温泉である．

　本章では，黒川温泉における地域振興について，その歴史を踏まえたうえで論じていきたい．

2．黒川温泉の概要と歴史

　阿蘇郡南小国町は熊本県北東部に位置する町である．面積は115.90km^2，人口は4,429人（2010年国勢調査）で，「日本で最も美しい村」連合の創設メンバーの1つでもある．この地域は隣接する小国町とともに「小国郷」と

呼ばれ，古来より東西の両側に県境を接する大分県と深い関係を持つのが特徴である．

　黒川温泉は南小国町大字満願寺の東部に位置しており，隣接する田の原温泉・満願寺温泉とともに「南小国温泉郷」として，1964年に国民保養温泉地の指定を受けている．中心部には古くから「地蔵湯」「穴湯」の２つの共同浴場が存在し，地元住民が利用するほか，時間限定で観光客の利用も可能である．観光資源としての温泉利用は旅館における入浴が主体となっており，2015年３月現在，黒川温泉観光旅館協同組合（以後「旅館組合」と略す）に加盟する29軒の旅館が営業している（図13-1・13-2）．「黒川温泉」の名称は旅館組合により地域団体商標登録（第5099504号）がなされており，宿泊施設の場合は組合員である加盟旅館のみがこの商標を使用することが認められている．

　黒川温泉の正確な起源は明らかではないが，地元に伝説が存在している．それによれば，江戸時代に豊後国中津留に住む男が，貧しさゆえに病気の父に食べさせる瓜を盗もうとして地主に首をはねられたところ，実際に落ちていたのは身代りになった地蔵の首だったという．その首（頭部）を持ち帰ろうとした肥後国の修行者が黒川で休憩していた時，「ここに安置してくれ」と地蔵の頭部が話したという．そこで安置しておまつりしたところ，その場所から温泉が湧き出てきた，というものである．この伝説には諸説あり事の真偽は不明であるが，黒川温泉では共同浴場「地蔵湯」の前に地蔵堂を建て，現在もこの頭部のみの地蔵を大切にまつっている．一方，地蔵の胴体も

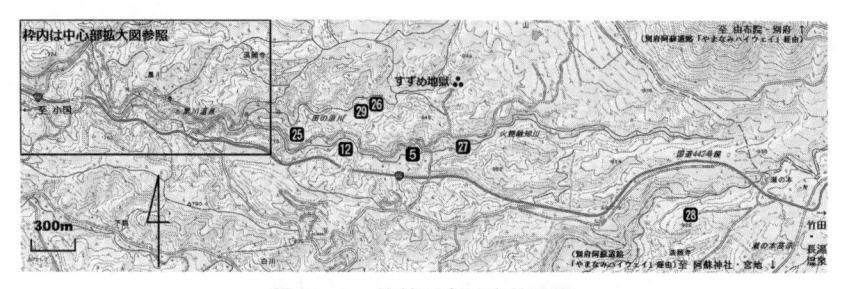

図13-1　旅館所在地全体地図
（国土地理院電子地形図25000：493141久住山より筆者作成）

現存しており，大分県大分市東津留1丁目に「首なし身代り地蔵」としてまつられている（大分合同新聞 2008）．

　史実としての黒川温泉については，1706年（宝永7）に井澤蟠龍（井澤長秀）が最初に編さんした肥後国誌のうち，森本一瑞が1772年（明和9）に増補編さんしたものの最終巻にあたる巻之二十「肥後国並豊州直入郡久住志略」の黒川村の項目に「熱湯并腐湯」（「并」は併の旧字・腐湯には「クサレユ」と振り仮名あり）として紹介されているのが最初であると考えられる[1]．この記述は硫黄臭のある高温の温泉を意味しており，現在も同様の湧出が見られることから黒川温泉とみて間違いない．ここでは「湯玉」が4，5尺の高さまで上がることが記されており，勢いのある自然湧出の源泉があったことをうかがわせる．他に「腐湯」の項目もあり，こちらは近隣に所在する現在の「すずめ地獄」と考えられる．これはいわゆる冷泉であるが，亜硫酸ガスが発生している影響でスズメをはじめ小動物が犠牲になっていることからこの名がある．周辺には散策路が整備され見学は可能だが，人間にとっても長時間の滞在は危険であり，発見が古いのにもかかわらず温泉資源としては現在に至るまで全く活用されていない．

　一方，黒川温泉で最古の旅館である「御客屋」は，1722年（享保7）創業と伝えられている[2]．本来の御客屋の意味は，九州中部における参勤交代

図13-2　旅館所在地中心図
（筆者作成）

の大名が宿泊する専用の宿のことを指しており，街道沿いの各地に存在していたものの，現在まで存続しているのはこの黒川温泉のみとなっている．

　明治時代に刊行された『日本鉱泉誌下巻』（内務省衛生局 1886）には「黒川鉱泉」の項目があり，2カ所の源泉について掲載されている．この中で旅館が10数軒あること，浴室が5つ存在し，それぞれ2・3槽の浴槽があること，1883年（明治16）の1年間におよそ600人の入浴客がいたことが記されている．なお，すずめ地獄については「寒野地獄鉱泉」[3]の名で別項目として紹介されている．

　大正時代に発刊された熊本県阿蘇郡小国郷土誌（橋本 1923）によれば，黒川温泉について「同温泉は分析上有効の温泉にして古来有名なり（中略）諸氏湯治を試みられしより玄河(くろかは)温泉の名，藩の内外に聞へり浴客は常に充満し其多くは同郷人の外他県の人なり」と記載されている．このことから，この時代には既に湯治場として九州内ではある程度の知名度を持っていたと考えられる．また，すずめ地獄についてはここでも「寒の地獄」の名で別項目として取り上げられている．

　戦後，高度成長期は団体旅行ブームに沸き，全国各地の温泉地は旅館の大型化により職場旅行やツアー客への対応が進んだ．しかし黒川温泉は筑後川上流域の田の原川に沿った谷に位置していることと，元々の知名度が低かったことから，このブームに乗ることはできなかった．岩本（1968）は大日本百科事典の黒川温泉の項目で「田原川(たのはる)上流の渓谷河畔の岩石や河床の間からわく」と記しており，その当時は温泉地としての開発は進んでいなかったことをうかがわせる．もっとも後年には「湯治宿があったが（中略）ほとんどが温泉旅館化し，河床の湯槽も失せてしまっている」と日本大百科全書（山口 1986）に記載されている．一方，宮本（1972）による「私の日本地図」シリーズにおいても，周辺の満願寺温泉や杖立温泉（小国町）については詳しいものの，黒川温泉は「ひなびた古風な温泉」の一つとして紹介されているに過ぎない．このように，黒川温泉は昭和の後期に至るまで九州内において「湯治場」として認識されていたにすぎず，観光地としての知名度は皆無に等しい状態だったといえる．

3．旅館組合による黒川温泉の地域振興

　1961年2月9日に黒川温泉観光旅館協同組合（以後「旅館組合」と略す）が設立されている．この組合は，設備投資をするための資金を中小の旅館が単独で銀行から借りられないために，中小企業等協同組合法に基づく事業協同組合を設立して組合が資金を借り入れ，それを加盟旅館に貸し出すことを目的にしていたという[4]．これは，1964年に日本道路公団により有料道路「別府阿蘇道路」（通称「やまなみハイウェイ」・1994年に無料化され現在は大分・熊本県道11号別府一の宮線）が開通し，黒川温泉の東側にあたる瀬の本高原が拠点として開発されたことと関連があると考えられる．実際，この時期には新たな旅館の進出が相次いでおり，中には黒川温泉にあるにもかかわらず「瀬の本」の名前を冠した旅館が複数誕生したことから，これらがやまなみハイウェイの影響であることは明確である．しかしながら黒川温泉では一時的に宿泊客は増えたものの，ブームは数年で終わっている（熊本日日新聞情報文化センター 2000）．それとともに旅館組合も「金貸し組合」であったことから活動実態がほとんどなく，定期総会さえ開催していない年が多い状況であった．

　転機となったのは，1983年に行われた総会である．この時選挙により理事が選出され，その中から互選で代表理事（組合長）の選出が行なわれたが，ここで設立以来務めてきた代表理事が初めて交代することとなった．

　その後，同時期に代替わりした各旅館の若手経営者が，地区内で唯一繁盛していた旅館に範をとる形で露天風呂を競って造ったことが，黒川温泉にこれまでになかった「地域」としての新たな魅力を生み出す結果となった．黒川温泉は源泉の温度が80度以上と高く，寒い冬でもボイラーで加温することなく温泉水を供給することが可能であったことから，露天風呂は温泉資源を有効に活かした入浴施設として注目を集めることとなった．

　さらに1986年には各旅館の露天風呂を3か所入浴することができる「入湯手形」を発売した．このアイデアは旅館の女将の発案によるものである（浦 2011）．入湯手形は旅館組合が発行することにより，組合員（加盟旅館）

が支払う組合費以外に自主財源を得るための手段となった．同時期には旅館組合の組織を再編成し，黒川温泉を「地域ブランド」として育成するための体制が整った．また，広告宣伝も組合費とは別に各旅館が広告費を負担する形で実施した．入湯手形の知名度が上がるにつれて旅館組合の総事業費は年々増加し（図13-3），その収益を共同案内板の設置や旅館組合事務所で案内業務にあたる職員の人件費などに生かしている．加えて入湯手形の加工は地元老人クラブである黒川三養会に委託し，加工賃を自主財源にするという仕組みも作られた．これにより，黒川温泉には地域に収益が循環するシステムが作られ，その後の発展の基盤が構築された．

　このような地道な努力の結果，新聞やテレビなどといったマスコミに取り上げられることが増え，黒川温泉は発展の一途をたどった．リクルート社が発行する宿泊施設の広告を主体とした雑誌「じゃらん」で黒川温泉は大いに注目され，1998年にはついに九州・山口版「じゃらん」人気観光地ランキングで1位を獲得するに至った．その後，人気は全国区となって宿泊客は急増し，ピークの2002年には年間宿泊者数が40万人に迫るまでに至った

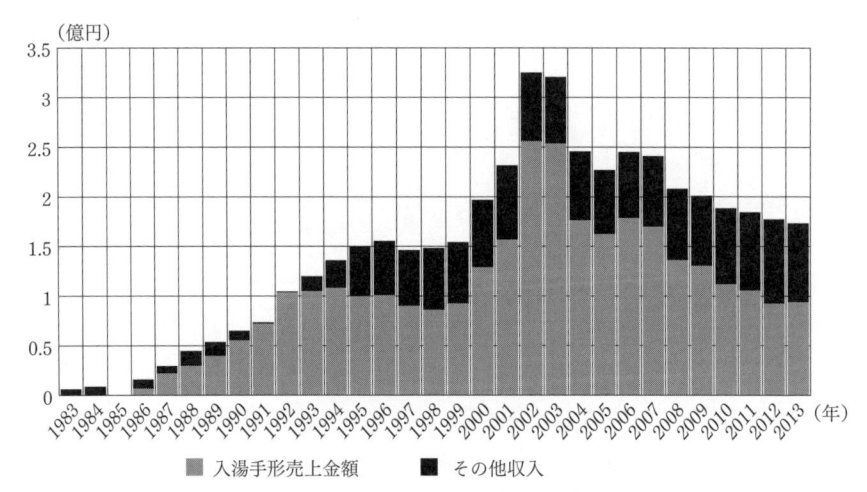

図13-3　黒川温泉観光旅館協同組合総事業費

注）1985年はデータなし．入湯手形は1986年から売上計上．入湯手形売上金額は販売価格に枚数を乗じて算出．2010年以降はこども入湯手形の枚数を含む．（黒川温泉観光旅館協同組合の資料をもとに筆者作成．）

4. 黒川温泉における旅館の現状 ● 237

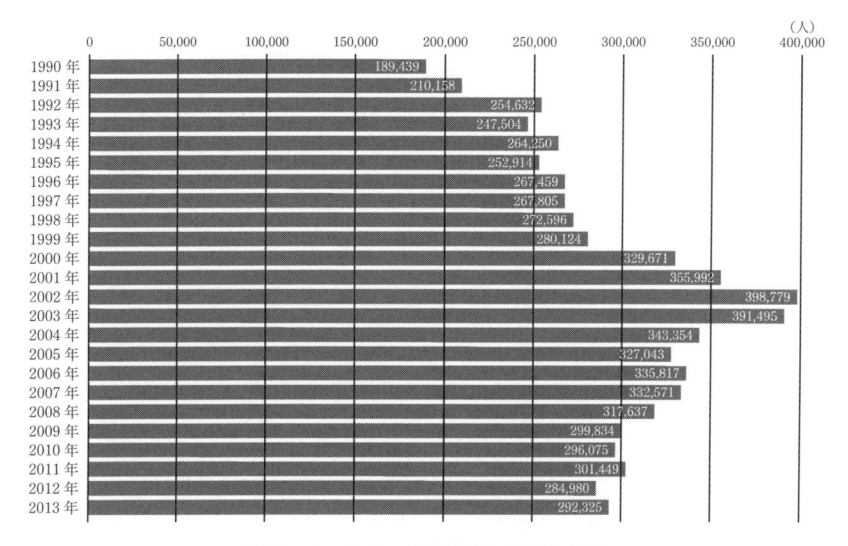

年	人数
1990年	189,439
1991年	210,158
1992年	254,632
1993年	247,504
1994年	264,250
1995年	252,914
1996年	267,459
1997年	267,805
1998年	272,596
1999年	280,124
2000年	329,671
2001年	355,992
2002年	398,779
2003年	391,495
2004年	343,354
2005年	327,043
2006年	335,817
2007年	332,571
2008年	317,637
2009年	299,834
2010年	296,075
2011年	301,449
2012年	284,980
2013年	292,325

図13-4　組合加盟旅館年間宿泊者数
（黒川温泉観光旅館協同組合の資料を基に筆者が暦年〈1月～12月〉で集計して作成）

（図13-4）．しかし，2003年にハンセン病元患者を宿泊拒否する事件が発生し，当事者となった旅館が廃業したことをきっかけに宿泊者数は減少の一途をたどり現在に至っている．

4．黒川温泉における旅館の現状

　ここで黒川温泉のメインの観光資源である温泉旅館について細かく見てみたい．黒川温泉観光旅館協同組合に加盟する旅館は2015年3月現在29軒ある（表13-1）．このうち7軒は既存の旅館の別館扱いであり，法人としては22社が存在することとなる．しかし，実際には組合員の数が24社となっている．これは，別館の場所が本館と離れた場所にあるため，同一法人にもかかわらず出資金を支払って新規加盟扱いにしたケースと，別法人が創業して加盟したものの，既存の旅館が後に別館として運営を引き受けたために1社で2組合員の権利を得たケースとなっている．両社とも代表者は1組合員につき1人を出しているため，結果的に1法人で2人の代表を持ってい

表13-1 黒川温泉観光旅館協同組合加盟旅館一覧

旅館	創業年	部屋数	収容人数	旅館組合	日旅協会員	JTB	JR	近ツー	日旅	温ぱら	楽天
1	1990	26	100	◎		◎		◎		◎	◎
2	1961	18	85	◎		◎	◎			◎	◎
3	1867	12	52	◎							◎
4	1955	14	56	◎							◎
5	1999	11	22	●						◎	◎
6	1957	4	12	◎						◎	
7	1902	15	50	◎		◎	◎	◎			◎
8	1972	8	27	◎						◎	◎
9	2000	10	36	●						◎	◎
10	1722	13	40	◎							◎
11	1962	16	61	◎							◎
12	2000	8	30	●		◎					◎
13	1977	15	65	◎							◎
14	1976	15	60	◎							◎
15	2002	9	45	○							
16	1988	12	50	◎	◎			◎			◎
17	1995	16	64	◎				◎			◎
18	1964	11	43	◎							◎
19	1991	13	45	◎							◎
20	1966	55	230	◎	◎	◎	◎	◎			◎
21	1955	16	40	◎	◎						
22	1966	23	108	◎		◎		◎			◎
23	2003	5	17	●							
24	1986	26	124	◎	◎	◎		◎			◎
25	1989	20	88	◎		◎					◎
26	1989	21	88	○		◎					◎
27	1995	11	50	◎						◎	◎
28	1967	64	250	◎	◎	◎	◎	◎		◎	◎
29	2014	16	40	●							◎
合計		503	1978	24	5	11	4	7	0	9	26

注）旅館組合：◎＝組合員　○＝別館で組合員権利あり　●＝本館が組合員である別館
　　日旅協：日本旅館協会
　　近ツー：近畿日本ツーリスト　http://yado.knt.co.jp/
　　日旅：日本旅行　http://www.nta.co.jp/yado/
　　温ぱら：温泉ぱらだいす九州（ホワイトベアーファミリー）http://onpara.jp/
　　楽天：楽天トラベル　http://travel.rakuten.co.jp/
　　じゃらん：じゃらんnet（リクルート）http://www.jalan.net/
　　一休：一休.com　http://www.ikyu.com/

4. 黒川温泉における旅館の現状 ● 239

サイト		宿泊料	泉質	旅館
じゃらん	一休	（税別）		
◎		16,000円〜	ナトリウム塩化物硫酸塩炭酸水素塩泉	1
◎		15,000円〜	ナトリウム塩化物硫酸塩炭酸水素塩泉	2
◎		14,000円〜	含硫黄ナトリウム塩化物泉	3
◎		15,000円〜	含硫黄ナトリウム硫酸塩塩化物泉	4
◎	◎	31,000円〜	ナトリウム塩化物・硫酸塩泉	5
◎		15,000円〜	含硫黄ナトリウム塩化物泉	6
◎		15,000円〜	ナトリウム塩化物・硫酸塩泉	7
		15,000円〜	硫黄泉（硫化水素型）	8
◎	◎	19,000円〜	ナトリウム塩化物・硫酸塩泉	9
◎		14,000円〜	単純温泉	10
◎		16,000円〜	含硫黄ナトリウム塩化物泉	11
◎	◎	21,000円〜	単純温泉	12
◎		15,000円〜	ナトリウム塩化物・硫酸塩泉	13
◎		15,000円〜	含硫黄ナトリウム・カルシウム塩化物・硫酸塩泉	14
◎	◎	20,000円〜	単純温泉／アルカリ性単純温泉	15
◎		13,000円〜	含硫黄ナトリウム塩化物硫酸塩泉	16
◎		13,000円〜	含硫黄ナトリウム塩化物硫酸塩泉	17
◎		13,000円〜	ナトリウム塩化物・硫酸塩泉	18
◎		13,000円〜	含硫黄ナトリウム塩化物硫酸塩泉	19
◎		16,000円〜	ナトリウム塩化物・硫酸塩泉	20
		13,000円〜	ナトリウム塩化物・硫酸塩泉	21
◎		17,000円〜	ナトリウム塩化物・硫酸塩泉	22
◎		15,500円〜	（温泉なし・22へ移動して利用）	23
◎	◎	15,000円〜	ナトリウム塩化物・硫酸塩泉	24
◎		13,000円〜	含硫黄ナトリウム塩化物硫酸塩泉	25
◎	◎	17,000円〜	ナトリウム塩化物・硫酸塩泉	26
◎		15,000円〜	含硫黄ナトリウム塩化物硫酸塩泉	27
◎		13,000円〜	アルカリ性単純温泉	28
◎	◎	20,000円〜	単純温泉	29
28	7			

注）創業年・宿泊料・部屋数・収容人数は黒川温泉観光旅館協同組合資料を基に各旅館公式サイト・旅行会社等サイト・ハローワーク求人情報を加味して作成
　一部旅館の収容人数については旅館が公式に発表している部屋数と部屋ごとの収容人数からの推計値
　旅行会社等協定及び宿泊予約サイトは2015年3月12日現在のインターネット掲載内容と
　JTB時刻表2014年8月号と2015年3月号及びJR時刻表2015年3月号掲載データより作成
　泉質は各旅館発表のものをもとに、新泉質名に統一して表記
　旅館欄の数字は図1と図2に示したものと一致する
　（筆者作成）

ることになる．

　旅館の経営形態であるが，すべての旅館が法人組織になっているものの，多くは家族経営である．その中身は男性の社長と妻の女将，息子の専務と妻の若女将というのが基本パターンであるが，社長が婿養子として入っている場合や，女性が社長を務めるケースも珍しくない．このようにファミリービジネスとしての経営形態であることから，家庭的な雰囲気を色濃く残しており，これが黒川温泉の隠れた魅力の一つとなっている．

　旅館の規模を日本旅館協会による定義に当てはめて分類すると，黒川温泉では大規模旅館（80室以上）に該当する旅館は1軒もなく，中規模旅館（30〜79室）でも2軒にすぎない．残りの27軒は29室以下の小規模旅館であり，旅館組合加盟の旅館29軒の部屋数合計は約500室，収容人数は2,000人にも満たない規模である．これは1軒で603室2,692人収容できる大分県別府温泉郷最大のホテルよりも少なく，黒川温泉は全国的な知名度の割に小規模である点が際立っている．前述の高度成長期における「やまなみハイウェイ」によるブームが一過性で終わってしまった理由は，旅館の規模が小さかったがために，ツアーを中心とした団体客を物理的に獲得できなかったことを示している．

　このような事情から，黒川温泉では旅行業者からの送客にあまり頼らずに経営している旅館が多い．現在，大手旅行会社であるJTBと協定を結んでいる旅館は11軒と全体の半数にも満たず，近畿日本ツーリストとの協定旅館は7軒，JRグループとの協定旅館はわずか4件，日本旅行との協定旅館に至っては2010年には10軒もあったにもかかわらず，2015年には皆無となっている．このことから，黒川温泉で宿泊するツアーを造成することは比較的難しい状況にある．また「旅行会社に行っても黒川温泉の旅館はいつも満室でなかなか予約が取れない」という本州在住者からの苦情を個人的に聞くことが多かったが，これは旅行会社との取引が極めて限定的であることを示す典型的な事例である．

　その一方で，ほぼすべての旅館が個人客をターゲットとしたインターネットにおける「宿泊予約サイト」との契約を持っている．特に黒川温泉を有名にする1つのきっかけをつくった雑誌「じゃらん」との関係から，リク

ルート社が運営する宿泊予約サイト「じゃらん.net」には1軒を除いたすべての旅館が契約している状況にある．これは旅行会社との契約に比較して予約手数料の率が低いことに主な要因があり，小規模旅館において負担が大きい手数料支払いの軽減が大きく影響している．しかし，「じゃらん.net」は2011年に手数料率を引き上げたため全国の旅館から大きな反発を受け，黒川温泉においても手数料が不要である旅館への直接予約を，電話のみならずインターネット上でも受け付ける所が増えてきている．直接予約者へは各種特典を付けてサービスする旅館もあり，ネット予約に関しても変化が進んでいる．

5．黒川温泉における需要と供給

　1980年代後半から急に知名度が上がった黒川温泉であるが，昔から有名な他の温泉地と比べて多くの点で違いが見られる．このことが需要と供給の不整合を生んで観光客を困惑させる場合があるため，その対策が必要とされた．さらにインターネットの普及により豊富な情報を容易に得られる時代となったが，誰でも情報発信できる手段であるがゆえに裏付けの乏しい不正確な情報を流す人も多く，そのことによる不利益を回避する必要に迫られた．
　2009年3月7日，黒川温泉観光旅館協同組合の当時の事務局長（筆者）が，道場制投稿系ウェブサイト「まにあ道」（株式会社アクセルホールディングが運営）に「黒川温泉道場」を開設した．これは公式サイトでは載せきれない細かな情報を伝えるための手段として，当時の組合長に口頭で許可を取った上で，Seaviewのペンネームで「道場主」となって個人的に開設したものである．
　まにあ道はマニア的な知識をネット上に披露する場として作られたものであり，道場主が道場を開設した後，トピックを「ネタ」の名称でブログ風に掲載することができる．これにはタイトルを付けることが必須となっており，黒川温泉道場ではすべてのタイトルを「黒川温泉」から始めることで検索エンジンからヒットしやすくなるように工夫した．内容としては，「Yahoo！知恵袋」や「教えて！Goo」などのいわゆる「質問サイト」で注目

されている事柄や，旅館組合への問い合わせが多かった項目を中心にトピックを立てた．

　黒川温泉道場には現在34のネタが掲載されているが，このうちアクセス数の多い順に上位20位までを図13-5に示した．その結果，宮崎県北部の観光地である高千穂への交通手段に関するものをはじめ，路線バスや最寄り駅に大分空港，さらに入浴の方法に関する内容にアクセスが集中する結果となった．黒川温泉は前述のとおり熊本県阿蘇郡に属することから，地元としては阿蘇地域との周遊を念頭に置いていたが，来訪客は阿蘇よりも他県である高千穂との周遊を希望しているという実態が明らかになった．

　また，熊本空港の方が距離的に近いにもかかわらず，大分空港から黒川温泉を目指そうとしている人が多いことも判明した．これは，「フェリーさんふらわあ」が旧大阪商船の時代から運航する大阪—別府航路が100年を超える歴史を持っていることから，関西地方において「九州への玄関口は大分県別府市」という意識が強いことが影響していると考えられる．このため，黒川温泉が大分県にあると誤解する人が少なからず存在している状況にあり，ある旅館では宿泊客が「豊後牛」を注文したものの「申し訳ありません．豊

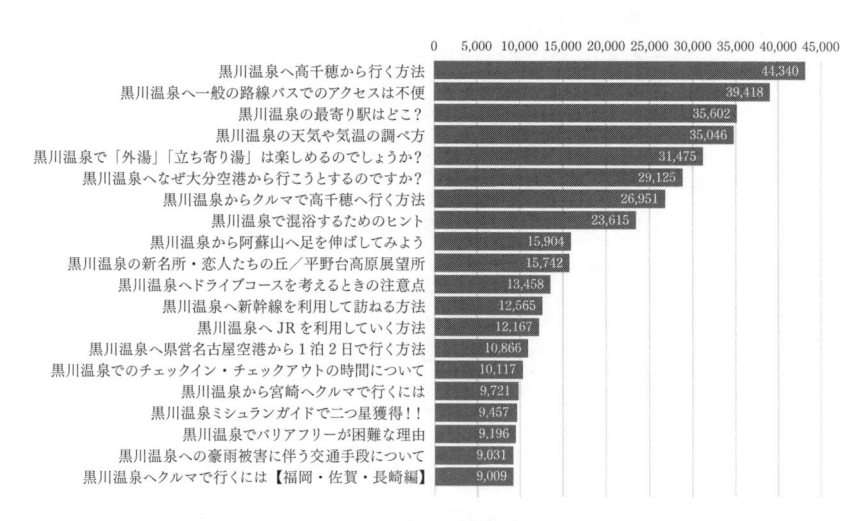

項目	アクセス数
黒川温泉へ高千穂から行く方法	44,340
黒川温泉へ一般の路線バスでのアクセスは不便	39,418
黒川温泉の最寄り駅はどこ？	35,602
黒川温泉の天気や気温の調べ方	35,046
黒川温泉で「外湯」「立ち寄り湯」は楽しめるのでしょうか？	31,475
黒川温泉へなぜ大分空港から行こうとするのですか？	29,125
黒川温泉からクルマで高千穂へ行く方法	26,951
黒川温泉で混浴するためのヒント	23,615
黒川温泉から阿蘇山へ足を伸ばしてみよう	15,904
黒川温泉の新名所・恋人たちの丘／平野台高原展望所	15,742
黒川温泉へドライブコースを考えるときの注意点	13,458
黒川温泉へ新幹線を利用して訪ねる方法	12,565
黒川温泉へJRを利用していく方法	12,167
黒川温泉へ県営名古屋空港から1泊2日で行く方法	10,866
黒川温泉でのチェックイン・チェックアウトの時間について	10,117
黒川温泉から宮崎へクルマで行くには	9,721
黒川温泉ミシュランガイドで二つ星獲得！！	9,457
黒川温泉でバリアフリーが困難な理由	9,196
黒川温泉への豪雨被害に伴う交通手段について	9,031
黒川温泉へクルマで行くには【福岡・佐賀・長崎編】	9,009

図13-5　まにあ道「黒川温泉道場」アクセス数

2015年3月19日現在：筆者調べ．http://www.maniado.jp/community/gym.php?DOJO_ID=150

後牛はお取り寄せになります．もし肥後牛でよろしければすぐにご用意できますが．」と答えたところ「それでいいです」と納得されたこともあったという．

　一方，入浴方法に関する内容についても閲覧数が多い．ある宿泊予約サイトが貸切風呂にカップルで一緒に入浴することをアピールする目的で「混浴しようよ」という広告宣伝をインターネット上で行ったことから，不特定多数が一つの浴槽を共有する本来の混浴風呂と誤解される状況が発生し，貸切風呂（家族風呂）についての定義を示したことによりアクセス増加につながったケースも見られた．また，温泉の本来の入浴目的である「温泉の中に含まれる成分を身体に浸透させることにより健康増進を図る」ということが理解されず，洗い場がないことが多い露天風呂に対し「温泉で体が洗えないのはどういうことか」という苦情に対する回答をネタとして掲載していることも，閲覧数の増加に影響している．

　黒川温泉は旅館組合と各旅館がそれぞれ宣伝活動を行い，1つの地域ブランドとしての売り込みを行ってきた．元々九州内からの宿泊客をターゲットにしていたことから，自らの地域のみをPRすることはごく自然なことである．しかし，知名度が全国的になり本州方面からの宿泊客が増加した際，九州内からの客とは根本的に違う意識を持っていたことに気付いていた人はあまりいなかったようである．本州方面，とりわけ関西や首都圏からの観光客は，距離的に遠い九州に行く機会があまりないことから，1回の旅行で複数の名所を周遊したいと考える人が多い．その需要のもとで，マスコミや旅行会社が周辺地域と合わせた形でモデルコースを設定することは必然的である．その場合，黒川温泉そのものが「熊本県」の温泉地であるという意識はなく，「九州」の温泉地である，という見方がされていることに注意しなくてはならない．このため大分空港から黒川温泉へ向かおうとしたり，パワースポットとして若い女性の注目を集めている宮崎県の高千穂を目指す人が宿泊地として黒川温泉を選ぶ，という流れを作っているのである．つまり，黒川温泉は全国的な観光地としては後発であるがために，有名になった時点で既に外部から周遊コースを決められていたのが実態だった，といえよう．

　また，高速道路網の整備により自動車による周遊が容易となっていること

にも注目すべきである．特に人口の多い福岡県からは日帰りでの訪問も可能であり，旅館の温泉に宿泊しないで日帰り入浴する「立ち寄り湯」が近年ブームとなっている．1986年にスタートした露天風呂めぐりは宿泊客に対して他の旅館の露天風呂も楽しめることを意図していたものであるが，現在は黒川温泉で宿泊しない訪問客も多い．旅館サイドとしては，黒川温泉で入浴を体験してもらうことで，将来宿泊してもらえる「見込み客」になることを期待しているが，本州に比べ可処分所得が低い九州の人からは「黒川温泉は高い」という意見も聞かれる．黒川温泉は高品位のサービスを提供することから宿泊料は周辺に比べやや高めであり，九州内からの宿泊客の増加はあまり見込めない状況である．

6．おわりに

　黒川温泉における宿泊客が2002年以降減少傾向にあるのは，黒川温泉自体が宿泊客の周遊パターンをコントロールできなかったことが原因であると考えられる．それとともに，日帰り客を含めた訪問客の動向を読み取る必要がある．宿泊客の増加を図るには，これまで積極的だった福岡方面中心の九州内向けPRを再考し，本州方面に向けたマーケティングが必要なのではないだろうか．これまでに定着した流れを変えることは決して容易ではないが，今後の安定した宿泊客の獲得を考えるうえで，現状に即した分析に基づく戦略の再構築が求められているといえる．

　黒川温泉を実際に訪問される方には，はじめに旅館組合事務所「風の舎」を訪ねることをお勧めしたい．温泉や露天風呂は旅館の施設を利用する形になるため，初めて訪問した人がいきなり旅館を訪ねても勝手が分からないことが多いため，ここで正確な情報を得ることにより黒川温泉の本質を理解することができるからである．この「風の舎」での案内業務は，前述の通り入湯手形による利益を還元する形で，年中無休で運営されている．行政の補助金を受けない民間の観光案内所としての役割を果たすこの旅館組合事務所は，まさしく黒川温泉の象徴とも言える存在である．

【付記】

本稿は JSPS 科研費26360076（研究代表者：能津和雄）の助成を受けた研究の成果である．

【注】

（1）熊本日日新聞情報センター（2000）では「熱湯井腐湯」と表記されているが，今回肥後国誌の原本を参照した結果，この表記は誤植であることが判明した．「併」の旧字体である「并」の表記が正しい．
（2）御客屋の創業年は一部で1752年（宝暦2）と表記されている場合があるが，御客屋旅館の公式の見解は1722年（享保7）であるため本稿はそれに従った．
（3）近隣の大分県玖珠郡九重町に現存する「寒の地獄温泉」とは無関係．
（4）富士屋旅館創業者の穴井義正氏からの聞き取りによる．

【参考文献】

岩本政教 1968．黒川温泉．大日本百科事典ジャポニカ6．小学館：370．
浦　達雄 2011．入湯手形で平凡な山の湯を克服：熊本県黒川温泉．所収：服部銈二郎編『現代日本の地域研究』古今書院：51-68．
大分合同新聞 2008．『「首なし身代わり地蔵」で交流』．2008年5月21日．大分合同新聞社．http://www.oita-press.co.jp/localNews/2008_121132907822.html（2009.10.7閲覧）
環境省 2014．『平成25年度温泉利用状況』環境省．http://www.env.go.jp/nature/onsen/data/riyo_h25.pdf（2015.03.19閲覧）
熊本日日新聞情報センター 2000．『黒川温泉「急成長」を読む』熊本日日新聞社．
内務省衛生局 1886．『日本鉱泉誌』報行社：199-204．（愛知県西尾市岩瀬文庫所蔵）
橋本　浩 1923．『小国郷土誌』阿蘇郡北部教育会．
宮本常一 1972．『私の日本地図11・阿蘇・球磨』同友館．
森本一瑞 1772．『肥後国誌巻之二十　肥後国並豊州直入郡久住志略』早稲田大学図書館所蔵：早稲田大学古典籍総合データベースより閲覧．http://www.wul.waseda.ac.jp/kotenseki/html/i04/i04_00775_0239/index.htm（2014.12.13閲覧）
山口守人 1986．黒川温泉．日本大百科全書7．小学館：728-729．

第14章

宇土市における実践型地域人材育成

1．はじめに

　「国から地方へ」という地方分権の流れに伴い，これまで国主導で進められてきたハード整備による地域振興策には限界が生じている．また，地方では，グローバリゼーションの進展等により地域経済の活力が失われるだけでなく，地域のコミュニティや伝統・文化の衰退も懸念されるなど，様々な課題に直面している．このような複合的な地域課題の解決には，自治体だけでは限界があり，これらの担い手となる人材育成の必要性が高まってきている．

　筆者が関わる地域づくりの現場でも，地域活性化の担い手となる人材を育てたいという要望が近年増えてきている．例えば，熊本県菊池郡大津町の「大津まちおこし大学」[1]では，家入勲町長の「地域で農業・食・観光の3分野におけるスペシャリストを育成することで，地域活性化の起爆剤としたい」という構想により，2014年9月に専門職大学院的位置づけとなる「実践研究科」を新設することになった．同研究科の1期生は町内の農家やNPO法人職員，自治会の区長ら18人で，町と包括的連携協定を締結する熊本学園大学から講師を招き，マーケティングや情報発信の方法などを学び，修了時には地域で実践する事業計画を提案するという，新たな人材育成策が進行中である．

　筆者は，この様な地域活性化に寄与する実践的な人材育成を「実践型地域人材育成」[2]と称して，地域づくりの現場で人材育成に取り組んでいる．本章では地域における新たな人材育成となる実践型人材育成について，熊本県宇土市の「うと魅力塾」を取り上げ，その成果と課題について述べることにする．

2．実践型地域人材と育成像

1）国の地域人材育成への取り組み

　政府の「地方再生戦略」（2008年12月19日改定）では，「地域の人材力の強化」を政策の柱の1つに掲げ，地方の元気を引っ張るのは，何よりも実行力のある人材であり，人材の育成は地域の自立にとって最大のテーマとしている．また，各省庁でそれぞれ取り組む人材育成策を政府全体のプランとして取りまとめ，省庁連携で取り組もうとする「人材力が引っ張る地方の元気回復プラン」（2009年4月22日，地域活性化統合事務局）を策定している．

　総務省では，地域活性化の基本的な要素である人材力の強化を図るため，「人材力活性化研究会」（2010年6月～）を立ち上げ，地域や人材力の活性化に取り組む際の参考となる先進的な事例を収集し，人材力活性化に取り組む活動内容等と同省関連施策等を整理分析した『人材力活性化プログラム』を作成している．また，リーダーとして地域づくり活動を自ら考え，協働による取り組みを実践していくために必要と思われる知識やノウハウ，その学習内容を整理した『地域づくり活動のリーダー育成のためのカリキュラム』（2011年3月）を作成している．さらに，上記プログラムとカリキュラムの副読本となる『地域づくり人の育成に関する手引き』（2012年3月）に加え，上記3資料の内容をコンパクトに再編集した『地域づくり人育成ハンドブック』も作成している．

　一方，文部科学省では，大学が地域社会と連携し，全学的に地域を志向した教育・研究・社会貢献の推進を支援することで，地域コミュニティの中核的存在としての機能強化を図る「地（知）の拠点整備事業（大学COC事業）」に取り組んでいる．例えば，佐賀大学と西九州大学の「コミュニティ・キャンパス佐賀アクティベーション・プロジェクト」，宮崎大学の「食と健康を基軸とした宮崎地域志向型一貫教育による人材育成事業」など，2013年度に52件，2014年度は25件が採択され，全国の大学で地域課題解決のための人材育成が展開されている．

　このように，国の各省庁による多様な地域人材育成が展開される一方，地

域づくりの現場において，それらの効果が確認できない状況も散見される．そこには，橋本（2009）が指摘するように，地域人材育成事業の約6割が単発の講演・研修などアドホックなもので，全体設計が前提とされておらず，地域活性化に必要な人材に，どのような能力を育成すればよいかという全体像が見えてこないことも背景にあると考えられる．

2）実践型地域人材の育成像

まず，「実践型地域人材」について整理をしておきたい．この実践型地域人材とは，正に地域活性化に寄与する実践的取り組みを担う人材のことである．また，地域活性化の主役はあくまでその地域に暮らす住民であるとの視点から，本章では実践型地域人材を，「その地域で暮らし，地域活性化を担い，実践できる人材」と定義する．

公共政策を担う「地域公共人材」について，白石・新川・斎藤（2011）は，「参加を基礎に置くローカルガバナンスの実現において役割を担う人材」としている．ここで，実践型地域人材と地域公共人材の定義を比較すると，いずれも「地域の人材」であることは共通しており，後者では地方公務員やNPO・NGOスタッフなど「特定の層として定義されるものではない」と述べているが，前者についても同じことが当てはまる．一方，相違点としては，前者では「地域活性化の主役はあくまでその地域に暮らす住民である」との視点から，「その地域で暮らす」地域住民を対象としているのに対し，後者では対象者の居住地については特に定義されておらず，例えば地域外の住民が対象となることも想定される．また，前者が取り組む対象は「地域活性化」であるのに対し，後者の取り組む対象は「公共政策や意思決定」であり，前者が「実践」を前提とするのに対し，後者は「参加」を前提としている．

筆者は，前出の「大津まちおこし大学」実践研究科の始業式における基調講演で，研究科が養成する人材像として，①地域資源を再発見・有効活用できる，②地域資源を活かした地域課題解決策を計画できる，③具体的解決策としての事業を実践できる，④地域協働で事業を推進できる（公共的役割も）という4点を挙げた．これは，本章の実践型地域人材の育成像と重なるも

のである．そこで，実践型地域人材の育成像（資質や能力）について，他の人材の状況も踏まえた整理をしておきたい．

まず，前出の「地域公共人材」に求められる能力として，新川（2007）は，①地域課題を発見・分析し，解決策を提示し，それを実現・実施する「企画実践（政策）力」，②協働による活動を実践する能力と役割や責任及び他者の立場を理解する「協働能力」，③地域公共活動の促進・連携ネットワーク化・資源調達・活動環境整備を推進する「プロデュース力」の3点を挙げている．一方，これからの地域づくりのキーパーソンの資質として，鈴木（2007）は，①地域や人材の情報を編集し，常に新しい関係性を作り出し続けるスキルなどの専門性，②自分を掘り下げて他人とつなげるマネジメント力，③自分が感じたことや意欲を人に伝えるコミュニケーション力として，情報を編集・発信できるデザイン力の3点を挙げている．さらに，橋本（2009）は，今日の地域づくり・活性化において身につけておく資質・能力として，①関係者が一定の方向を指向するためのビジョンやコンセプトを形づくり提示できる，②地域の多様な主体が地域づくりに参画するよう促し，巻き込むこと，③関係するステークホルダー間のコーディネート，④取り組みを適切に進行させるためのマネジメント等の能力の4点が重要とし，特にキーパーソンの資質・能力としては，地域の持っている様々な資源や能力を要素に分解した上で，それらを組み合わせるコーディネート能力が必要としている．これらをみると，地域リーダー的な役割が想定されていることもあり，企画力や実践力のみならず，プロジェクトを推進するプロデュース力や事業を運営するマネジメント力という幅広い資質・能力が求められていることがわかる．

一方，実践型地域人材の育成像を整理すると，まず，①「地域資源を再発見・有効活用できる」とは，筆者が地域づくりの現場で取り組んできた「地域資源活用論」を基礎として学び，ワークショップ形式で「地域資源リスト」や「地域資源マップ」の作成を通じて地域資源の再発見や有効活用を行うことである．次に，②「地域資源を活かした地域課題解決策を計画できる」とは，先の地域資源の再発見や有効活用を踏まえ，有効な地域資源を活かした地域課題解決策を計画することである．さらに，③「具体的解決策と

しての事業を実践できる」とは，計画にもとづく解決策（事業）を実践することである．最後に，④「地域協働で事業を推進できる」とは，その事業を推進するに当たり，地域内の行政・民間企業・団体・住民と連携した協働型の事業としてマネジメントすることである．

本章では，ここに挙げた「実践型地域人材」の育成像である4つの視点から「うと魅力塾」の検証を行いたい．なお，先に述べた「実践型地域人材」と類似する育成像（資質・能力）にもあったように，プロデュース力やマネジメント力という資質や能力も必要であり，さらに，コーディネート力や情報発信力も必要と考えられるが，ここでは育成対象をリーダーに特化せず，住民による事業等の実践を対象とする．

3．宇土市における地域振興支援プログラム

ここでは，宇土市の概要を整理し，文部科学省の「公民館等を中心とした社会教育活性化支援プログラム」及び宇土市が採択された「歴史と文化で元気な宇土市づくりプログラム」の全体像とこれを構成する4プログラム・8テーマの概要を述べることにする．

1）宇土市の概要

宇土市は，熊本県のほぼ中央部，熊本平野の南縁で有明海と八代海を分ける宇土半島の基部に位置し，半島のほぼ北半分を占めている．市域は東西24.8km，南北7.6kmと東西方向に長く，総面積は74.2km^{2}で，北は熊本市，南は宇城市に隣接している．九州を南北に縦貫する国道3号及びほぼそれに沿って走るJR鹿児島本線，宇土半島を東西に延びる国道57号及びJR三角線の分岐点にあたり，県内における交通の要衝となっている（図14-1）．

宇土市は多様な歴史と文化を有する都市であるが，熊本県推計人口調査によると，2005年をピークに人口は減少傾向にあり，2013年12月の人口は3万7,317である．一方，世帯数は一貫して増加傾向で1万3,344となっており，1世帯あたりの人口は減少傾向にある．また，県都である熊本市に接し，同市中心街から約15kmの位置にあることから，最近では熊本市の衛星

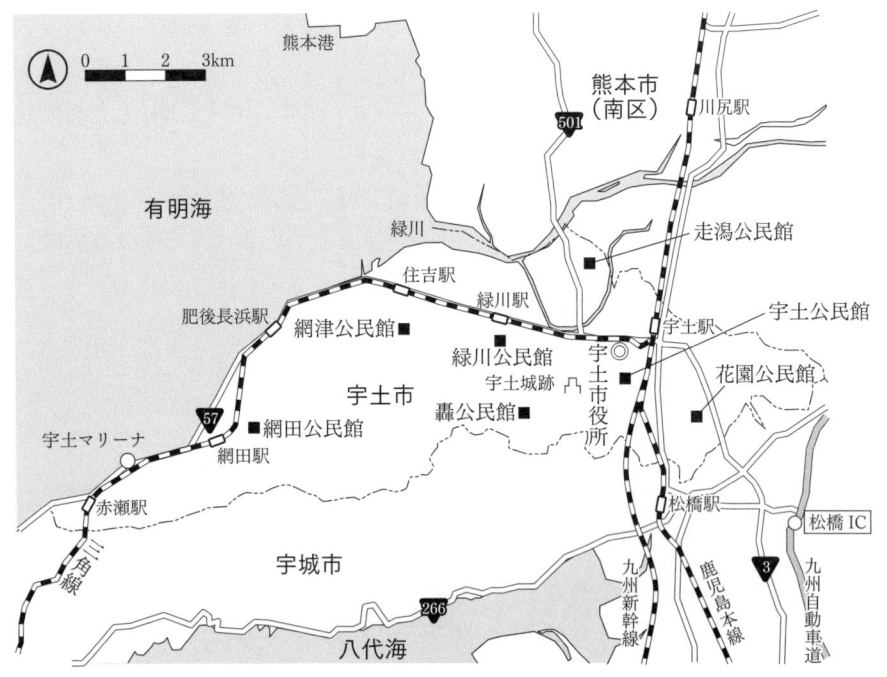

図14-1　宇土市の概観と公民館の分布

都市的性格も強まっている．さらに，農林水産業の衰退とともに，市西部地区の人口流出が深刻な問題となっている一方，人口の増加がみられる市東部地区においてもコミュニティの希薄化が懸念されている．

２）公民館を中心とした支援プログラム

　文部科学省は，これまでのような「量的成長」のみならず，人々が幸福を感じられる「質的成長」を図り，「共創の国」を実現していくことが真に求められているとの視点から，全国に約１万6,000館設置され，社会教育行政の中核施設である公民館等を活用するために，2013年から2014年度に「公民館等を中心とした社会教育活性化支援プログラム」に取り組んだ．

　このプログラムは，地域若者サポートステーション等と連携した「①若者の自立・社会参画支援プログラム」，消防団等と連携した「②地域の防災拠点形成支援プログラム」，学校等と連携した「③地域人材による家庭支援プ

ログラム」,「④地域振興支援プログラム」,その他,地域の教育的資源を活用した「⑤地域課題解決支援プログラム」という5つのテーマについて,公民館等を中心に積極・意欲的な取り組みを行おうとしている事業150（5テーマ×30箇所）を採択し,国と地方公共団体等が共同で取り組むものである.なお,採択された先進的な取り組みが地域において定着するまでのプロセスを研究することも念頭に置き,事業の計画にあたっては3年間を上限に,定着までの段階的な計画のもとで実施することを求めている.

3）歴史と文化で元気な宇土市づくりプログラム

宇土市では,農林水産業の衰退とともに西部地区の人口の流出が深刻な問題となっている一方,人口が増加している市東部地区においてもコミュニティの希薄化が懸念されることから,市を活性化させるためには,社会・経済・文化的な特性から分けられた市域7地区の魅力ある資源を各々の住民が磨き上げるとともに,それを連携させることで市全域の振興に繋げる必要がある.この考えのもとに,文部科学省の「公民館等を中心とした社会教育活性化支援プログラム」の地域振興支援プログラムに「歴史と文化で元気な宇土市づくりプログラム」を申請した.

目標			プログラムの内容	プログラムNo
資源の再確認	公民館活動の活性化	初年度(2013)	「学ぶ」（調査・学習会の実施）	
			・資源の位置づけ（価値の確認）,情報の共有化	①②③④
			・ワークショップによる学習	①②③④
地域産業の創出		コミュニティの再構築	2年度(2014)	「描く」（振興策の研究）	
			・資源の活用策の研究,産業振興の方策検討	①②③④
			・開発研究（試作品）,ブランド化の検討	③④
			3年度(2015)	「行う」（振興策の展開）	
			・ガイドマップ作製,イベント開催,観光客の誘致	①②
			・産品開発・販売,イベント開催	③④

図14-2　プログラムの全体スケジュール

(注) ①：自然活用プログラム　②：文化財活用プログラム　③：素材活用プログラム　④：食材活用プログラム

（「歴史と文化で元気な宇土市づくりプログラム」事業計画書による）

このプログラムは，市内7つの地区それぞれの中心に位置する地区公民館を活動の拠点とし，歴史・文化をキーワードに住民自らが主体的に参画し，自ら考え実践することで地域課題の解決と地域活性化を図ることを目的としている．また，①「地域資源の再確認」，②「地域産業の創出」，③「公民館活動の活性化」，④「地域住民のコミュニティの再構築」という4つの目標を段階的にクリアしながら，歴史・文化を再認識し，住民自らが主体的に参画するプログラムで，3カ年計画にて実施することになった（図14-2）．

4）4プログラム・8テーマの展開

2013年に文部科学省の採択を受けた「歴史と文化で元気な宇土市づくりプログラム」は4プログラム・8テーマで構成され，8つの地域資源（テーマ）を活かした取り組みが実践されている．ここでは各テーマの概要を紹介する（図14-3）．

① 五色山【自然活用プログラム】

宇土市の東部に位置する標高96mの丘陵「五色山」は，かつては地域住民が薪や野草を採る里山であったが，生活様式の変化で次第に荒れていった．近年，「五色山ふれあい会」をはじめとする地域住民が下刈りや間伐を始め，現在は子どもたちの体験学習の場となった．本プログラムは，自然や環境について学ぶことで，里山活性化への方策性を研究・企画・実践する．

② 轟水源・轟泉水道【文化財活用プログラム】

轟水源は，『肥後国誌』では肥後国三轟水の第一にあげられ「清冽の寒泉」と記されており，1985年には環境省選定「日本名水百選」に選ばれている．また，かつて宇土町の水は飲用に適しなかったため，1663年（寛文3）宇土藩初代藩主細川行孝の時代に瓦質管を使った水道管を造り，轟水源から約3km離れた宇土の町中まで水を引き，これが轟泉水道となっている．水道の完成から百年程経過した後，水道管の破損箇所が目立ってきたため，宇土藩五代藩主細川興文の時代に馬門石をくり抜いた水道管に替える全面改修が行われた．轟泉水道は，人々に飲用水をもたらしただけでなく，田畑の灌漑用水としても用いられた．現在も使われているこの水道は，現存する上水道としては日本最古といわれている．本プログラムは，このような轟水源及

び轟泉水道の歴史について学び，地域資源としての活用策を研究し，観光コースの設定及び見学会を実施する．

③　七島【素材活用プログラム】

　七島[3]は多年生草本で非常に背が高くなり，湿地に群生し，別名を琉球藺や七島藺とも呼ばれる．七島の畳表は，茎を2から3つに裂き乾燥したものとイチビ糸で織られ，やや粗い感触を持ち，値段は普通のい草より高値になる．現在，日本国内では全量が大分県国東地方で栽培されているが，宇土市においても1955年〜1964年（昭和30年代）まで栽培されていて，この七島を再生（復活）することは，貴重な地域資源となるだけでなく，農家の所得の向上にも繋がる．本プログラムは，この七島の歴史を学び，地域資源としての復活・活用の可能性を探り，さらに試験的栽培にも取り組む．

④　馬門石【素材活用プログラム】

　宇土市網津町及び網引町は，古墳時代から昭和に至るまで連綿と採掘されてきた馬門石（阿蘇溶結疑灰岩）の産地である．ピンク色の色調を帯びたものに特徴があり，古墳時代には瀬戸内から畿内にかけての特に有力な権力者の棺に用いられたほか，江戸時代には藩の御用石となり，前出のとおり轟泉水道の石製の樋管改修などに使われていた．また，2005年の夏，復元した馬門石の大王の棺を大阪まで運ぶ実験航海（大王のひつぎ実験航海事業）も行われた．本プログラムは，この馬門石の歴史を学び，地域ブランド化に向けた研究を行う．

⑤　網田焼【素材活用プログラム】

　網田焼は熊本城下の細工町別当忠助が天草の山道喜右衛門らを招き，1792年（寛政4）に開窯を願い出て，翌年から焼成を始めたとされている．網田焼は熊本藩の保護政策もあり，順調に成長を続け1798年（寛政10）には藩窯となった．しかし，その繁栄も長くは続かず，藩窯となって30年後には民窯に戻り，作品の質は徐々に低下し，一時は8基あったという窯も次第に衰退していき，昭和の初めには作られなくなった．本プログラムは，この網田焼の歴史を踏まえ，地域ブランドとしての再生の方向性を研究する．

⑥　マルメロ【食材活用プログラム】

　マルメロ（「おつぼつ」「丸メラ」ともいう．）は，秋になると洋梨に似た黄

色い果実をつけ，通常砂糖漬けとして食用にし，熊本藩細川家の御用菓子「加世以多（かせいた）」の原料に使われていた．江戸時代に宇土市走潟町の緑川の河岸段丘上に広い範囲にわたって植えられていたことが1835年（天保6）頃に描かれた「緑川絵図」によって知ることができる．献上用の藩御用としてマルメロが最も盛んに栽培されたのもこの頃であったと考えられる．19世紀以降も走潟ではマルメロの栽培が続けられたが，戦後，ぶどう栽培が盛んになってからマルメロの木は切り取られ，今では全てなくなってしまっている．本プログラムは，このマルメロの在来食文化としての復活策を研究する．

⑦　海苔【食材活用プログラム】

イギリスの海藻学者として著名だったドゥルー女史は「ノリは，夏の間，糸状体で過ごす」ことを発見し，親交があった九州大学教授の瀬川宗吉に論文を送り，そのことを聞いた熊本県水産試験場技師の太田扶桑男が，ノリの人工採苗の研究を続け，1953年10月に遂に成功した．その後，人工採苗によってノリの養殖技術は飛躍的に進歩し，宇土はもちろん，全国のノリ漁民に大きな恩恵をもたらした．1963年4月14日，人工採苗を可能にしたドゥルー女史の功績を讃えて，宇土市住吉町には石碑が建立されている．本プログラムは，海苔の地域ブランド化に向けた方策を研究し，海苔を活用したイベントの企画や実践に取り組む．

⑧　網田ネーブル【食材活用プログラム】

網田ネーブルは，1900年（明治33）に和歌山県から取り寄せられた熊本県におけるネーブルの起源である．その後，県下に普及し，1906年（明治39）には網田で結実本数500本，未結実800本，苗木が1万5千本との記録がある．1909年（明治42）には，皇室への最初の献上が行われ，これは近年まで続けられていた．しかし，近年，デコポン等の柑橘類に押され網田ネーブルの生産は衰退気味になっている．本プログラムは，この網田ネーブルの歴史を踏まえた食品開発やブランド化への道を探る．

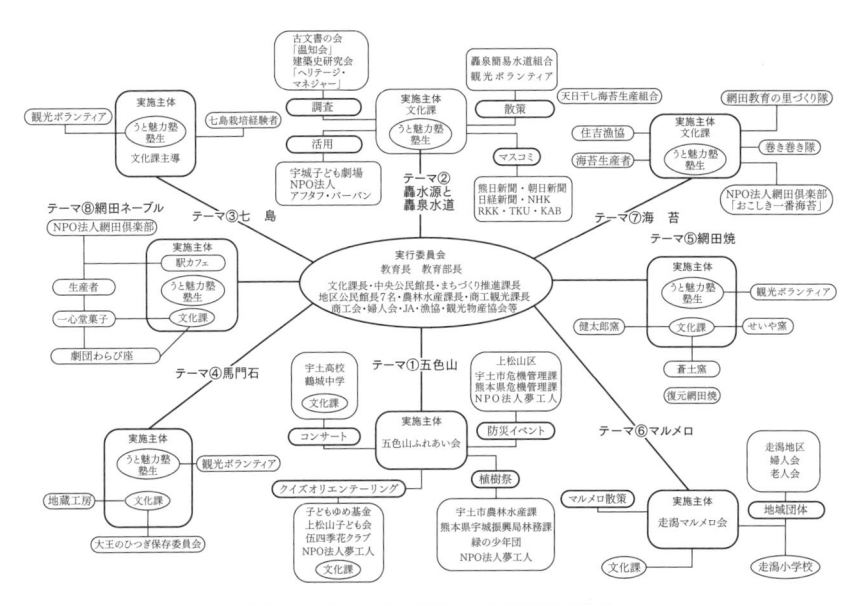

図14-3　プログラムの実施体制図
（「歴史と文化で元気な宇土市づくりプログラム」成果報告書を一部改変）

4．地域人材育成講座「うと魅力塾」

　ここでは，「歴史と文化で元気な宇土市づくりプログラム」を推進する上で中核的役割を担った「うと魅力塾」の概要と，講座構成及びテーマ別学習会の概要について紹介し，「うと魅力塾」の成果と今後の課題・展望について考察する．

　1）担い手を想定した塾生の募集
　「うと魅力塾」の参加者（以下「塾生」という．）を募集するにあたっては，市民を対象にチラシや市役所ホームページを用いた一般公募が行われた．募集チラシによると，応募対象は「宇土の特性を活かした付加価値の高い商品づくりや宇土の魅力づくりを目指す方」と条件付けされており，申請にあたっては8つのテーマの中から希望するテーマを選択（複数選択可）す

る必要がある．

　なお，事務局を務める宇土市教育委員会文化課（以下「文化課」という．）は将来における組織づくりを想定し，各テーマの中核的役割を担う人物や団体に対して個別に連絡を入れ，同塾への参加を積極的に呼びかけている．

２）実践型の講座構成

　「うと魅力塾」は全体学習会としての「基礎コース（座学形式）」とテーマ別学習会「応用コース（グループワーク形式）」，「中間・報告会（ディスカッション形式）」から構成される．

　まず，「うと魅力塾」の開講に当たっては，全体学習会「基礎コース」の第1回（2013年8月7日）として，本プログラムの基本理念ともいえる「地域資源の発見と活用」について講座が開催された（参加者54人）．次に，第2回（同13日）は，地域資源の活用方策となる地域ブランドについて「地域ブランドの現状と課題」と題した講座が開講された（参加者42人）．さらに，第3回（同28日）は，地域資源の展開先となる観光やまちづくりについて「ツーリズムと観光まちづくり」と題し，市街地に残る江戸末期の武家屋敷「旧高月邸」に会場を移し講座が開催された（参加者38人）（写真14-1）．なお，基礎コース全3回の講師は全て筆者が務めている．

　また，2013年12月8日には中間報告会が開催され，各テーマの現状報告

写真14-1　武家屋敷「旧高月邸」での講座の様子
（宇土市教育委員会文化課撮影・提供）

に加え,「地域資源について語る」と題して各テーマの地域資源の特性についてディスカッションが行われた(参加者39人).さらに,2014年2月16日には2013年度の報告会が開催され,各テーマの年度報告と併せ,「地域資源活用の夢を語る」と題して地域資源を活かした地域活性化の夢についてディスカッションが行われた(参加者28人).2014年8月21日には,全体学習会と題して,元松茂樹宇土市長が「魅力づくりで『まち』を元気に!」,筆者が「新しい公共と実践型地域人材育成」と題して講演を行った(参加者50人).

2015年3月8日「網田焼の里資料館」を会場に,「網田ネーブルの里春まつり～網田ネーブル115年の歴史と宇土の魅力～」が開催された.このイベントは,本プログラム2年間の成果発表を兼ねるもので,「宇土の魅力」と題して,これまで8つのテーマで地域資源の活用を検討してきた成果が発表・実践された.具体的に8テーマの状況をみると,「五色山」は五色窯で作った炭と木酢液の販売,「轟水源・轟泉水道」は轟水源の湧水でたてたお茶会の開催,「七島」は地元で収穫した七島を使った草履づくり体験,「馬門石」は馬門石のサンプル配布と彫刻体験(お地蔵さん工房),「網田焼」は復元網田焼制作工程の実演と小皿絵付け体験,「マルメロ」はマルメロの苗木販売と植え方講習会,「海苔」は「おこしき一番海苔」の無料配布と海苔巻体験教室,「網田ネーブル」は歴史資料の展示と旬のネーブルを用いたお菓子の販売,という体験教室や展示販売等が行われ,市内外から多くの人々が訪れ,宇土の魅力を実体験した.このイベントの開催は,学習・研究成果の地域還元とも位置付けられ,このまつり自体が成果ともいえる.

3)グループワークとしてのテーマ別学習会

全体学習としての「基礎コース」(3回)を踏まえ,実践活動を伴うグループワークとなる「応用コース」が,2013年9月から各地区の公民館で開催された.そこでは,各テーマとなる地域資源についての調査,学習及びイベントが行われた結果,各テーマとなる地域資源の再確認や再評価,資料分析や調査等を踏まえた新たな事実の発見があった(表14-1).

なお,グループ運営の内訳をみると,塾生が中心となり運営された能動的グループが2件に対し,事務局である文化課が主導する事務局主導グルー

表14-1　テーマ別学習・活動概要

テーマ	学習・活動概要
五色山	座学や現地習を通して自然や歴史・環境について学び，地域コミュニティの強化を図る．その一つとして，このプログラムと連携した音楽コンサート「五色の風コンサート」を開催し，300人余りの観客が来場した．また，公民館活動として子どもと大人の自然観察講座を実施した．
轟水源と轟泉水道	轟泉水道の歴史を学び，配水されている地域の武家屋敷等の調査・見学も行い，極めて貴重な棟札の発見もあり，宇土の文化財の魅力再発見になった．
七島	七島の歴史を学び，復活の可能性を探ることでスタートしたが，45年前に絶滅したと思われていた七島が市内の河川敷に自生していることが分かり，刈り取り・分割・乾燥などの作業を行い，原材料として蓄えることができた．
馬門石	馬門石の歴史を学び，現地見学等を行い，日本でも珍しい石のブランド化を進めるための座学・現地学習会を行った．
網田焼	網田焼の歴史を学び，焼き物体験や新しく構築された登り窯の見学を行うなど，再生の方向性を探る学習会を実施した．
マルメロ	マルメロの歴史と性質を学び，在来食文化復活を目指し，座学での勉強や秋田・山形から取り寄せたマルメロの果実でオリジナルのお菓子を作り試食会を行い，苗木を75本取り寄せて，地域に植え付けた．将来の産業化も話題となってきている．
海苔	ブランド化への方向性を考えるために，座学や海苔の種付けの体験学習を行い，海苔に関して知識を深めることができた．
網田ネーブル	ネーブルの歴史を学び，食品開発・ブランド化への道を探ることでスタートしたが，学習会の時期は，まだネーブルが出荷されてないため，「摘果ネーブル」の活用について検討した．

(「歴史と文化で元気な宇土市づくりプログラム」成果報告書による)

プが6件あることから，今後は後者を塾生主導の能動的グループへ移行させることが課題と考えられる．

4)「うと魅力塾」の成果と今後の課題・展望

2014年3月に文化課が実施した「うと魅力塾に関するアンケート」(依頼53人中27人が回答)を分析すると，基礎コースへの参加回数は，「3回(全て)受講」で48.1%と最も多く，講座内容については「大変役に立った」(51.9%)と「役に立った」(25.9%)を合わせると約8割が評価している．また，テーマ別学習会(応用コース)の成果については「新しいことを知ることができた」が55.6%で最も多く，次いで「歴史の知識が深まった」が

40.7％で高くなっており，地域資源の再評価に結び付いていることがうかがわれる．さらに，テーマ別学習会への参加の評価として「地域に愛着が出てきた」が44.4％で最も多く，次いで「地域の人との絆が深まった」が33.3％と高くなっており，学習会が地域コミュニティの再構築に効果をもたらしていることがうかがわれる．地域資源については，テーマとして設定した地域資源が地域の宝として自慢できる割合は，「轟水源と轟泉水道」（66.7％），「馬門石」と「網田焼」（いずれも55.6％）の順で高く，これらの資源は塾生からの評価も高いことがうかがわれる．また，テーマによる地域活性化を「非常に期待できる」と「期待できる」を合わせた割合でみると，「轟水源と轟泉水道」と「マルメロ」（いずれも77.8％），「五色山」（70.4％），「海苔」（63.0％），「馬門石」と「網田焼」（いずれも59.3％），「網田ネーブル」（51.9％）の順で高く，いずれも5割を超えていることから，テーマ設定した地域資源活用への塾生からの期待の高さがうかがわれる．最後に，「うと魅力塾」への意見・感想としては，「普段より歴史に関心を持っていたので，一層関連させてのめり込んでいる」，「プロジェクトチーム等，毎年継続して行動する必要がある」，「宇土市の歴史と文化について，もっともっと深く勉強し，宇土市の魅力をもっともっと多くの方々に知っていただくようにしたい」，「学びの内容は魅力的だった」など，前向きで活動の継続を期待する意見・感想が多くを占めた．

　これらのアンケート調査結果を踏まえ，「うと魅力塾」の成果を4つの目標別にみると，まず「地域資源の再評価」については，全体学習会とテーマ別学習会によって対象となる地域資源の魅力の再評価と新たな事実の発見等により，地域住民の地域資源の評価が高まってきている．次に，「地域産業の創出」については，地域資源を活用した地域産業創出への取り組みとして，ネーブルを用いた洋菓子の販売をはじめ，商品化に向けて多数の試作品が開発されており，規模は小さいが産業のかたちが徐々に現れてきている．さらに，「公民館活動の活性化」については，プロジェクトが文部科学省の公民館関連補助であることと関係するが，各公民館を中心にテーマ別学習会が行われただけでなく，地域資源をテーマとする新たな講座が開催されるなど，公民館の活性化に貢献している．最後に，「地域住民のコミュニティの

再構築」については，地域資源をテーマとした実践的学習会のみならず，まち歩きやオリエンテーリング等の地域を巻き込んだイベント等が開催されたことで，地域への「愛着」や「絆」が深まり，地域課題である地域コミュニティの再構築につながっている．

「うと魅力塾」全体としては，各々の事業を担う団体等を想定した実践活動が行われてきており，その内訳は新規設立が1件，既存団体活動強化が1件，NPO主体が2件，行政主導が3件，行政主体が1件となっている．また，商品開発及び企画案の提案も多数行われ，35団体と活動の連携が行われている（図14-3参照）．このように，多様な市民・団体等の参加による事業展開となった点は評価に値する．

一方，テーマ別学習会の課題を考えてみると，第1に，当初想定した参加人数よりも多いテーマがある一方，予定よりも人数が少ないテーマもあり，参加人数の多少で取り組みに差が生じている．第2に，想定より若者の参加が少ないため，今後は若者が参加しやすい環境づくりに努める必要がある．第3に，食材プログラム等については，農林水産省補助の6次産業化の事業と一部競合しているため，本プログラムの目標の1つである「地域産業の創出」に向けて連携を図る必要もある．

今後の展望としては，宇土市は，第3回全体学習会が開催された武家屋敷「旧高月邸」を保存し，歴史・文化の情報発信拠点とすることと併せ，「うと魅力塾」の活動拠点としても整備していくこととなった．なお，屋敷内には地域資源としてテーマに設定されている「轟泉水道」の井戸も利用できる状態で残っている．こうした活動拠点を整備することで，学習・研究活動の持続可能性が確保され，さらに，武家屋敷という文化財を利活用することで，歴史・文化的活動の活性化が期待される．

5．実践型地域人材育成のための検証

ここでは，「うと魅力塾」の特徴といえる担い手を想定した人材募集について考察し，第2節に挙げた「実践型地域人材」の育成像となる4つの視点から，「うと魅力塾」の実践型地域人材育成としての検証を行う．

1）担い手を想定した人材育成

　冒頭で述べたように,「うと魅力塾」は各テーマの将来的な担い手を想定した「実践型地域人材育成」ということができる．その特徴としては,塾生の募集時において,一般公募を基本としながらも,将来的にテーマを担う組織づくりを想定し,その担い手となり得る知識や経験を有する個人や組織に対して事務局である文化課から積極的なスカウト（勧誘）が行われており,これらの担い手が参加したことでプログラムの実践に効果をもたらしている．また,担い手の参加が促進した要因としては,地域の実情を踏まえた地域活性化や地域産業の創出に結び付く適切な地域資源の選定が行われたことがあげられる．これは,過去14年間の市史編纂事業の内容を基に,歴史的・文化的要素を持つ地域資源を事務局が選定できたためで,これが適切な資源選定に繋がっている．なお,選定された8つの地域資源をテーマとして,地域活性化等に取り組むことに対して,塾生の合意や共感が多く得られていたことが,アンケート調査からも明らかになっている．

2）実践型地域人材育成のための検証

　ここで,第2節で定義した実践型地域人材育成に沿って「うと魅力塾」の検証を行いたい．まず,①「地域資源を再発見・有効活用」については,基礎コース「地域資源の発見と活用」での学習を踏まえ,テーマ別学習会によって対象となる地域資源の魅力の再評価や新たな事実の発見等により,地域資源の評価が高まることに繋がっている．次に,②「地域資源を活かした地域課題解決策を計画」については,前節で論じたように,ネーブルを用いた洋菓子の販売をはじめ多数の試作品の開発等,地域資源を活用した地域産業創出への取り組み,実践的学習会とまち歩きやオリエンテーリング等の地域を巻き込んだイベントの開催により,地域への「愛着」や「絆」の醸成に効果をもたらし,地域課題である地域コミュニティの再構築が図られている．さらに,③「具体的解決策としての事業を実践」については,事業の実践に向け,特に重要となる事業を担う組織については,新設・既存の担い手となる団体がほぼ想定されている．最後に,④「地域協働の事業推進」については,テーマごとで協働しながら取り組みが行われており,例えば,自

然・文化財活用プログラムは市観光物産協会や観光歴史ボランティアガイドと協働しており，素材・食材活用プログラムでは老人クラブ・婦人会・JA・漁協・陶芸家・生産者等と協働で推進されている（図14-3参照）．

なお，2014年2月9日に宇土市民会館大ホールで開催され，約300人の参加があった音楽イベント「五色の風コンサート」（主催：五色山ふれあい会，「うと魅力塾」連携事業）のように，テーマに関連する地区主催の事業やイベントには「うと魅力塾」との協働を積極的に呼びかけ，事務局（市教育委員会文化課）職員が準備活動等の支援を行うことで，主催団体等から信頼と評価を獲得した点も見逃せない．さらに，中間・年度報告会で地域資源についてのディスカッションが行われたように，単なる学習ではなく，「地域への想い」という地域アイデンティティの醸成を重視したプログラムとなっている点も評価できる．

以上の検証から，「うと魅力塾」は実践型地域人材育成の条件を満たした取り組みが行われていると評価することができる．

6．おわりに

筆者は，2014年8月21日に開催された「全体学習会」において，「新しい公共と実践型地域人材育成」という演題で講演を行い，実践型地域人材育成の視点からみた「うと魅力塾」の今後の課題として，①「プログラムの継続性の確保」，②「プログラムを担う専門的人材育成」，③「プログラムを担う人材の組織化」等を提言した．これを参考に，「うと魅力塾」の今後の課題について検討を行いたい．

①については，文部科学省のプログラムへの補助期間は最長3年であったが，同省の予算削減等により，2年で補助が終了することとなった．しかし，3年目から各テーマの事業化等の実践的取り組みが本格化するため，今後は宇土市の自治体としての単独の予算措置を基本としつつも，国や熊本県が実施する補助事業への申請等の対応が必要と考える．また，「うと魅力塾」を継続する上で，活動の拠点となる施設整備は重要であるため，先に紹介した武家屋敷「旧高月邸」の活用計画については，文化財であること

を踏まえた学習・人材育成拠点としての対応が求められる．

　②については，これまでテーマ毎の学習会や調査研究を通して，塾生自ら学び，考える能動的学習（アクティブラーニング）が一部で実践されたものの，事務局である文化課職員の対応なしでは回らない学習会もあり，今後は公民館を拠点とした地域住民の継続的な取り組みとする必要がある．そのためには，能動的グループ学習の基盤となるグループワークの手法やグループの意見集約を促進するファシリテーション等についての学習プログラムを導入し，地域住民主体の能動的で継続的な学習会運営に移行させる必要がある．

　③については，担い手となる組織・団体は，五色山は「五色山ふれあい会」，マルメロは走潟地区で在来食文化復活に向けマルメロ苗木の植樹活動に取り組む「走潟マルメロ会」（2014年4月設立），網田ネーブルは網田駅の指定管理者を務める「NPO法人網田倶楽部」という，新設・既存の団体が担い手団体となっている．しかし，その他のテーマについては，担い手はいるものの組織化には至っておらず，今後は新たな組織の育成や更なる既存組織の巻き込みが課題となる．なお，担い手団体の組織化後は，団体運営や経営に関する学習に加え，実動を担う人材の定着化や不足する団体への新規人材の供給も課題となり，さらに，将来的にはこれら各団体の意見調整や情報交換の場となる連絡協議会等の設置も必要と考える．

【注】
（1）「まちづくりは，人づくりから」という理念のもと，まちづくりを担う地域リーダーの育成と市民活動団体の育成を併せて行うことを目的に2008年4月熊本県菊池郡大津町に開校した．事務局は大津町役場総務部総合政策課が担当している．同大学は2学部から成り，「人づくり学部」は開設された学科のテーマに沿って学ぶ人材育成の学部で，一方「まちづくり学部」は町内で活動する様々な団体や地域づくりのグループの団体間の交流や情報交換等を行う学部である．また，2014年9月に同大学の専門職大学院位置づけとなる「実践研究科」が新設された．なお，学長は大津町の家入勲町長が務め，筆者は開校以来同大学の運営委員会の委員長に任命され，学部の構成，各学科の検討など運営全般について指導を行っている．
（2）ここで述べる実践型人材育成は，厚生労働大臣が認定する「実践型人材養成システム（実習併用職業訓練）」とは，目的や内容が異なる．

（3）正確には「七島い（藺）」であるが，本章ではプログラムのテーマ名との兼ね合いで「七島」に統一する．

【参考文献】

宇土市企画課編 2011．『宇土市総合計画』宇土市．
宇土市史編纂委員会 2009．『宇土の今昔 百ものがたり』宇土市．
奥野信弘・栗田卓也 2010．『新しい公共を担う人びと』岩波書店．
北村裕明 2011．分権時代の人材育成．彦根論叢387：110-121．
財団法人地方自治研究機構2011『地域協働のまちづくりと人材開発に関する調査研究』財団法人地方自治研究機構．
敷田麻美 2009．まちづくりを支える人材の育成とは―新しい地域観光リーダー育成システムの提案―．季刊まちづくり22：74-80．
白石克考・新川達郎・斎藤文彦2011．『持続可能な地域実現と地域公共人材―日本における新たな地平』日本評論社．
鈴木輝隆 2007．多様な担い手による地域づくり．新都市61-3：9-17．
総務省地域力創造グループ地域自立支援課人材力活性化・連携交流室 2011．『人材力活性化プログラム』．
総務省地域力創造グループ地域自立支援課人材力活性化・連携交流室 2011．『地域づくり活動のリーダー育成のためのカリキュラム』．
総務省地域力創造グループ地域自立支援課人材力活性化・連携交流室 2012．『地域づくり人の育成に関する手引き』．
総務省地域力創造グループ地域自立支援課人材力活性化・連携交流室 2013．『地域づくり人育成ハンドブック』．
谷口博文 2011．地域の公共政策を担う人材育成プログラムの研究―交通・まちづくり政策に関する政策提言の事例を中心に―．都市政策研究12：45-60．
新川達郎 2007．協働型社会における人材の育成と活用．公共政策フォーラム2007 in 京都資料集．
橋本拓哉 2009．地域づくり・地域活性化分野における人材論―地域づくりの担い手を取り巻く状．財団法人日本開発構想研究所．
文部科学省生涯学習推進局 2012．「平成25年度概算要求の説明」文部科学省．

第15章
熊本における地域防災

1．はじめに

　防災活動というと避難訓練の実施を思い浮かべる人がほとんどであると思われる．木造家屋が多い日本では，火災対策が防災対策と同じ意味を持つこともあり，地域防災は消防団が防災活動を担うという認識を持っている人も多い．また，「地域防災」，「自主防災」という言葉には，安全の確保，救援救助を地域もしくは個人で自己完結して準備しなくてはいけないという印象がある．

　自主防災活動の重要性が広く認識された背景には，1995年に発生した阪神・淡路大震災で倒壊家屋から多くの住民が地域の人に助けられたことが挙げられる．このことから，地域防災とは緊急時に人命を救助できることという認識が強く持たれているが，阪神・淡路大震災から20年の年月が経ち，地域は高齢化，少子化，多様化などさまざまな社会的課題を抱え，自主防災組織に代表される地域組織の維持・設立に課題を抱える状況がでてきている．

　本章では，熊本県内の自主防災組織の取り組み事例を示す中で，地域防災の現状と課題を紹介する．

2．地域防災の課題と現状

　災害が発生した直後は，自分自身の命や身の安全を守るために状況にあわせて適切な避難行動を行う「自助」と，隣近所で協力して救出活動を行ったり，子供や要配慮者の避難誘導等を地域コミュニティで相互に助け合う「共助」が重要になってくる．自助・共助の重要性は，1995年に発生した阪

神・淡路大震災時に多くの人命が住民による救助であったことが背景にある．しかし一方で阪神・淡路大震災では多くの地域で救助や消火のための資器材が十分に準備されておらず，地域で活動するための組織やリーダーが不在であったという課題も明らかになっている（神戸市2015）．このことから阪神・淡路大震災以降，全国の自主防災組織の結成が進み，組織率は1995年の43.1％から2014年には80％まで伸びた．

2011年に発生した東日本大震災では，地震や津波によって市町村首長が亡くなったり，多くの市町村職員が被災する等行政自体が被災したことにより行政機能が麻痺しただけでなく道路被害などで，非常時の職員の召集や他都市からの救援が到着するまでに時間を要した．このような大規模災害にかかわらず，近年，集中豪雨等の自然災害はその態様が多様化，大規模化の傾向を示していることからも，地域住民による初期対応が重要となる．

自主防災組織は1959年に発生した伊勢湾台風を契機に1961年に制定（1961年成立・公布，1962年施行）された災害対策基本法第5条の1，並びに第5条の2で述べられた事項に基づいて定められている（武田2006）．

2014年時点，全国では消防団2,224団体，分団2万2,578団体，自主防災組織は約140万団体組織されている．消防団員数は全国的に減少傾向にあり，自主防災組織数は上昇傾向にある．消防団と自主防災組織の違いとして，自主防災組織は自治会単位などの地域の狭い範囲で活動するのに対し，消防団は詰所などに集合し，消防署の所轄の下で火災現場や被害の大きい場所を中心に活動することが挙げられる．活動時期としては，自主防災組織は災害発生当初から地域で活動を開始することができるが，消防団は災害発生時まず決められた場所に集合し，指示を受けてからの活動となり，火災発生時など，各地域ですぐに活動できるとは限らない（熊本県2014）．

この様に地域・防災の大きな役目を担う自主防災組織であるが，組織の運営・活動において，高齢化や昼間の活動要員の不足や活動に対する住民意識の不足，リーダーの不足のほか会議や訓練の準備活動に使う活動拠点の不足，活動のマンネリ化等の課題がある（総務省2013）．

災害への備えを確実なものにするためには，住民への情報伝達のあり方，災害時の社会や地域の対応力の育成が必要である．地域住民や地域コミュニ

ティが主体（自助・共助）となり，行政や専門家などと連携した地域防災力向上の実質化（避難等のソフト対応）を図ることが重要であり（坂本ほか2013），自主防災組織の存在が求められている．また，有馬ほか（2012a, 2012b）は自主防災組織の活動カバー率と実際の自主防災組織加入自覚率との間に大きな乖離が存在することを示し，現状の自主防災組織の多くは，自治会や町内会を通じて組織化されてはいるものの，実際の災害時に組織として有効かつ十分に機能するかについて疑問があることを明らかにしている．

3．熊本の地域防災と自主防災組織

　熊本県の自主防災組織数は2014年10月1日現在，3,116であり，活動カバー率は73.4%（全国平均80%）で全国47都道府県中40番目である．熊本市の自主防災組織数は642であり，活動カバー率は70.8%である（熊本県2014）．熊本県内で，45自治体中，自主防災組織率が100%の自治体は18である一方，50%を下回っている自治体は芦北町，菊陽町，合志市，玉名市の4市町である．この4つの自治体の防災担当者を調査対象として自主防災組織と地域防災に関するヒアリング調査を行った．調査対象である4つの自治体の概要を表15-1に示す．

1）芦北町

　芦北町は，熊本県南西に位置している．2005年に旧芦北町・田浦町が合併し，現在の体制となった．面積は233.5km^{2}であり，人口1万8,891人で2013年度時点での高齢化率は35.9%である．2013年の日本全体の高齢化率は25.1%であり，熊本県の平均高齢化率27.2%と比べても芦北町の高齢化が進んでいことがわかる．芦北町は八代海に面しており高潮災害のリスクが高く，また，九州山地と国見山地に囲まれている地形のため，土砂災害危険箇所が多く存在しており，2002年度現在，土砂災害危険箇所は729箇所となっている．

　芦北町の自主防災組織率は50.4%である．自主防災組織の設立手順は，年3回実施される区長会にて自主防災組織について説明の後，区長からの申

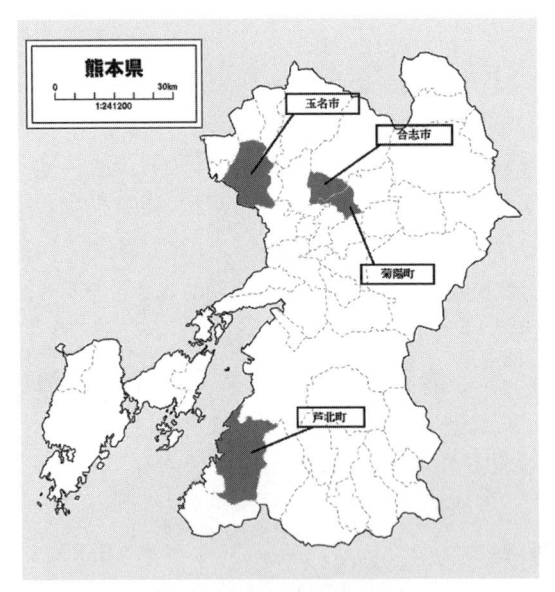

図15-1 調査対象地域

表15-1 対象地域概要（熊本県，2014を基に作成）

	面積 (km²)	人口 (人)	世帯数	高齢化率 (％)	年間平均降雨 (mm)	地形	想定されるリスク	土砂災害危険箇所
芦北町	233.5	18,891	7,504	35.9	2000	丘陵部と海	台風暴風雨 高潮 津波	729
菊陽町	37.57	39,488	15,532	17.38	2050	平地	白川の氾濫	22
合志市	53.17	55,002	18,913	19.7	2000	平地	地震	64
玉名市	152.6	69,541	24,344	27.4	2200	平地と海	河川の氾濫 津波 高潮	302

し出があった場合に，後日行政区に対して熊本県危機管理防災課が説明会を行う．それを基に行政区内で協議し，申請となれば自主防災組織が設立される．自主防災組織率向上を図るための支援は，説明会への参加及び講師派遣，組織図や規約などの関係資料の提供，設立組織への資機材補助である．設立時には町から一回のみ5万円分の資機材補助がある．

地域の防災減災活動において役割を果たすことが期待される組織（自主防災組織，消防団・水防団，自治会，役所，警察署，消防署）の順位付けを，「自

3. 熊本の地域防災と自主防災組織 ● 271

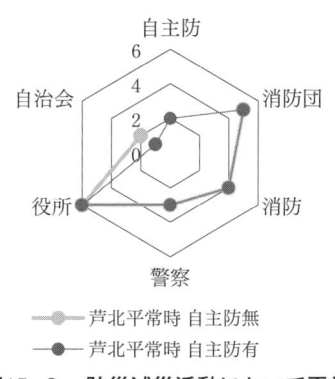

図15-2 防災減災活動において平常時に役割を期待する順位

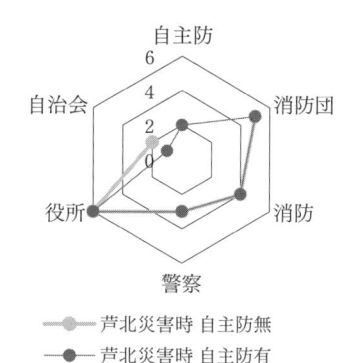

図15-3 防災減災活動において非常時に役割を期待する順位

主防災組織がある地域」,「自主防災組織がない地域」で回答を求めたところ,図15-2（平常時）,15-3（非常時）となった.「自主防災組織の有無」に関わらず,また,平常時非常時で関係なく,順位は役所→消防団→消防署→警察→自主防災組織→自治会となった.芦北町は高齢化が進んでおり,高齢者が高齢者を避難させることは困難であるため,町では安否確認や避難所運営は行政区（自治会や自主防災組織）が行い,避難は消防団が主体となって行うと考えている.

図15-4は,地域防災に関わる活動内容（地域の人々の交流（安否確認），危険箇所の把握,地域の防災マップつくり,避難訓練等への参加,初期消火,避難所の運営・管理）の優先順位を自主防災組織の有無の違いで回等を求めた結果である.自主防災組織のある地域では,地域の人々の交流が最も優先すべき活動内容であり,次いで,危険箇所の把握→地域の防災マップ作り→避難訓練等への参加→初期消火→避難所の運営・管理となった.また,自主防災組織のない地域では,地域の人々の交流のみが活動内容として挙がった.

2）菊陽町

菊陽町は,熊本県中部に位置している.1969年に町制施行により菊陽村が基となり誕生した.面積は37.57 km^{2}であり,2014年時点で人口は3万

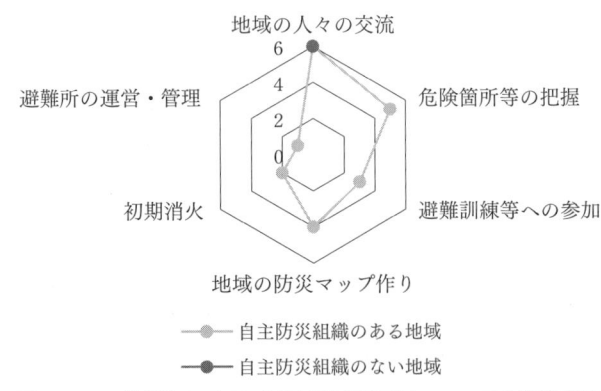

図15-4　芦北町における地域防災活動についての優先順位

9,488人であるが光の森など新興住宅地が拡大しており，人口が増大する傾向にある．町南部を流れる白川周辺では2012年に発生した九州北部豪雨により，床上浸水29棟，床下浸水52棟等の被害が発生している．

菊陽町の自主防災組織率は44.8％である．自主防災組織は区長からの申し出があった場合に自治会の役員を指導して設立される．自主防災組織率向上を図るための支援は，県の担当者による自主防災組織の必要性に関する説明，ハザードマップ作成の実習，規約，手順，組織表の申請に関する説明，補助金の支給などがある．自主防災組織が設立されると町から初年度5万円分，次年度以降は年間4万円分の資機材補助がある．

地域の防災減災活動において役割を果たすことが期待される組織（自主防災組織，消防団・水防団，自治会，役所，警察署，消防署）の順位は，図15-5（平常時），図15-6（非常時）となった．菊陽町は消防団の他に消防団OBで形成される自衛消防団が存在している．菊陽町の場合，自衛消防団は消防団の一部として回答されている．平常時非常時の関係なく，消防団（自衛消防団）が最も役割を果たすという結果となった．災害時は，「自主防災組織がある地域」では自主防災組織→消防→役所→自治会→警察と続き，「自主防災組織がない地域」では自治会→消防→役所→警察という順位となった．

図15-7は，地域防災に関わる活動内容（地域の人々の交流≒安否確認，危険箇所の把握，地域の防災マップつくり，避難訓練等への参加，初期消火，避難

3. 熊本の地域防災と自主防災組織 ● 273

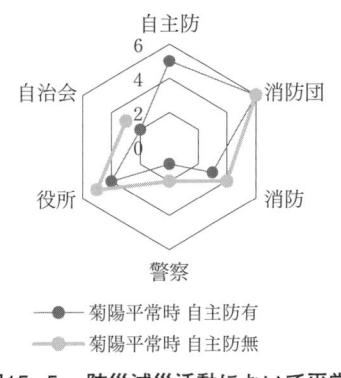

図15-5 防災減災活動において平常時に役割を期待する順位

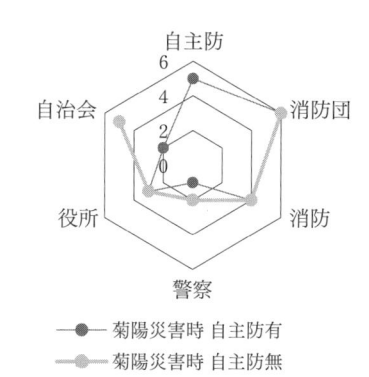

図15-6 防災減災活動において非常時に役割を期待する順位

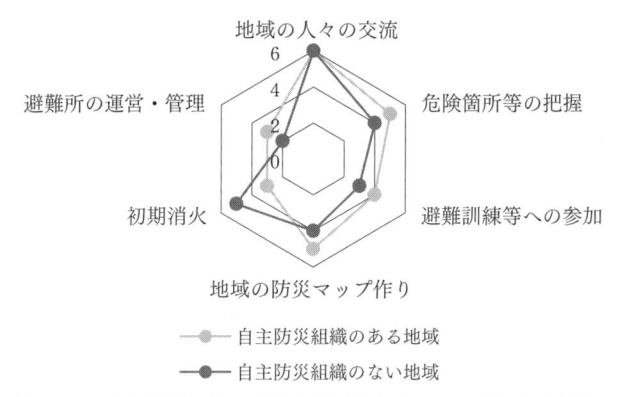

図15-7 菊陽町における地域防災活動についての優先順位

所の運営・管理）の優先順位を自主防災組織の有無の違いで回等を求めた結果である．自主防災組織の有無に関わらず，行政が最も地域防災に求めるものは，地域の人々の交流であった．自主防災組織のない地域では，初期消火が2番に位置しているが，これは町としては，自主防災組織がなくても初期消火くらいは地域でできて欲しいと望んでいるためである．

3）合志市

合志市は，熊本県の中央部に位置し，菊陽町と隣接している．2006年に

合志町と西合志町が合併して現在の体制となった．面積は53.17km^{2}であり，2014年時点で人口は5万5,002人である．熊本市の通勤圏にあり，ベットタウンとして人口が増加傾向にある．平地が広く大きな河川が存在していないため，洪水災害，土砂災害の推定リスクは小さく，合志市としてはこの様な自然的要因が住民の防災意識の低さへ影響を与えていると認識している．

合志市の自主防災組織率は42.2%である．自主防災組織の設立手順は，要請があった時に，随時出前会合などで説明し，それを基に申請を行う流れである．自主防災組織率向上のため，県からの自主防災組織についてのパンフレットの配布などの支援が行われている．

地域の防災減災活動において役割を果たすことが期待される組織（自主防災組織，消防団・水防団，自治会，役所，警察署，消防署）の順位は図15-8（平常時），図15-9（非常時）となった．合志市にも自衛消防団が存在している．合志市では，菊陽町と異なり自衛消防団は自主防災組織としてとらえている．自主防災組織がある地域では，平常時非常時共に自主防災組織と自治会，消防団が役割を果たすことと期待しており，自主防災組織がない地域では，平常時全ての組織が防災・減災活動に役割を果たすことを期待しているが非常時は，自治会への役割は期待していないことが明らかになった．これは，図15-10でも示されているが，地域防災に最も望む内容は地域の人々の交流であり，これは平常時でも十分に行うことが可能であるが，非常時には

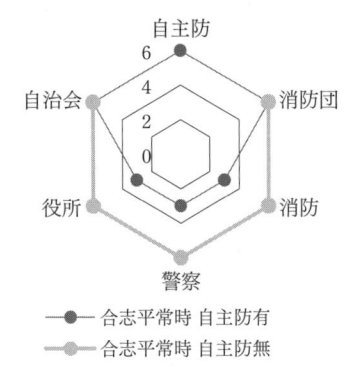

図15-8 防災減災活動において平常時に役割を期待する順位

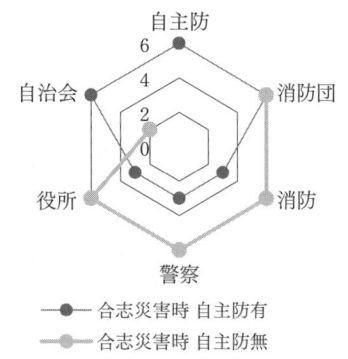

図15-9 防災減災活動において非常時に役割を期待する順位

3．熊本の地域防災と自主防災組織 ● 275

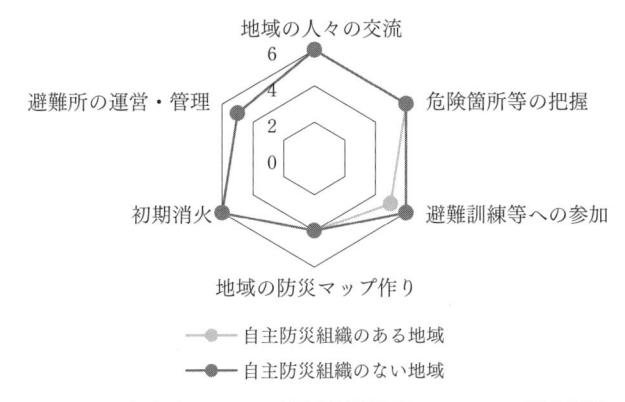

図15-10 合志市における地域防災活動についての優先順位

困難であるという認識による．設立済みの自主防災組織には，補助金の支給，消防訓練等，防災活動のアドバイス等の支援を行っている．

図15-10は，地域防災に関わる活動内容（地域の人々の交流≒安否確認，危険箇所の把握，地域の防災マップつくり，避難訓練等への参加，初期消火，避難所の運営・管理）の優先順位を自主防災組織の有無の違いで回等を求めた結果である．自主防災組織の有無に関わらず，行政が最も地域防災に求めるものは地域の人々の交流，危険箇所等の把握，初期消火であった．自主防災組織のない地域は，避難訓練等への参加も同率一位にしている．これは，自主防災組織が無い地域は防災意識が低いことが予想されており，少しでも防災意識を高めて欲しいという考えが背景にある．

4）玉名市

玉名市は熊本県北部に位置している．面積は152.6km^{2}であり，2014年時点で人口は6万9,541人である．2005年に玉名市，岱明町，横島町，天水町が合併し現在の体制となり，熊本県北部の中心都市となった．市内を菊池川が流れているため洪水のリスクがあり，また，有明海に面しているため高潮などの災害に見舞わる危険性がある．

玉名市の自主防災組織率は47.7％である．自主防災組織は，各区が結成内容等を決めた後，規約を作成し市役所または，総合支所に申請し認定される

手順で結成されるである．玉名市は，自主防災組織率向上を図るために，補助金の支給，防災機材の提供，防災活動事業などの支援を行っている．また，設立にあたり自治会と自主防災組織が同じ組織である「重複型」，自治会の一部会として防災組織を持つ「下部組織型」，自治会とは別の組織である「別組織型」の3つの形態を提案している．

地域の防災減災活動において役割を果たすことが期待される組織（自主防災組織，消防団・水防団，自治会，役所，警察署，消防署）の順位付けは図15-11（平常時），図15-12（非常時）となった．平常時，非常時共に，自主防災組織のある地域では自主防災組織が役割を果たすことが期待されている．次いで，自治会→消防団→役所・消防→警察の順となった．自主防災組織のない地域では，自治会以降同様の順位となった．

自主防災会組織がない地域では，区長（嘱託員）を中心に防災意識向上を目的とした防災訓練や講演会を開催している．既存組織は自主防災組織＝自治会という玉名市が示す「重複型」又は「下部組織型」が多い．図15-13は，地域防災に関わる活動内容（地域の人々の交流≒安否確認，危険箇所の把握，地域の防災マップつくり，避難訓練等への参加，初期消火，避難所の運営・管理）の優先順位を自主防災組織の有無の違いで回等を求めた結果である．自主防災組織の有無に関わらず行政が最も地域防災に求めるものは地域の人々の交流であった．自主防災の有無に関係なくその他の活動の優先順位は

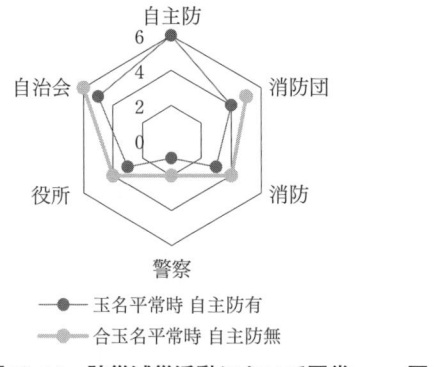

図15-11 防災減災活動において平常時に役割を期待する順位

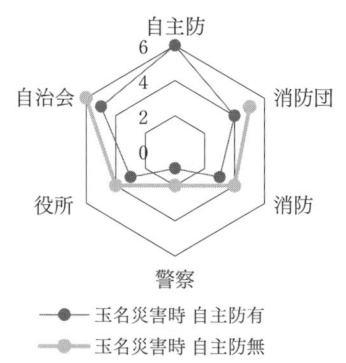

図15-12 防災減災活動において非常時に役割を期待する順位

3. 熊本の地域防災と自主防災組織　●　277

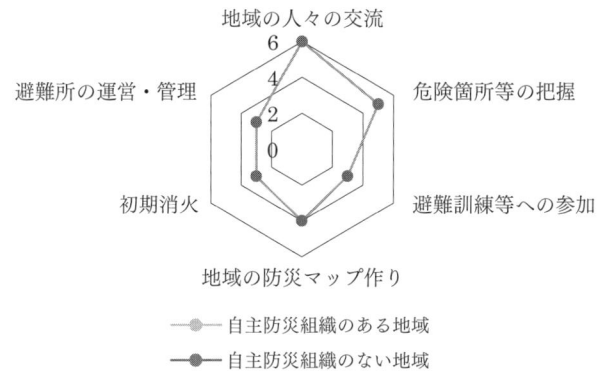

図15-13　玉名市における地域防災活動についての優先順位

同じであった．

5）まとめ
　自治体の防災担当者へのヒアリング調査から，4つの自治体全てにおいて行政による設立の支援は行われているものの，自主防災組織の設立は行政区の挙手制により行われるため，区長に自主防災組織の設立をする意思がなければ設立されにくいことが明らかになった．そのため自主防災組織の組織率向上のためには，行政区長を支援することが効果的であるといえる．しかし，合志市や菊陽町のように，自衛消防団が組織されていることで他の防災組織を設立が鈍化する傾向や，急激な人口増加で自主防災組織のみならず自治会組織の設立が困難となり行政区長が不在である地域があることが明らかになったことから，行政区長を支援するだけでなく玉名市のように既存組織に防災機能を持たせる手法や自治会組織の設立支援を積極的に提案していくことが望まれる．
　行政が地域の自主防災組織の活動に最も求めるものは「地域住民の交流」であり，災害時の安否確認であることが明らかになった．防災活動というと避難訓練の実施を思い浮かべる人がほとんどであると思われ，また，「地域防災」，「自主防災」という言葉には，災害という緊急時の安全の確保，救援救助を地域もしくは個人で自己完結して準備しなくてはいけないという印象

があることから，行政区長や地域住民が想定する自主防災活動と行政が求める自主防災活動の活動内容に乖離があることが示唆された．災害時の共助は，平常時の共助の構築が深く関係している．防災とは関係が無いように見える活動が地域の課題発見や改善，人々の交流とつながり，非常時の協力関係へと発展する．

自主防災組織を設立するだけでは地域防災力の向上には結びつかない．しかし，それらの組織の設立は地域防災に取り組む大きなきっかけとなる．行政が求める地域防災の活動内容と住民の想定する活動内容の乖離を埋め，地域防災へ取り組む地域が増加することが求められる．

4．自主防災活動の事例

熊本市中央区にある黒髪校区第4町内自治会自主防災クラブは自主防災活動が活発であり，2012年には消防科学総合センター理事長賞を受賞し，テレビ局や新聞からの取材・他の自主防災組織からの視察などを多数受けている．黒髪小学校区内は黒髪1丁目から8丁目で町丁目分けがされ，18の町内が存在している．黒髪校区第4町内自治会自主防災クラブ（以下，第4町内自主防災クラブ）は黒髪5丁目を中心に2000年の発足以降15年間にわたり活動している．黒髪小学校では，図15-14に示すように北部に立田山があり，傾斜の多い土地になっている．また，活断層である立田山断層が存在し，この断層が活動した場合は震度6弱の地震が発生する可能性が指摘されている．南部には白川が流れており，1953年（昭和28）6月26日や2012年（平成24）7月12日には大雨による氾濫を起こしているが，黒髪第4町内は白川よりも高台に位置しているため洪水の影響は受けていない．

町内の道路は写真15-1に示すように道幅が非常に狭く，軽自動車が通行することが限界である所も多く緊急車両の通行は困難である箇所が多くある．町内には，熊本大学教育学部付属特別支援学校と熊本市立桜山中学校の2つの学校があり，そのうち桜山中学校は指定避難所である．熊本大学と接しているため，多くの学生が居住しているが，学生は自治会に加入していないため，町内の学生数は把握されておらず，約750人と推測される．学生

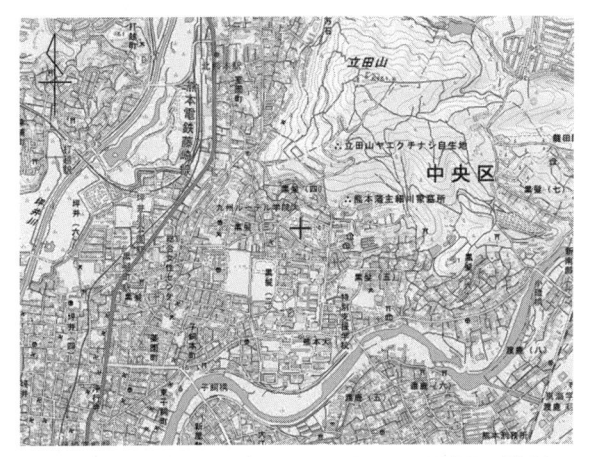

図15-14　対象地域（2万5千分の1地形図　熊本）

写真15-1　調査対象地

は以前は大家との直接契約による間借り・下宿に多く居住していたが近年は不動産業者を通じて賃貸契約が行われているため，個人情報保護法により居住者情報を得ることができず，正確な人数を把握することが困難である．黒髪第4町内には236世帯645人が居住しており，隣保数は30組である．第4町内自主防災クラブの調べでは，約3割の住宅に災害時要援護者が居住している．

黒髪校区第4町内自治会には自主防災クラブの他に，グランドゴルフ，子ども見守り隊，童謡クラブ，老人クラブなど18の地域組織があり，定期的な活動が行われている．

1）黒髪校区第4町内自治会自主防災クラブ活動内容

　第4町内自主防災クラブは，2000年2月1日に本市中央消防署職員より地域防災の必要性を説明されたことをきっかけとして発足した．発足当時，会員は21名であったが現在は53名と町内に位置する社会福祉団体など3団体が加入している．会員は勧誘や回覧板などによる告知で募集している．特に，退職後黒髪第4町内に戻ったＵターン住民を中心に勧誘を行っている．

　第4町内自主防災クラブの定期的活動として最も頻度が高いのは，月2回実施している資源回収である（写真15-2）．資源回収は以前は子ども会，婦人会が行っていたが少子化などにより子ども会の活動力が低下したことを背景に，2004年から第4町内自主防災クラブが行っている．資源回収で得られた収益は第4町内自主防災クラブの主な活動資金源となっており，2013年度では100万円を超える（黒髪校区第4町内自治会自主防災クラブ，2014）．これらの資金源を元手に防災資機材を整備し，発足当時ほとんどなかった備品を15年間で機材倉庫を4つ保持するまでになった（写真15-3）．資源回収には活動資金の獲得以外に，CO_2の削減，活動を通じた情報交換，各戸訪問による安否確認などの目的・利点がある（図15-15）．自主防災クラ

写真15-2　資源回収の様子

4. 自主防災活動の事例 ● 281

写真15-3　機材倉庫

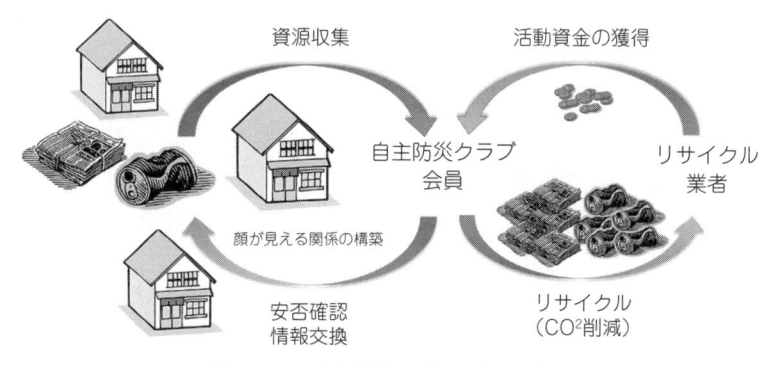

図15-15　定例資源回収の流れと効果

ブのクラブ員は，資源回収のために各戸を訪問するが，その際，特に高齢者世帯や独居世帯に対し健康状態や日常の困り事などを世間話しを通じて確認している．この様な活動の積み重ねを通じて顔が見える関係が構築され，災害時の迅速かつ確実な安否確認につながると考えられている．

　第4町内自主防災クラブの活動内容は表15-2に示すように多岐に渡っており今後も増える予定である．地域の不安全箇所を防災の視点だけでなく，交通安全や不審者対策，緊急車両が進入できる様に整備するなど，日常生活の視点から課題を明らかにし解決することは，児童が安心して通学し，高齢者が安心して居住できる地域となる．町内に位置する熊本市立桜山中学校との連携もその1つである．中学校では，秋に収穫された野菜を用いて自主

表15-2　黒髪第4町内自主防災クラブの活動内容

- 定例資源回収・見回り（月2回年間24回）
- 登校時「交通安全・見守り・挨拶」（月1回年会12回）
- 池周辺環境整備
- 道路環境整備（道路の見通しを良くするための庭木剪定など）
- 講習・研修・教育等教育関連活動（AED講習など）
- 機材点検
- 命のバトンの作成・配布
- 標高プレートの作成・設置
- 防災地図づくり
- 防災訓練（社会福祉団体と共同開催）
- 防災活動（桜山中と共同開催）
- 地域交流（天満宮の迎春奉納・地蔵祭りのキャンドルアートなど）
- 総会

写真15-4　桜山中学校で行われた収穫祭

防災クラブと中学生が協力して炊き出しを行っている（写真15-4）．桜山中学校は黒髪校区の指定避難所であり，熊本市の防災倉庫も設置されている．学校内の武道場の鍵は自主防災クラブも保有しており，災害が発生した際には避難所の運営を自主防災クラブが担う．そのため桜山中学校との連携は重要である．中学生に自主防災クラブの存在を認識してもらうことも目的としている．

　このように黒髪第4町内自主防災クラブが取り組んでいる活動は，平常

時（日常）を安心して生活を送ることができる地域づくりが，災害時の安全につながることを示している．

2）自主防災クラブ以外の地域組織への加入

　黒髪第4町内には，自治会を含め全部で18の地域組織が存在している．地域組織は，交通安全や子供見守りなどの地域貢献の役割を担っているものと，グランドゴルフや童謡クラブなどレクエーションや健康を目的としたものに分けられる．黒髪第4町内自主防災クラブ会員50名及び社会福祉団体1団体のうち，自治会・自主防災クラブ以外の地域組織に37名が所属している（図15-16）．最も多くの地域組織に所属している人は9つの団体に所属していた．自主防災クラブ以外の地域組織に所属しているのは，男性30名中18名，女性20名中19名であり，女性はさまざまな地域組織に加入する傾向にあることがわかる．また，自主防災クラブ以外の地域組織に所属している人はほとんどが老人クラブ，子ども見守り隊，グランドゴルフ，童謡クラブのいずれかには所属しており，クラブ活動内で様々な情報交換が行われると考えられる．特に17名が所属しているグランドゴルフは平日週5日活動しており，第4町内自主防災クラブの役員5名が所属していることから，

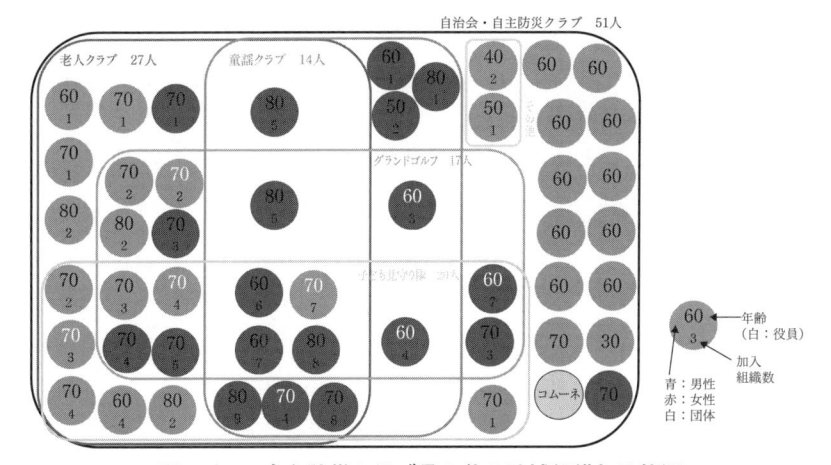

図15-16　自主防災クラブ員の他の地域組織加入状況

グランドゴルフの活動の中に第4町内自主防災クラブの勧誘，情報交換が行われる可能性は非常に高いといえる．このように，町内に多くのクラブ活動が存在していることは，地域住民が顔を合わす機会を設けることにつながり，いわゆる井戸端会議を通じて他の地域住民に自主防災クラブの存在と活動内容が伝わる機会となる．自主防災クラブの取り組み内容を知ることで，クラブ会員にはならなくても活動や地域防災の必要性について理解が深まることにつながる．

3）まとめ

黒髪校区第4町内自治会自主防災クラブでは町内の福祉事業所などと共同して防災訓練を年に1回実施している．地域の防災マップの作成も進んでおり自主防災活動が活発のようにみえる．しかし，活動の頻度や参加人数を考慮すると，「防災」が中心となった活動よりも月2回実施される資源回収の方が自主防災クラブの日常的な活動である．資源回収の表向きの目的は資金獲得であるが，本来の目的は高齢者の安否確認や顔がみえる関係の構築である．2014年8月に広島で発生した豪雨災害では，山麓斜面に広がる新興住宅地域で広く被害が発生し74名が死亡した．8月のお盆の時期であり，帰省や旅行で留守にしている人や遠方から帰省している人の存在を地域で把握できず，行方不明者の確定に時間を要した．新興住宅地という地域性も地域に誰が居住しているのかを把握する妨げとなったといわれている．地域防災において自らを守り迅速に避難をすることは自助の第一であるが，共助へつなげるために地域の中で顔が見える関係を日常的に構築することが求められる．

阪神・淡路大震災では多くの災害ボランティアが被災地に駆けつけボランティア元年といわれた．その後，災害ボランティアセンターなどが社会福祉協議会によって設置されることが定着してきており，2011年の東日本大震災や2014年の広島豪雨災害でも多くのボランティアが地域で活動を行った．現在の地域防災は，阪神・淡路大震災後にいわれた自助・共助・公助を基にNPOやNGOなどのボランティア支援による地域の外からの支援と併せて構築されている．しかし，地域知（識）といわれる情報は地域の外の人

にはみえにくく，また地域や個人の要望をなかなか他者に伝えることは困難である．外からの支援を受けるためには，地域や個人の要望を他者へ伝え，援助を受ける力「受援力」を養う必要がある．黒髪校区第4町内自治会自主防災クラブが取り組んでいる顔がみえる関係の構築は，緊急時に地域の状況を収集するだけでなく，支援の受容を橋渡しする役割を担う．これは，地域が災害から復旧・復興する上で重要な要素である．

消防団などのように訓練を受けていない自主防災組織が，災害時に自衛隊や消防のような活動を行うことは困難である．黒髪校区第4町内自治会自主防災クラブの会員は70歳以上が5割を占めているが，第4町内自主防災クラブに限らず地域組織の構成要員の年齢は高齢化の傾向にあることがうかがえる．しかし，地域で資機材を整えること，地域の状況を把握すること，顔が見える関係を構築することは，高齢化している自主防災組織でも日常的に取り組めることであり，これらの活動が外部支援の円滑な受け入れにつながり，地域防災力を高めることにつながる．

5．おわりに

自主防災組織の組織率を向上させることだけが地域防災力の向上につながるとはいえない．しかし，これらの組織が構築されることは防災へ取り組むひとつの大きなきっかけとなる．自主防災組織というと災害時に人命救助を行う使命を担うように捉えられるが，消防団や自衛隊の様な活動を行うことは困難であり，どの様に活動して良いのか解らず，活動が低滞してしまう傾向がある．しかし，自治体防災担当者へのヒアリング結果にあるように，自主防災組織には「地域の人々の交流」を日常的に取り組んでいくことが求められており，これらの活動内容は高齢化する地域では担っていくことが可能な内容であるといえる．黒髪第4町内自主防災クラブの取り組み内容はその一例である．地域の状態や特性に応じた日常の活動を見付け無理のない範囲で継続していくことが，各地域に求められている．

高齢化や少子化，人口集中など変容しない地域はない．地域の変容に応じて地域防災のあり方備え方を見直し，災害という非日常を日常の取り組みに

つなげ，外部からの支援を受けやすい地域づくりをめざしていくことが地域に求められている．

【参考文献】

神戸市 2015．自主防災組織の必要性，http://www.city.kobe.lg.jp/safety/fire/bokomi/bokomi2.html.

武田文男 2006．日本の危機管理 pp. 4．5

災害対策基本法 2015．http://law.e-gov.go.jp/htmldata/S36/S36HO223.html.

消防団員の活動環境の整備に関する調査検討会 2005．消防団員の活動環境整備の在り方について．

熊本県 2014．自主防災組織結成・活動の手引き：www.pref.kumamoto.jp/uploaded/life/1058450_pdf 1.pdf.

総務省消防庁 2015．消防団に関するデータ，http://www.fdma.go.jp/syobodan/data/scale/index.html.

内閣府 2014．防災白書（平成26年度版）．

内閣府 2009．防災白書（平成21年度版）．

内閣府 2004．防災白書（平成16年度版）．

熊本県：土砂災害危険箇所数：www.pref.kumamoto.jp/uploaded/life/1053140_1107090_misc.pdf,

総務省消防庁 2013．自主防災組織の手引き，pp.11．

坂本麻衣子，大本照憲，北園芳人，山田文彦，溝上章志，柿本竜治，田中尚人，岡田憲夫，藤見俊夫 2013．脆弱性の複眼的検証―平成24年7月九州北部豪雨災害・熊本県での経験から―，pp. 3-43，自然災害科学　Vol. 32 No.1.

有馬昌宏・上野卓哉・有馬典孝 2012．全国ウェブ調査に基づく住民の自主防災組織の認知の現状と課題，pp.134-140，災害情報，No.10．

有馬昌宏 2012．災害時に自主防災組織は有効に機能するか？―情報経営の視点からの検討―，pp.153-156，情報経営　第64回全国大会予稿集【春号】，日本情報経営学会．

熊本県 2014．熊本県内の自主防災組織率（平成26年10月1日現在）．

黒髪校区第4町内自治会自主防災クラブ 2014．平成26年度　黒髪校区第4町内自治会自主防災クラブ総会資料，pp. 8．

あ と が き

　本書は，山中進先生の存在なくして刊行しえなかった．

　山中先生は，本年も熊本学園大学で教鞭をとられているが，昨年，ご定年を迎えられている．長年山中先生と親交のある研究者や縁のある研究者が集い，これまでの先生のご恩に報いるのが本書出版の意図である．私たち共同執筆者12名は，先生から何らかのご厚意や影響を受けて，熊本を舞台に教育や研究に励んでこられた．

　本書出版の企画は，2013年5月に具体化した．山中先生を交えた雑談のなかで出た「熊本県の地誌を紹介するような新しい書物があってもいいですね」という発言がきっかけである．20年前に出版した『肥後・熊本の地域研究』の続編なるものを，再び地理学以外の郷土研究をされている先生方のお力をお借りして出版することで意見がまとまった．本書「まえがき」に，山中先生はそのいきさつと，本書が何を目指しているかを丁寧に紹介されている．

　山中先生のこれまでの研究者人生が世に問うた研究成果の一端を紹介しよう．

　『農村地域の工業化─変革期の地域変容─』（大明堂，1991年）は，論文博士の学位を得た大作である．課程博士の学位は研究者人生の切符にすぎないが，論文博士は数多くの研究論文を出し体系化された学術書出版までこぎつかないと得られない．博士課程を満期単位取得退学してからの先生の栄誉と辛苦に溢れる研究者人生が詰まっている．『熊本の地域産業』（成文堂，2013年）は，熊本大学に着任されて以来，熊本を拠点として活動されてきた先生の研究者人生第2の傑作である．これら2つのご著書は，「地域の産業」からみた農村地域や熊本いう個別の地域のあり様を論じた「地域論」でもある．地域の多様な自然や歴史，生活のなかから生まれた産業の成り立ちをこつこつと紐解きながら，地域の特質や性格にまで言及されている．

　熊本でのこれまでの研究成果のなかには，市町村史や学術書の編著が多数含まれている．前者については『菊鹿町史』，『玉東町史』，『新熊本市史』，

『荒尾市史』，『岱明町史』などがある．折からの平成の大合併を背景にした市町村史発刊ブームで，先生は近代・現代どちらの分野でも，地誌的研究手法を縦横無尽に発揮され，歴史学者と一線を画した地理学者独特の地域変容論を展開されている．熊本大学の社会文化科学研究科長の時期には，政策創造研究教育センターのスタッフとともに，山間地研究の三部作となる著書を編者として世に出している．

　本書の共同執筆者は，皆，地域を研究対象とする学術徒である．「人は地域のなかに生を受け，その影響を受けながら育っていく」ことはもちろん，「人は地域の文化を身につけ，地域変容にかかわって人生を全うする」ことを知っている．生活の舞台である多様な地域の姿や諸相を究明することを共通の目的として，こうして山中先生といっしょに，『熊本の地域研究』を世に出すことにかかわれたことを幸運に思う．

　本書の出版を快く引き受けてくださった（株）成文堂の阿部成一社長，編集部の飯村晃弘氏らにも感謝したい．山中先生とは長年のご交誼があり，飯村氏以前に同編集部にいらした本郷三好氏以来のお付き合いである．熊本大学政策創造研究教育センターの上野眞也先生らを含めて，山中先生を囲むたくさんの方々のご支援の輪があって，本書が世に出る運びとなった．

　感謝いたします．

　山中進先生のこれまでの研究者人生と，今後のご活躍に対して，皆でエールを送ります．

　　　　2015年7月

　　　　　　　　　　　　　　　　　　　　　　　　　　　　執筆者一同

索　引

あ　行

アーケード……………………… 221, 222, 226
IT バブル ……………………… 167, 169, 173
あか牛………………………………… 25, 30, 31
赤玉復調丸………………………… 118, 119, 130
あさぎり町…………………………………… 107
芦北町…… 79, 80, 82, 86, 89, 91, 92, 93, 94
阿蘇火砕流堆積物 ………………………… 2, 17, 18
阿蘇カルデラ…………………………… 2, 3, 5, 6
阿蘇火山…………………………… 1, 2, 3, 9, 21
阿蘇市…………………………… 107, 109, 113, 141
アツシ……………………………………… 132
天草市……………………………………… 107
石塘………………………………………… 19
石籠……………………………………… 44, 46
井芹川……………………………………… 4, 18
イノベーション活動……………………… 191
飲食店街…………………………… 231, 232
宇城市…………………………… 107, 109, 147, 148
うと魅力塾… 247, 251, 257, 258, 260, 261, 262, 263, 264, 265
HEV・EV 用パワー半導体モジュール
　…………………………………………… 163
エシカル消費者……………………………… 31
駅裏側地区………………………………… 207
駅構内横断通路…………………………… 206, 207
駅周辺地区…… 200, 201, 205, 206, 207, 208, 209, 210, 211
駅ビル大型店……………………………… 206
江田村
江津湖………………………… 11, 16, 17, 18, 21

か　行

LL 産業交流事業 ………………………… 193
大岩地区……………………… 82, 83, 84, 85, 93
大分新聞……………………………………… 66
大型集客施設（MICE 施設）………… 211
大型店……… 201, 202, 205, 208, 210, 223
大阪－別府航路…………………………… 242
大津まちおこし大学…………………… 247, 249
大野地区……………………………………… 92
沖新地…………………………………… 54, 53
小国郷土誌………………………………… 234
親方…………………… 121, 122, 123, 124, 125, 135
カーアイランド…………………………… 148
潰家一覧表…………………………… 73, 74, 76
海外戦略…………………………………… 195
海西日報……………………………………… 66
顔の見える関係……………………… 281, 285
学習・人材育成拠点……………………… 265
学習会…………………………… 261, 262, 265
学料新地……………………………………… 56
加工組立型………………………………… 146
貸切風呂…………………………………… 243
風祭り……………………………………… 34
家族風呂…………………………………… 243
家庭配置売薬業…………………… 133, 134
加藤清正………………… 4, 17, 45, 46, 118
金沢市…………………………… 201, 206, 210
上天草市………………………… 107, 109, 141
上通……… 215, 218, 219, 222, 225, 226
寛政の大津波………………………………… 50
回廊……………………………… 220, 226, 227

合併協議会............ 107, 111, 113, 115, 116, 237, 241, 242
奇応丸........................... 117
グループワーク.................... 265
企業誘致................. 141, 142, 146
減圧式蒸留機.................... 188
菊水流域......... 117, 118, 119, 126, 132, 134
減圧蒸留法.................. 189, 190
菊水町...... 102, 107, 114, 118, 120, 126, 135
県民百貨店（旧岩田屋伊勢丹ショッピング
北浦新地........................ 56
センター）............ 215, 217, 220, 222
拠点開発方式.................... 140
工業雇用....................... 153
協定項目.................. 113, 116
工業振興政策.................... 137
業種構成................. 218, 223, 226
工業立地............ 137, 139, 141, 143, 146
九州広域機械工業圏............... 149
耕作放棄地...................... 90
旧玉名干拓施設................... 41
公民館活動の活性化.......... 254, 261
九州日日新聞..................... 66
谷底平野............ 80, 82, 84, 94, 95
九州日本電気............ 173, 174, 175
国民温泉保養地.................. 232
九州本格焼酎協議会............... 187
国民酒革命...................... 192
金峰火山........................ 5, 6
コミュニティの再構築....... 254, 261, 262
草山............................ 30
合志市............ 107, 109, 147, 148, 152, 216
草泊り.......................... 28
轟泉水道........................ 10
球磨川............. 79, 80, 82, 86, 92, 183
五野保萬日記.................... 119
球磨焼酎株式会社................. 187
米の生産調整.................... 89
球磨焼酎酒造組合......... 184, 187, 194

さ 行

熊本駅...... 18, 200, 205, 206, 207, 210, 211
最高地価点............... 202, 205, 206
熊本区.......................... 76
桜町............. 205, 215, 222, 223, 227
熊本県家庭薬株式会社... 118, 129, 134, 135
佐敷............................ 91
熊本県家庭薬配置商業協同組合....... 118
佐敷川.......................... 80
熊本県産業振興ビジョン........... 150
山間農業地域.............. 79, 80, 92
熊本県町村合併推進構想....... 106, 113
産業クラスター.................. 150
熊本県町村合併推進要綱........... 106
産業支援機関.................... 153
熊本県配置医薬品製造株式会社..... 121
産地間競争...................... 189
熊本県配置売薬商業組合...... 121, 122
財政計画....................... 113
熊本交通センター... 215, 220, 222, 223, 226
在来工業....................... 139
熊本大地震............. 61, 62, 68, 77
CMOS イメージセンサー 164, 165, 176, 177
熊本平野............ 41, 43, 47, 53, 55, 56
熊本明治震災日記......... 62, 65, 66, 72
ジオパーク...................... 3, 37
黒川温泉...... 231, 232, 235, 236, 237, 240, 241, 242, 243, 244
市街地再開発事業...... 100, 201, 202, 206, 208, 210, 211
黒川温泉観光旅館協同組合...... 232, 235

索　引 ● 291

資源回収…………………… 280, 284
CCDイメージセンサー ……………… 176
システムLSI …………………… 161, 162, 174
市町村合併…97, 98, 100, 101, 104, 106, 107
市町村合併特例法…………………… 102
社会の変更
車載用半導体…… 157, 162, 163, 165, 166,
　　　　173, 174, 175, 178
自主防災組織…………… 267, 269, 278, 285
地震取調表 ………………… 61, 63, 64, 65
地震報告 ……………………………… 62, 65
自治会 …………………… 247, 270, 278
実践型地域人材…………… 249, 250, 251, 263
自動車産業（自動車含む）…… 139, 148,
　　　　149, 154
下通 ………………………………… 205, 210
主要道交差点………………………… 202
JAPANブランド育成支援事業 ……… 194
じゃらん…………………………… 236, 240
宿泊予約サイト…………… 238, 240, 243
酒税制度の再編……………………… 191
周辺化 ……………………… 220, 226, 227
受援力 ………………………………… 284
商圏 …………………………… 215, 216, 218
硝酸性窒素…………………………… 11, 17
　しょうさんせいちっそ
昭和の大合併……………… 98, 101, 104
城郭 ……………………………… 202, 209, 210
乗降客数………… 200, 201, 206, 207, 209
城下町 …………………… 205, 206, 209
自助・共助・公助…………………… 284
白川……… 2, 3, 4, 12, 14, 16, 17, 18, 42, 43
　しらかわ
新幹線 ………………………………… 199
震災被害一覧表………………………… 72, 73
震災被害調査表………………………… 69, 73
新産業都市…………………………… 140
（不知火・有明・大牟田新産業都市）

新市街（サンロード新市街）… 205, 218,
　　　　220, 222, 223, 225, 226, 227
新市建設計画………………………… 113
震動表 ………………………………… 76
人材育成 …………………… 142, 247, 248
すずめ地獄…………………………… 233
瀬の本 ………………………………… 235
世界遺産 ……………………………… 36
世界農業遺産 …………… 33, 35, 36, 37
洗掘 ……………………………… 53, 54, 55
銭塘 …………………………………… 43, 44
先端技術産業………………… 142, 146
草原 ………… 24, 27, 28, 29, 30, 31, 36
ソニー ……… 161, 162, 164, 165, 176, 177
ソニーセミコンダクタ熊本テクノロジー
　センター…………… 169, 170, 172, 176, 177

た　行

ダイエー（旧大洋デパート, 旧熊本城屋）
　……………………… 215, 217, 222
第一次ブーム ……………………… 188
第三次ブーム ………………… 191, 192
大都市圏 …………………… 201, 210, 211
第二次ブーム ……………………… 188
高千穂 ……………………… 127, 242, 243
高遊原溶岩…………………………… 7
　たかゆうばるようがん
田代 ……………………… 117, 118, 120
立ち寄り湯…………………………… 244
田浦 …………………………… 82, 86, 91
田浦川 ………………………………… 80
玉名平野…… 41, 43, 47, 49, 50, 51, 52, 53
地域課題解決………… 248, 249, 251, 263
地域協働…………………… 249, 251, 264
地域公共人材………………… 249, 250
地域産業資源活用支援事業…………… 194
地域団体商標………………… 184, 232

地域産業の創出………… 254, 261, 262, 263
地域資源…… 152, 249, 250, 254, 255, 258,
　　259, 261, 262, 263
地域資源マップ……………………… 250
地域資源リスト……………………… 250
地域防災………………… 267, 269, 278, 285
地下水汚染………………………… 11, 13, 17
地下水プール……………………… 8, 14, 15
築籠………………………………… 44, 46, 47
地方交付税……………………………… 102
地方資源型………………………… 137, 146
地方分権一括法………………………… 102
中核都市………………………………… 110
中間農業地域………………………… 79, 80
中心街… 200, 202, 205, 207, 208, 209, 210,
　　211
中山間地域………………… 79, 94, 111, 115
町村合併基準…………………… 97, 98, 100
町村合併指導指針……………………… 100
町村合併促進法………………………… 98
地理的産地指定………………………… 183
鎮西日報…………………………………… 66
DRAM ………………… 160, 162, 172, 173
テクノポリス…140, 142, 143, 147, 152, 153
　　（熊本テクノポリス）
デコポン………………………………… 93
鉄道駅…………………………… 200, 206
坪井川………………………………… 4, 18
田楽……………………………………… 35
砥川溶岩…………………………………… 7
土石流災害………………………… 29, 31
都市機能……… 200, 205, 206, 207, 208, 211
都市構造………………………………… 201
都市の中心… 200, 201, 202, 205, 206, 207,
　　209, 210, 211
都市の古さ………………………… 200, 209

富山…………………………… 117, 118, 120
渡鹿堰……………………………………… 18

な 行

永谷地区…………………………… 86, 89
和水町… 107, 114, 115, 116, 117, 147, 216
二次的生態系……………………………… 28
担い手………………… 247, 263, 264, 265
日米半導体協定………………… 157, 161
日本鉱泉誌……………………………… 234
日本の半導体産業・半導体メーカーの凋落
　　……………………… 157, 160, 161, 162
入湯手形………………… 235, 236, 244
能動的学習（アクティブラーニング）
　　……………………………………… 265
能動的グループ………………………… 265
農村地域工業等導入促進法…………… 142
野焼き……………………………… 25, 28, 29
乗越堤……………………………………… 19

は 行

買回品………………… 216, 223, 225, 226
売薬行商………… 118, 119, 120, 126, 127
売薬帳…………………………………… 126
バスターミナル………………………… 211
鼻ぐり井手……………………………… 18
浜戸川……………………………………… 19
パワーデバイス……………… 163, 172, 179
反魂丹…………………………………… 117
阪神・淡路大震災………………… 61, 269, 270
ハンティングスタイル………………… 132
半導体産業（半導体含む）…… 139, 141,
　　142, 145, 146, 149, 154, 157, 170, 171
半導体製造装置………………… 149, 152
販売規制の緩和………………………… 191
パール柑………………………………… 93

氷川町……………………………… 107
被害調査法………………………… 70, 76
肥後の赤玉………………………… 117, 136
肥後国誌…………………………… 233
非常時……………… 271, 272, 274, 276, 278
火焚き神事………………………… 32, 33
非大都市圏………………………… 201
ぴぷれす熊日会館… 215, 217, 218, 219, 222
ファブライト化…………………… 162, 167
フェリーさんふらわあ…………… 242
福岡新聞…………………………… 66
普通市……………………………… 110
武家屋敷…………………… 258, 262, 264
文化生態系………………………… 28
文化的景観………………………… 27
別府阿蘇道路……………………… 235
平常時……………… 271, 272, 274, 276, 278
平成の大合併……………………… 97, 109
法定協議会………………………… 113, 114
歩行者通行量……… 218, 220, 222, 225, 226
ホゲ………………………………… 54, 55, 57
ボランティア……………………… 284
本格焼酎アイランド九州・沖縄……… 189

ま　行

マイコン…………………… 164, 172, 173
マザー工場………………………… 149
まつぼり風………………………… 33, 34
三加和町………… 102, 107, 111, 114, 115, 116
ミカン園…………………… 80, 89, 92, 93
美里町……………………………… 107
南阿蘇村………………… 11, 29, 107, 113
南小国温泉郷……………………… 232

南小国町…………………………… 231, 232
三菱電機…… 141, 161, 162, 163, 171, 172, 173
三菱電機パワーデバイス製作所熊本工場
　　……………………… 171, 172, 173
銘柄間競争………………………… 189
名水百選…………………………… 1, 9
最寄品……………………… 216, 220, 223

や　行

柳行李……………………………… 126, 132
山都町……………………………… 107, 113
やまなみハイウェイ……………… 235, 240
湯浦………………………………… 91
湯浦川……………………………… 80
吉尾………………………………… 91
吉尾川……………… 80, 82, 84, 85, 86
ヨナ………………… 17, 18, 26, 27, 35

ら　行

ラムサール条約…………………… 42
流通戦略…………………………… 191
リーディング企業育成支援事業……… 150
類似都市…………………………… 201, 210
ルネサスエレクトロニクス…… 161, 162, 163, 164, 171, 173, 175
ルネサスセミコンダクタマニュファクチュアリング川尻工場………… 172, 173, 175
漏水……………………………… 54, 55, 57
六・二六水害……………………… 29
ロゴマーク………………………… 184
路線価……………… 218, 219, 226, 233
露天風呂…………………………… 243, 244

編者・執筆者紹介（五十音順，＊は編者）
①最終学歴・学位　②現職　③専門分野

礒永　和貴（第3章担当）
1962年　生まれ
① 仏教大学大学院
　　文学研究科博士課程単位取得　文学修士
② 東亜大学人間科学部准教授
③ 歴史地理学

伊東　維年（第9章担当）
1945年　生まれ
① 九州大学大学院
　　経済学研究科博士課程単位取得　博士（経済学）
② （元）熊本学園大学名誉教授
③ 経済地理学

鹿嶋　洋（第8章担当）
1968年　生まれ
① 筑波大学大学院
　　地球科学研究科博士課程単位取得　博士（理学）
② 熊本大学大学院社会科学研究部教授
③ 経済地理学，産業地理学

梶原　宏之（第2章担当）
1968年　生まれ
① 九州大学大学院
　　芸術工学府博士課程修了　博士（芸術工学）
② 台湾台南應用科技大学観光学部助理教授
③ 文化地理学，民俗学

島野　安雄（第1章担当）
1948年　生まれ
① 東京教育大学大学院
　　理学研究科博士課程修了　理学博士
② 文星芸術大学名誉教授
③ 自然地理学，水文学

＊鈴木　康夫（第5・6・7章担当）
1954年　生まれ
① 日本大学大学院
　　理工学研究科博士後期課程修了　理学博士
② 東海大学名誉教授
③ 農村地理学

編者・執筆者紹介

高野　誠二（第11章担当）
1973年　生まれ
① 東京大学大学院
　総合文化研究科博士課程修了　博士（学術）
② 東海大学経営学部准教授
③ 都市地理学

竹内　裕希子（第15章担当）
1974年　生まれ
① 立正大学大学院
　地球環境科学研究科博士課程修了　博士（理学）
② 熊本大学大学院先端科学研究部准教授
③ 地理学，地域防災，防災教育

中野　元（第10章担当）
1954年　生まれ
① 九州大学大学院
　経済学研究科博士後期課程単位取得　経済学修士
② 熊本学園大学社会福祉学部教授
③ 経済理論，地域産業論

能津　和雄（第13章担当）
1968年　生まれ
① 英国ボーンマス大学大学院
　サービスマネジメント研究科修了　理学修士（MSc）
② 東海大学スチューデントアチーブメントセンター准教授
③ 観光地理学，経済地理学，観光経営学

畑中　寛（第14章担当）
1964年　生まれ
① 熊本大学大学院
　社会文化科学研究科後期博士課程修了　博士（公共政策学）
② 琉球大学地域連携推進機構特命准教授
③ 地域政策論，地域経営論

＊山中　進（第4章担当）
1944年　生まれ
① 立正大学大学院
　文学研究科博士課程単位取得　文学博士
② 熊本大学名誉教授
③ 人文地理学，地域産業論

山本　耕三（第12章担当）
1968年　生まれ
① 広島大学大学院
　文学研究科博士課程後期単位取得　修士（文学）
② 熊本大学大学院人文社会科学研究部准教授
③ 産業立地論，周辺地域論

熊本の地域研究

平成27年9月25日　初版第1刷発行
令和6年3月30日　初版第3刷発行

編著者	山中　進
	鈴木　康夫
発行者	阿部　成一

〒162-0041　東京都新宿区早稲田鶴巻町514
発行所　株式会社　成文堂
電話 03(3203)9201(代)　FAX03(3203)9206
http://www.seibundoh.co.jp

印刷・製本　藤原印刷
©2015　Yamanaka・Suzuki　Printed in Japan
☆落丁・乱丁本はおとりかえいたします☆
ISBN 978-4-7923-9254-3 C3025

定価(本体2,700円＋税)